2017年度安徽省高等学校省级质量工程项目——省级规划教材

环境立法决策学概论

（汉英对照）

（第二版）

余　俊　侯淑雯　编著

中国环境出版集团・北京

图书在版编目（CIP）数据

环境立法决策学概论：汉英对照/余俊，侯淑雯编著. —2版. —北京：中国环境出版集团，2018.10

ISBN 978-7-5111-3819-4

Ⅰ. ①环… Ⅱ. ①余… ②侯… Ⅲ. ①环境保护法—立法—双语教学—高等学校—教材—汉、英 Ⅳ. ①D912.604

中国版本图书馆 CIP 数据核字（2018）第 205807 号

出 版 人 武德凯
责任编辑 李兰兰
责任校对 任 丽
封面设计 宋 瑞

更多信息，请关注
中国环境出版集团
第一分社

出版发行 中国环境出版集团
（100062 北京市东城区广渠门内大街 16 号）
网 址：http://www.cesp.com.cn
电子邮箱：bjgl@cesp.com.cn
联系电话：010-67112765（编辑管理部）
010-67112735（第一分社）
发行热线：010-67125803，010-67113405（传真）

印 刷 北京建宏印刷有限公司
经 销 各地新华书店
版 次 2017 年 12 月第 1 版 2018 年 10 月第 2 版
印 次 2018 年 10 月第 1 次印刷
开 本 787×960 1/16
印 张 14.25
字 数 240 千字
定 价 40.00 元

前 言

党的十八大以来，以习近平同志为核心的党中央高度重视加强重点领域立法和提高立法质量，党的十八届四中全会通过的《中共中央关于全面推进依法治国若干重大问题的决定》，明确提出了党领导立法，凡属重大改革都要于法有据，推进科学立法、民主立法，要完善科学立法、民主立法机制，创新公众参与立法方式，以良法促善治等许多新命题、新观念，这给立法学研究和学科建设带来了跨越式发展的新契机。2017 年 5 月 3 日，习近平总书记在考察中国政法大学时还对法学教育提出了“为谁教、教什么、教给谁、怎样教”的问题，这需要我们法学教育工作者认真回答。

生态文明制度体系作为党的十八大以来的重点立法领域，国家修改制定了《环境保护法》《大气污染防治法》等许多环境法律，其中涉及的许多理论和实践问题不仅需要立法学科的支撑，还需要环境资源法学的学科支撑，但目前我国环境法学教材多为法律解释学，而专门研究立法问题的立法学教材，由于研究对象的广泛性和跨学科性，著作多为通论。本书根据辩证唯物主义一般和具体相结合的方法论，抓住立法决策作为立法过程的核心这一关键要素，从我国环境保护立法决策过程和立法决策案例分析的角度论证了环境立法决策学应该研究的基本问题，不仅阐述了立法过程中的一些规律性问题，还阐述了环境法的基本原理。本书不仅可以作为环境法学本科生、研究生学习使用的教材，还可以作为立法工作者加强立法组织领导工作的读本。

非常感谢安徽师范大学、桂林电子科技大学和中国政法大学等一些学者的修改建议。该教材第一版的出版，得到了桂教高教〔2009〕33 号文件中广西高等学校重点教材立项项目“生态环境法教程”课题、桂林电子科技大学广西研究生教育创新项目学位与研究生教育改革与发展专项课题（2016XWYJ03）、桂林电子科技大学环境资源法学创新团队的资助，并在安徽师范大学、桂林电子科技大学法学本科生、研究生教学中得到运用，反馈很好。2017 年本教材入选安徽省高等学校省级质量工程项目——省级规划教材，经过较大幅度的修改，现出版第二版。在教材第二版的修订过程中，我们虽然修改了本教材第一版的一些不足之处，但不可避免仍会存在种种缺漏乃至错误的地方，恳请广大读者批评指正。

余　俊　侯淑雯

2018 年 10 月

目　录

第一章　绪　论

我国法学教材的倾向是一种法律解释学，对立法过程却鲜有介绍。而专门研究立法问题的立法学教材，由于研究对象的广泛性和跨学科性，著作多为通论。本书以我国环境立法现象为切入点，从环境保护立法过程和立法案例分析的角度阐述立法决策学所应该研究的问题，以揭示立法决策是立法工作的核心这一关键命题。

第一节　立法决策的概念

立法决策是贯穿整个立法过程的谋划决断行为，是立法的核心。因此，要理解立法决策的概念，就需要先理解立法的概念。

一、立法的概念

立法是一个历史概念，也与国情和政治体制有很大关系。在不同的历史阶段、不同的国家，关于立法的解释也不同。

（一）古代的立法

根据马克思主义法学原理，立法是随着国家的出现而产生的，原始社会的习俗不是法。“立法”一词，早见于我国古籍中。战国时代的《商君书》《更法》篇中记载：“伏羲神农教而不诛，黄帝尧舜诛而不怒，及至文武，各当时而立法，因事而制礼。礼法以时而定，制令各顺其宜，兵甲器备各便其用。”可见，中国古代的“立法”是与“制礼”相并列的官方管理行为，立法仅是制定一些刑事规范，相当于“制刑书”，有所谓“礼不下庶人、刑不上大夫”之分。公元前536年，郑国执政子产将郑国的禁令铸在象征诸侯权位的金属鼎上，向全社会公布，史称“铸刑书”。公元前513年晋国的赵鞅、荀寅“铸刑鼎”，也是中国历史上一次重要的立法活动。从上述历史文献载明的立法活动来看，先秦时期的立法者不仅是君王，还可以是一些有很大政治影响力的权贵，专门性的立法机构还未产生。为了使自己制定的法律具有权威性，统治者常托词“天命”“巫术”之类的借口，对于一些非官方的“立法”进行打压。春秋末期思想家邓析就不满郑国执政子产所铸刑书，私造“竹刑”而被子产的继任者驷颛所杀。至于战国时李悝编著的《法经》虽然不是官方制定的，属于学者编著之类，但却被后世的统治者奉为了“法律”。秦朝采纳法家“壹赏、壹刑、壹教”（《商君书赏刑》），立法集中于官府。韩非子说：“法者，宪令著于官府，刑罚必于民心，赏存于慎法，而罚加乎奸令者也。”西汉司马迁所著《史记律书》上也说“王者制事立法”，因此，古代的立法就是一种统治者将自己的意志奉为国家法律的过程。而“制礼”不仅可以是官方的行为，也可以是圣人的言教，如周公对以往的宗法传统习惯进行整理，制定出一套“周礼”，属于官方制礼；孔子作《春秋》，开始只是一部编年体史书，通过汉朝董仲舒等春秋折狱，逐步“引礼入刑”，形成了中华法系“礼刑结合”的伦理法传统。

与我国古代立法逐步从民间走向官府不同，西方国家的立法则逐步从官府走向市民化。古希腊政治家德拉古于公元前621年整理雅典法律，制定出一部完整的法典。从该法典规定的法律条文来看，对偷窃水果、懒惰等过失都要判处死刑，因此其性质也相当于现代的刑法。他的继任者梭伦将他的法典废除，保留有关谋杀的部分，规定了更多民商法方面的内容，改变了法典的属性，史称“梭伦改革”。梭伦按财产的多少将全体公民划分为四个等级，不同等级的公民享有不同的政治权利。谁的财产多，谁的等级就高，立法权也就逐步为一些财阀集团把控。罗马时期，出现了平民化的“市民法”，立法从皇帝的敕令、裁判官的告示走向民间，契约也具有了立法的属性。在罗马市民法的形成过程中，职业法学家阶层发挥了重要作用，他们编著的《法学阶梯》《法学汇编》本来是些教材，但后来被罗马皇帝颁布的“引证令”奉为了法律，与《查士丁尼法典》《查士丁尼新律》成为罗马时期的四部法律汇编，后世统称为《国法大全》或《民法大全》。

（二）现代意义上的立法

现代意义上的立法是由特定主体依照法定的程序并依据一定的职权，运用一定的技术，制定、认可、修改和变动法这种特定社会规范的活动。[1]现代意义上的立法有广义和狭义之说。广义的立法，又称法律的制定，通常是指一定的国家机关依据法定职权和法定权限制定、修改和废止法律和其他规范性法律文件的一种专门性活动。[2]狭义的立法，是专指国家的最高权力机关及其常设机关依据法定职权和程序，制定法律这种特定的规范性文件的活动。

现代意义的立法是资本主义法治发展的结果，是市民社会与政治国家协调的产物。作为现代“宪政母国”的英国首先出现了贵族与国王签订的《自由大宪章》和议会组织，议会的立法权逐步增强。在法国，大革命后议会也取得了很大立法权，但行政主体在立法决策中的作用仍然很大。19 世纪初，拿破仑主持审定通过的民法、刑法、商法、民诉、刑诉五部法典为法国立法带来了最根本的变革。其中，《法国民法典》更是里程碑性质的文件，具有极强的生命力。法典于 1804 年推出，大多数条款拿破仑都亲自参与了讨论，法典最后经立法院一致通过。据说，在召开的关于民法典制定的 100 多次会议中，拿破仑亲自出席的就有 90 多次，其结构和大部分条款至今未作修改，仍然完整地适用。

中国近代化的立法始于清末改制。光绪二十七年（1901 年），清廷在法律方面进行一系列系统性改革，如 1903 年由新设立的商部负责率先制定了《钦定大清商律》，包括《商人通例》和《公司律》。后来专门成立宪政编查馆进行宪法改革，成立修订法律馆进行部门法修订。修订法律馆负责起草的部门法典，奏交宪政编查馆审查，由宪政编查馆分咨部院堂官、各省督抚限期签注意见，最后由宪政编查馆汇总定稿交资政院议决，议决后移交宪政编查馆“覆加覈定”，请旨颁布。与宪政编查馆相比，修订法律馆只是个有三四十人的中央二、三等衙门，只有法律的草拟权而无决定权。其间，完成或基本完成的立法包括：《大清商律草案》（1908 年）、《大清现行刑律》（1910 年 5 月 15 日颁行）、《大清刑事诉讼律草案》、《大清民事诉讼律草案》（1910 年）和《大清民律草案》（1911 年）等。[3]

二、立法主体

关于立法主体的定义，有狭义和广义两种观点。狭义的观点认为，立法主体是立法活动的具体实施者和立法权的专门行使者。[4]广义的观点认为，立法主体不仅包括专门行使立法权或主要行使立法权的立法机关，也包括制定宪法的制宪机关，还包括制定行政法规和规章的国家机关以及制定地方法规的地方国家机关。[5]狭义的观点所指的立法主体，仅限于行使立法权的议会或代表机构，与我国《宪法》和《立法法》不相吻合。因此，本书就后一种观点介绍下立法主体的概念。

（一）全国人大及其常委会

根据《宪法》和《立法法》的规定，全国人民代表大会和全国人民代表大会常务委员会行使立法权，全国人民代表大会是制定基本法律的主体，全国人民代表大会常务委员会是制定基本法律以外法律的主体。

1．全国人民代表大会

中华人民共和国全国人民代表大会（以下简称全国人大）是最高国家权力机关，由省、自治区、直辖市、特别行政区和军队选出的代表组成，全国人大的立法主体地位与全国人大代表的职权行使是有密切联系但又有所区别的。以全国人大作为立法主体的第一道立法程序是——提出法律议案，在我国宪法和法律的规定中，全国人大代表具有立法提案权。如《立法法》第15条：“一个代表团或者三十名以上的代表联名，可以向全国人大会提出法律案，由主席团决定是否列入会议议程，或者先交有关的专门委员会审议、提出是否列入会议议程的意见，再决定是否列入会议议程。”

所谓法律议案，是指依法享有专门权限的机关或个人向立法机关提出的关于制定、修改、废除某项法律的正式提案。人大代表提的“议案”和“建议”是两个概念，“建议”是人大代表向人大提出的对有关国家机关工作的评价、建设性意见或批评，在人数上也无要求，个人或联名均可。由此可见，“议案”意味着立法活动的正式开始，而“建议”则只是向立法机关提出的关于立法的意见和设想。立法提案权是法律规定的有关国家机关、组织和个人享有的一项专门权利。议案需具备3个条件。首先，在内容上，议案必须属于本级人民代表大会职权范围内的重大事项；其次，在提出人数上，全国人大会议上，议案只能以一个代表团或者30名以上的代表联名提出；最后，议案必须在法定时间内提出。这3个条件缺一不可，否则议案就会被退回，只能以“建议”的形式提出。[6]同时，议案能否纳入人大的议事日程，也有严格的程序限制，有时需要经过答辩、论证和听证等环节。例如，在2013年3月举行的第十二届全国人大第一次会议期间，周潮洪等30名代表提出议案，建议对《水法》做部分修改。议案提出，为贯彻落实中央关于加快水利改革发展的决定、党的十八大报告等中央文件精神，建议修改《水法》。水利部答辩认为，根据2011年中央关于加快水利改革发展的决定，国务院和水利部制定了一系列配套政策和制度，如《国务院关于实行最严格水资源管理制度的意见》《实行最严格水资源管理制度考核办法》等，并积极组织实施，取得了显著成效。考虑中央文件的政策规定比较原则，当前的工作重点是加大已有政策措施的执行力度，制定完善配套法规，建议暂不修改《水法》。环资委同意水利部的意见，认为代表议案中提出的在保护生态和农民利益前提下开发利用水资源、建立水功能区限制纳污、用水效率控制制度等建议具有针对性，建议国务院有关部门加大法律实施力度，在工作中认真研究和考虑代表意见，在制定或修改《水法》相关配套法规规章过程中积极吸收代表提出的建议。[7]

与我国不同，美国任何一部法律的产生程序是：首先由美国国会议员提出法案，当这个法案获得国会通过后，将被提交给美国总统给予批准，一旦该法案被总统批准（有可能被否决）就成为法律（Act）。因此在美国立法提案权由议员个人行使，但法案是否提交院会则要由相关的委员会决定。委员会主席通常把议案交给下属的小组委员会审议，也可由常设委员会直接审议。小组委员会审议时，经常就议案举行公开或秘密的听证会；完成审议后，向常设委员会提出报告（包括其建议和修正），由常设委员会对报告进一步审议和修改。若常设委员会直接审议议案，则同样采用举行听证会和审议议案的方式。若常设委员会拒绝一项议案，该议案很可能就此“夭折”。一般而言，常设委员会的报告均为全院所接受。1900年经美国国会通过的《野生动植物保护法》，是以首个表示支持该法案的美国国会议员雷斯来命名而成的，又称《雷斯法案》。

2. 全国人大常委会

全国人民代表大会常务委员会（以下简称全国人大常委会），是中华人民共和国最高国家权力机关——全国人民代表大会的常设机构，行使国家立法权，包括解释宪法、监督宪法的实施，制定和修改除应当由全国人民代表大会制定的法律以外的其他法律，等等。

全国人大常委会行使国家立法权的主要表现是审议和是否通过除全国人大制定以外的法律草案。全国人大常委会对自己制定的法律草案一般采用“三审”制，如果“三审”仍不能取得一致意见，还可以进行“四审”。但是一部法律草案在一审后，如果两年内不进行再次审议，就自动终止审议。

全国人民代表大会设立民族委员会、法律委员会、财政经济委员会、教育科学文化卫生委员会、外事委员会、华侨委员会和其他需要设立的专门委员会。全国人大专门委员会是全国人大的常设工作机构，由全国人民代表大会产生，受全国人民代表大会领导，对全国人民代表大会负责。在全国人民代表大会闭会期间，全国人大各专门委员会受全国人大常委会领导。因此，只有全国人大常委会具有立法主体资格，而各专门委员会只是其工作机构。

按照行政法学的通说，行政机构是行政机关的内部组成部分，一般表现为内设机构、派出机构、办公机构和办事机构，一般不具有独立的行政主体资格。借鉴此种称谓，笔者认为立法机构是立法主体的内部组成部分，包括全国人民代表大会常务委员会和全国人大专门委员会。但全国人大常委会又是立法主体，具有制定除基本法律外的法律的权力；而各专门委员会只是工作机构，不是立法主体。

其中，法律委员会（以下简称法律委）的设立是根据第五届全国人民代表大会第五次会议通过的现行宪法，而通过 1983 年 6 月召开的第六届全国人民代表大会第一次会议设立的。法律委是全国人大的专门工作机构，由全国人民代表大会选举产生。法律委主要工作是统一审议各类法律案，综合各个方面的意见，包括人大常委会委员、列席常委会会议的专门委员会委员、全国人大代表、地方人大负责人和各部委、专家、学者对某一法律案的意见，提出修改意见，报告委员长会议，再决定是否将修改草案提交人大常委会审议表决。如果是需要由全国人民代表大会通过的法律案，则由大会主席团提交各代表团审议，再由法律委综合，提出修正草案。第十三届全国人民代表大会第一次会议决定设立全国人民代表大会宪法和法律委员会，代替行使《中华人民共和国立法法》中规定的“法律委员会”的职责。

与法律委（宪法和法律委员会）不同，全国人民代表大会常务委员会还设有法制工作委员会（以下简称全国人大法工委）。[8]法工委是人大常委会的工作机构，主任、副主任由委员长提请常委会任命，是一个部级单位。法工委集中了许多法学专家和法律工作者，是人大人才荟萃之所。为了工作方便起见，往往由法律委一名副主任委员兼任法工委主任。[9]它的主要任务是：受委员长会议委托，代常务委员会拟订法律草案；会同有关部门研究起草、修改常务委员会审议的其他法律草案；在全国人民代表大会及其常务委员会审议法律草案时，向会议提供有关的资料，反映各地方和各有关部门对法律草案的意见和问题，并提供国外的有关法律规定；根据全国人民代表大会常务委员会审议的意见和各地方、各部门的意见，对法律草案进行研究修改；组织法律的汇编、翻译、出版等工作。

（二）行政立法主体

行政立法是指立法机关通过法定形式将某些立法权授予行政机关，行政机关得依据授权法（含宪法）创制行政法规和规章的行为。它通常具有两个方面的内容：①国家行政机关接受国家立法机关的委托，依照法定程序制定具有法律效力的规范性文件的活动。②国家行政机关依照法定程序制定有关行政管理规范性文件的活动，也称“准立法”。[10]因此，国务院是制定行政法规的主体。

1. 国务院

国务院是行政法规的立法主体，其获得立法主体的资格来源于两种情况：

第一种情况是全国人大及其常委会的授权立法。根据《立法法》第 9 条规定：“本法第八条规定的事项尚未制定法律的，全国人民代表大会及其常务委员会有权做出决定，授权国务院可以根据实际需要，对其中的部分事项先制定行政法规，但是有关犯罪和刑罚、对公民政治权利的剥夺和限制人身自由的强制措施和处罚、司法制度等事项除外。”例如，1984 年 9 月全国人大常委会通过关于授权国务院改革工商税制发布有关税收条例草案试行的决定，以后委员长会议又反复研究，并征求有关方面的意见，拟订了关于授权国务院在经济体制改革和对外开放方面可以制定暂行的规定或者条例的决定草案，经全国人大常委会审议决定提请这次大会审议。随后，1985 年 4 月，第六届全国人大第三次会议授权国务院在经济体制改革和对外开放方面可以制定暂行的规定或者条例。[11]

第二种情况是国务院在职权范围内的立法。根据《立法法》第 65 条规定："国务院根据宪法和法律，制定行政法规。"据此，国务院直接具有了制定行政法规的职权。

2. 国务院各部委

《立法法》第 80 条规定："国务院各部、委员会、中国人民银行、审计署和具有行政管理职能的直属机构，可以根据法律和国务院的行政法规、决定、命令，在本部门的权限范围内，制定规章。"规章是一种广义的法，所以国务院各部委也属于行政立法主体。例如，为了保证环保法的实施，环保部、国家发改委、国土资源部、水利部、农业部等 2014 年发布了《企业绿色采购指南（试行）》《环境损害鉴定评估推荐方法》等大量部门规章和规范性文件，促进了环境保护方面法律的实施。

国务院各部委不仅是直接的立法主体，还可以受全国人大、国务院的委托起草法律，这实际上也是一种很大的权力。如何规范国务院各部委在法律起草中的职权，是立法决策学所需要解决的关键问题。

3. 国务院法制办

中华人民共和国国务院法制办公室（以下简称国务院法制办），是办理法制工作事项的办事机构，其前身是国务院法制局。1980 年 5 月和 1981 年 7 月，国务院先后设立了国务院办公厅法制局和国务院经济法规研究中心。1986 年 4 月，为了加强人民政府法制工作，更好地为改革开放和社会主义现代化建设服务，中央决定，将原国务院办公厅法制局和国务院经济法规研究中心合并，重新成立了国务院法制局，为国务院直属机构。

与全国人大各专门委员会、法工委属于全国人大的立法工作机构一样，国务院法制办属于国务院行政立法的具体工作机构，不是立法主体。各部委受全国人大、国务院的委托起草法律，一般都要经过国务院法制办的审核。例如，2000 年 6 月水利部起草了《中华人民共和国水法（修订草案送审稿）》并报国务院。国务院法制办征求了国家计委、财政部、国土资源部、建设部、国家环保总局等 15 个部门和上海、河北等 10 个地方人民政府的意见，专门到江苏、安徽、黑龙江进行了调研，并会同有关部门对送审稿反复研究、论证、修改，形成了《中华人民共和国水法（修订草案）》（征求意见稿）。之后，又两次征求了国家计委、财政部、国土资源部、建设部、国家环保总局、中编办等有关部门对征求意见稿的意见，并专门召开了专家论证会。在此基础上，经进一步研究、修改，形成了《中华人民共和国水法（修订草案）》。

为了使立法决策与国家改革决策衔接起来，国务院法制办加强了立法领导工作的计划职能。新《立法法》第66条规定："国务院法制机构应当根据国家总体工作部署拟订国务院年度立法计划，报国务院审批。国务院年度立法计划中的法律项目应当与全国人民代表大会常务委员会的立法规划和年度立法计划相衔接。国务院法制机构应当及时跟踪了解国务院各部门落实立法计划的情况，加强组织协调和督促指导。"

《国务院2017年立法工作计划》在以习近平同志为核心的党中央坚强领导下，根据党的十八大和十八届二中、三中、四中、六中全会精神，按照党中央、国务院确定的2017年工作总体部署和主要任务的要求，围绕重点领域立法，其中"保护生态环境"就是重点领域，这为国务院的立法工作计划指明了方向。

2018年3月，根据第十三届全国人民代表大会第一次会议批准的国务院机构改革方案，将国务院法制办公室的职责整合，重新组建中华人民共和国司法部，不再保留国务院法制办公室。新组建的司法部承担的主要立法职责是：负责有关法律和行政法规草案起草，负责立法协调和备案审查、解释。

（三）地方立法主体

中央立法不可能对所有问题都规定得很具体，加之我国幅员辽阔，各地情况差异很大，因此除中央立法以外，地方也需结合本地区的具体情况，制定相应的地方性法规。地方立法是以地方特定国家机关的名义进行的专门活动。地方国家机关是由许多不同职权、不同级别，不同层次的专门机关构成的一个体系，不是这个体系中的所有机关都有权立法，只有其中特定的机关才能立法，包括特别行政区地方立法、民族自治地区的自治条例与单行条例、省级人民代表大会制定地方性法规、省级政府制定地方性规章等，这些特定的机关构成地方立法的主体。

1. 省、自治区、直辖市的人民代表大会

根据立法权限划分的不同，我国现行《水法》在垂直方向上表现出统一、多

层次的立法模式。水法立法权主要是集中在中央一层，地方可以享有一些立法权。《立法法》第72条第1款规定："省、自治区、直辖市的人民代表大会及其常务委员会根据本行政区域的具体情况和实际需要，在不同宪法、法律、行政法规相抵触的前提下，可以制定地方性法规。"可见，省、自治区、直辖市的人民代表大会及其常务委员会是制定地方性法规的主体。

2．省、自治区、直辖市的人民政府

《立法法》第82条规定："省、自治区、直辖市和设区的市、自治州的人民政府，可以根据法律、行政法规和本省、自治区、直辖市的地方性法规，制定规章。"还有一种情况，就是地方党委和地方政府联合发布的规章，例如，为深入贯彻落实《中共中央 国务院关于印发〈生态文明体制改革总体方案〉的通知》要求，加快建立系统完整的生态文明制度体系，2016年安徽省委、省政府发布的《安徽省生态文明体制改革实施方案》，从性质上说也是一种地方性规章。

3．设区的市的人民代表大会及其常务委员会

《立法法》第72条第2款规定："设区的市的人民代表大会及其常务委员会根据本市的具体情况和实际需要，在不同宪法、法律、行政法规和本省、自治区的地方性法规相抵触的前提下，可以对城乡建设与管理、环境保护、历史文化保护等方面的事项制定地方性法规，法律对设区的市制定地方性法规的事项另有规定的，从其规定。设区的市的地方性法规须报省、自治区的人民代表大会常务委员会批准后施行。省、自治区的人民代表大会常务委员会对报请批准的地方性法规，应当对其合法性进行审查，同宪法、法律、行政法规和本省、自治区的地方性法规不抵触的，应当在四个月内予以批准。"新《立法法》赋予设区的市地方立法权，可以对城乡建设与管理、环境保护、历史文化保护等方面的事项制定地方性法规，地方立法对此应有所作为。

4．民族区域自治立法

民族区域自治是在国家统一领导下，各少数民族聚居的地方实行区域自治，设立自治机关，行使自治权。民族自治地方的人民代表大会有权依照当地的政治、经济和文化的特点，制定自治条例和单行条例。

自治条例规定有关本地方实行民族区域自治的基本问题；单行条例规定有关本地实行民族区域自治的某一方面的具体事项。自治条例、单行条例可以对国家法律

和政策做出变通性规定。自治区的自治条例和单行条例，须报全国人民代表大会常务委员会批准后生效。自治州、自治县的自治条例和单行条例须报省或者自治区的人民代表大会常务委员会批准后生效，并报请全国人民代表大会常务委员会备案。

5. 特别行政区地方立法

特别行政区则是在“一国两制”的指导方针下建立的不同于内地行政区划的特殊地方，是我国为以和平方式解决历史遗留下来的香港问题、澳门问题和台湾问题而设立的特殊的地方行政区域。特别行政区的立法机关可以根据基本法规定、按既定程序制定法律，但须报全国人民代表大会备案。

如条例（ordinance）在香港本地制定的各种形式的法律文件中具有最高效力，立法程序也最为复杂，须在立法机构经三读程序通过。如《空气污染管制条例》《水污染管制条例》《噪声管制条例》《废物处置条例》等。

三、立法决策的概念

立法决策的概念是一个随着立法实践活动不断发展丰富的概念。彭真同志说：“法是在矛盾的焦点上画杠，什么许做，什么不许做，令行禁止，要很明确。”①学者们对立法决策也给出了不同的定义。如郭道晖教授认为：决策，是指主体依据其对客观需要和其所代表的利益得失的判断，及对满足这种需要与利益所必须而且可能采取的策略与手段的权衡，做出对策性的决定。所谓立法决策，也是对上述这些因素的判断与权衡，而做出是否采取立法的手段和选择立法的方略与模式的决定。[12]周旺生教授认为，立法决策是法定立法主体在自己的职权范围内，就立法活动中的实际问题，做出某种决定的行为。徐向华教授则认为，立法决策指有权立法的主体根据其对客观需求和所代表利益得失的判断，并根据其对满足这种需求和利益所必须而且可能采取的策略和方法的权衡所做出对策性决定的活动，简而言之，立法决策就是立法决策主体决定为什么要立法、制定什么样的法律的活动。

① 引自：傅洋. 父亲从来都以毛主席的作息时间为准[N]. 法制日报，2009-07-06.

四、立法决策主体

（一）立法决策主体的概念

关于立法决策主体，有法定说和功能说两种主张。法定说认为立法决策主体只能是立法主体，政党、政协等是影响立法决策的主体；功能说认为立法决策主体不仅包括立法主体，还包括政党、政协等。

从上述学者关于立法决策的定义来看，大部分学者赞同立法决策主体是立法主体的观点，即只有法定化的主体才享有立法决策权。我国立法决策的法定主体是全国人民代表大会及其常委会。持这种观点的学者认为，立法决策的时空限制在立法过程中，党委对立法的领导不是立法过程中环节，因此不能作为立法决策主体。

笔者认为，在我国，根据《宪法》，中国共产党是执政党，应该居于立法决策主体中的领导者地位。如果将立法主体与立法决策主体混同，那么党对立法工作的领导地位就不明确。从管理学上讲，领导的主要作用就是决策。根据《立法法》的规定，全国人大及其常委会要遵守一定的立法程序，有点类似管理学中的程序性决策。所谓程序性决策，也叫常规性决策，是指决策者对所要决策的问题有法可依，有章可循，有先例可参考的结构性较强，重复性的日常事务所进行的决策。而党委对立法工作的领导，是在政治方向、重大立法决策事项上的领导，有点类似非程序性决策。所谓非程序性决策，也叫非常规性决策，是指决策者对所要决策的问题无法可依，无章可循，无先例可供参考的决策，是非重复性的、非结构性的决策。非程序性决策比程序性决策处理的问题更为复杂。党委之所以要对人大的立法工作进行领导，就是要处理好一些非程序决策的难题。因此，我们不能根据《立法法》中没有界定党委的领导规则就认为党委不是立法决策主体。

所以，立法决策主体不能仅限于立法执行主体（立法主体）的范围，党委、人大都应该是立法决策主体。与具体实施立法的立法主体不同，立法决策主体是根据宪法和法律决定立法的指导思想、立法目的和方法的党派组织或国家立法机关。

（二）区别立法主体与立法决策主体的意义

传统的管理学派是把决策职能纳入计划职能当中的，认为制定立法计划是决策。而现代决策理论学派将决策贯穿于组织活动全部过程，如现代决策理论学派的代表人西蒙认为，管理的核心是决策。决策理论学派还把管理行为分为“决策制定过程”和“决策执行过程”，并把对管理的研究的重点集中在“决策制定过程”的分析中。

在我国的立法实践中，中国共产党是立法的最高决策者，《立法法》明确规定“坚持共产党的领导”是立法的一项基本原则，“在这些立法权力机关和立法工作机构背后，起领导和协调作用的是全国人大常委会的中共党组，而党组则接受党中央的领导，重要的立法决策和立法，要由党组上报党中央审议，做出最高决策。”重要立法最终由党中央做出决策已形成一项立法惯例，如中共全国人大常委会党组将《八届全国人大常委会立法规划》上报中共中央后，1994 年 1 月 26 日中共中央发出了关于转发《中共全国人大常委会党组关于〈八届全国人大常委会立法规划的请示〉的通知》，才使立法规划最终获得通过。[13]国务院办公厅关于印发给各省、自治区、直辖市人民政府，国务院各部委、各直属机构的国务院 2017 年立法工作计划的通知中说：“《国务院 2017 年立法工作计划》已经党中央、国务院同意，现印发给你们。”从这可以看出，中国共产党各级党委、党组是立法决策主体。

（三）党委领导立法的法律定位

领导是管理学上的一个概念，所以我们一般会把领导这个词置于管理学中理解。根据《管理学基础》中的解释：是领导者为实现组织的目标而运用权力向其下属施加影响力的一种行为或行为过程。党的立法决策与立法主体的立法决策相比，在内容和形式上仍然有不同之处。党的立法决策是党的会议通过的，代表党的意志，受到党的章程和纪律的约束，而立法主体的立法决策是由立法机关通过的，代表国家的意志。党委领导立法，一是要把握政治方向，二是提供政治、思想和组织保障。把握政治方向，主要是党委特别是党中央的职能；提供政治、思想和组织保障，是党中央领导下的立法机关党组的职能，在政治上、思想上和组织上保障党中央的决策通过法律程序变为国家意志。[14]

从理论上看，党的十八届四中全会决定明确将党内法规纳入国家法治体系，解决了“党政同责”从“事理”到“法理”、从“政策”到“法规”的问题。《中共中央关于加强党领导立法工作的意见》（以下简称《意见》）明确了党领导立法工作的指导思想、基本原则、方式方法和组织保障等内容。《意见》提出，“党领导立法工作要坚持民主决策集体领导。”“要遵循党内重大决策程序规定，集体研究决定立法中的重大问题。”针对法律只能规定行政问责，但党委的立法决策责任不能写入法律而被虚化的情况，中共中央全面深化改革领导小组研究了重大决策事项中“党政同责”的问题并做出决定。例如，2015 年 7 月以来，中共中央办公厅、国务院办公厅陆续发布了《环境保护督察方案（试行）》《生态环境监测网络建设方案》等系列文件，建立环境保护“党政同责”制度，明确党政领导干部对保护生态环境“同有职责”，在违反职责时“同样承担责任”并实施“终身追责”，进一步完善了“多元共治”体制机制，形成了党政领导干部生态环境损害终身追责制度。[15]

（四）人民政协在立法决策中的作用

中国人民政治协商会议（以下简称人民政协），是中国共产党领导的多党合作和政治协商的重要机构，是中国政治生活中发扬社会主义民主的一种重要形式。人民政协由中国共产党和各民主党派、无党派民主人士、各人民团体、各界爱国人士共同组成，“政治协商”是中国共产党同各民主党派（通过直接渠道或在人民政协进行）和各界代表人士（在政协）对党和国家重大问题进行的协商，包括在国家立法活动中进行协商。

对于人民政协在立法中的地位界定，争论颇多，有立法协商说和立法参与说等观点。立法协商说认为，人大立法过程中应该与人民政协协商，这是我国《宪法》中的基本制度。立法参与说认为，人民政协与各社会团体一样，只是进一步提供立法协商的平台，对人大立法只有建议权而无决策权。我国《宪法》关于政协的作用规定：“今后在国家政治生活、社会生活和对外友好活动中，在进行社会主义现代化建设、维护国家的统一和团结的斗争中，将进一步发挥它的重要作用。”党的十八届四中全会要求立法机关“开展立法协商，充分发挥政协委员、民主党派、工商联、无党派人士、人民团体、社会组织在立法协商中的作用”。由此可见，人民政协虽然不是立法主体，但人大立法时与人民政协进行协商有着宪法和党规的依据，因此立法协商说较为合理。政协是中国共产党领导的政治协商机构，是中国共产党领导的发扬社会主义民主、保障人民参与立法活动的重要组织形式。

政协理应是我国立法“体现人民的意志”的重要形式和途径。如果政协都不能通过政治协商的方式参与立法，那么“人民通过多种途径参与立法活动”的规定就会失去意义。[16]作为我国一项基本政治制度，我国实行的是中国共产党领导的多党合作和政治协商制度，这同西方国家实行的政党制度是不同的，是一种强于立法参与的立法协商。政协就是执政党同参政党对党和国家重大问题包括重要立法进行政治协商的重要平台和制度载体。但是，按照我国的政治制度，人大不设议会党团，这也是同西方国家议会不同的。因此，人大进行立法协商，并不直接以民主党派和政协为对象。他们对立法的意见是通过政党协商、政府协商，分别吸纳进中共党委的主张和政府的意见，或由中共党委、政府转向人大提出。[17]因此，从理论上讲，人民政协不是立法决策主体，而是立法决策的协商主体。

五、立法决策参与主体

如果说立法决策主体是享有立法权的国家机关及本级党委党组，那么，立法决策参与的主体则属于非官方的群众，包括人民团体、社会组织、专家和公民。

（一）公民

公众立法参与，首先是公民的立法参与。什么是公民？英文“Citizen”，来自拉丁文“Civis”，字义本是“属于城邦的人”或“组成城邦的人”，中文译为“公民”，也有寓意“公人”、有权参与公共事务的人的意思。在古希腊，城邦既是国家又是社会，二者尚未加以区分，而是融合在一体的，公民身份意味着公民权，公民是享有公民权的法律资格的概念。在罗马法中，“Civilitas”正是指“罗马公民权”。公民权是城邦公民才具有的权利，他们可以参加公民大会选举执政官、保民官；有不受拷打和向公民大会上诉的权利，非公民的平民和奴隶则没有这些权利。因此，公民权是政治国家中人民参与国家管理的权利。中国的“公民”一词是20世纪初从日本引进的，其本意为作为行使参政权等公权的主体。受苏联的影响，从1934年《中华苏维埃共和国宪法大纲》到1953年《中华人民共和国全国人民代表大会及地方各级人民代表大会选举法》的许多新民主主义的法律文件上，在规定“选举权、被选举权”和“政权公共利益”的场合使用公民概念，而在规定其他基本权利的地方使用“人民”或“国民”概念，从而使“人民”“国民”与

“公民”概念逐步混合。由于“人民”是一个政治性概念，“公民”是一个法律概念，因此我国1954年《宪法》中，就用“公民”概念代替了“人民”概念，“公民”不仅用于表示政治权利的主体，也成为其他政治权利和基本义务的承担者。我国现行《宪法》第33条规定：“凡具有中华人民共和国国籍的人都是中华人民共和国公民。”“公民”概念的国民化，使公民不仅成为我国民事权利的主体，也是宪法中基本权利的主体。

（二）专家

广义的“公众”包括公民、有关单位和专家。专家也是普通公民，但由于立法工作是一项具有很强专业性、技术性的法治系统工程，专家参与立法成为公众参与的典型方式。例如，据中国社会科学院法学所马骧聪研究员回忆，1979年环保法试行稿起草工作时国务院环保办就邀请社会科学院法学研究所、北京大学法律系等单位派人参加，形成了环保办有关部门负责同志最后审定《环境保护法（草案）》。此后不久，国务院环保办将《环境保护法（草案）》送交国务院法制部门，1979年9月全国人大常委会通过了我国第一部环境保护法——《中华人民共和国环境保护法（试行）》。但是，我们也不应该将公众参与立法等同于公众立法参与，以为立法过程中只要有专家或单位参与，就能够说立法履行了公众参与程序。该解释导致实践中，立法主体为节约成本，往往只邀请专家或有关单位参加立法，代替公众意见，导致公众立法参与名不副实。

（三）社会团体

公众作为立法参与的主体，不能仅指单纯的个人，而是包括“社会团体”这些集体中的人。美国的社会团体很重视立法参与，例如，美国各州的商法长期不统一，美国统一州法委员会（The National Conference of Commissioners on Uniform State Laws）起草了“统一商法典”，作为范本向各州推荐，后基本上为美国各州所接受。美国法学会（American Law Institute，ALI）也对《合同法》《侵权法》等实体法的许多重要分支做了“重述”（restatement of the law），这些重述虽然并不具备权威性，但由于从事这项工作的学者们的名声及其对工作的认真、负责，使得重述具备了与法律规范相似的权威性。与美国法学会立法参与的方式不同，中国法学会现在通过各研究会，设立立法建议平台，汇集专家意见向立法部门提出立法建议，例如，自2015年1月举办以来，中国法学会已经组织了50多场专家研讨会暨立法专家咨询会，会议形成的《专家咨询报告》，逐期呈报给有关中央领导和立法机关，收到了显著效果。在环境立法领域，由于环境法律具有很强的科学性，立法决策者也吸纳中国环境科学协会参与立法。中国环境科学协会于1978年5月批准成立，是中国国内成立最早、规模最大、专门从事环境保护事业的全国性科技社团。作为国家一级学会，业务主管机关为中国科学技术协会，环境保护方面的很多立法以前主要是通过中国环境科学协会组织相关专家论证的。

第二节 立法决策学的研究概况

立法过程包括立法规划、立法论证、立法审议、立法通过、立法评估等活动，决策是整个立法过程的核心。立法决策学是以立法过程中立法决策主体、决策方法、决策体制等内容为研究对象的领导科学，主要研究立法决策者为什么要立这样的法，立什么样的法，有什么指导思想等宏观问题。

一、国外立法决策学的研究概况

（一）国外立法决策学的产生与发展概况

立法决策学作为立法学的分支学科，是随着立法的精细化发展而逐步成熟的。奥斯丁在其著作《法理学范围》中第一次将法理学与立法学分离开来，他认为前者研究实然法，后者研究应然法，而功利主义哲学就是立法决策学的方法论依据。边沁的《道德与立法原理》进一步系统阐述了功利主义思想在立法决策中的作用。与奥斯丁、边沁不同，历史法学派的代表人物萨维尼将立法作为法理学研究的内容，其著作《立法与当代法理学的使命》指出法律是民族意识的有机产物，是自然而然形成的，经过了习惯法、学理法、法典法的过程，因此立法决策不是理性决策的产物，而是民族精神的自然体现。而19世纪下半叶德国新功利主义法学家鲁道夫·冯·耶林，在著作《法的目的》中认为，法律在很大程度上是国家为了有意识地达到某个特定目的而制定的，这实际上是强化了理性立法决策的重要性。

与德国理性化立法决策模式不同，美国的立法决策研究具有经验理性的现实主义特色。美国《统一商法典》起草人卡尔·卢埃林是美国现实主义法学的主要代表之一，在20世纪30年代初的一篇题为《现实主义的一些现实主义——答庞德院长》的论文中，较全面地阐述了经验理性在立法决策中的作用。在卢埃林看来，立法只是对司法判决的预测，法律并不是白纸黑字的纸上条文，而是存在于法官的行为中。立法预测与立法决策不同，立法决策将立法作为法治的关键，而立法预测则将司法作为法治的关键。而社会工程法学派代表人物庞德教授则认为，立法作为法治系统工程中的一环，与行政、司法等并列。由此可见，美国由于其判例法文化和社会法学的影响，立法决策学受到重视也出现得晚。

立法决策学作为立法学研究的重点应该是立法学与管理学、政策科学等学科融合发展的结果，属于跨法学与政策科学的综合研究学科。美国现代管理学者大家西蒙在其著作《行政行为——行政组织决策过程的研究》中指出，决策是管理的核心，但西蒙的研究重点是行政决策。1951年由美国著名政治学家勒纳和拉斯韦尔共同主编的《政策科学——视野与方法的近期发生》一书面世，将美国的公共政策的形式分为了立法决策、行政决策和司法决策三部分，阐述了美国国会、总统和美国最高法院在公共政策制定过程中的作用。诺内特、塞尔兹尼克著的《转变中的法律与社会：迈向回应型法》，则阐述了立法决策的方法。[18]综合美国立法学、管理学与政策科学的观点，美国著名法学家、法律与发展运动奠基人罗伯特·鲍勃·赛德曼、安·赛德曼和立法学家那林·阿比斯卡的立法学巨著《立法学理论与实践》（*Legislative Drafting for Democratic Social Change：A Manual for Drafters*），解释了立法起草者对立法决策的影响，使立法决策学不仅成为领导科学，也成为一门技术科学。由此可见，20世纪80年代，立法决策学作为立法学的重要分支学科地位已经得以确立。

（二）国外立法决策的思想学说

概述西方法学关于立法决策的研究，主要的思想学说有如下几种。

1. 承认规则理论

将立法主体限定为国家机关，并与立法参与主体区分开来，这是实证法学派的观点。边沁认为法律是主权者的命令，哈特认为是承认规则的结果。哈特将法律归结为第一性规则和第二性规则的结合。第一性规则属于义务性规则，要求人们做一定的行为或者禁止人们去做一定的行为；第二性规则授予权力或权利。哈特设想了一个没有立法机关、法院或者官员的前法律社会状态，那里社会控制的唯一手段就是第一性规则。然而，如此简单的社会控制体制存在诸多缺陷，其补救的办法就在于引入承认规则、改变规则、审判规则以补充第一性的义务规则的权威性。“承认规则”产生和存在的意义在于确认第一性规则的法律效力。[19]根据哈特的观点，“我国全国人大及其常委会制定的规范性文件是法律”就是一种最终的承认规则。因此，在实证法学派看来，立法主体与公众立法参与应该绝对区分，公众不应该是立法参与的主体。

2. 公共选择理论

公共选择就是指人们通过民主决策的政治过程来决定公共物品的需求、供给和产量，是把私人的个人选择转化为集体选择的一种过程（也可以说是一种机制），是利用非市场决策的方式对资源进行配置。公共选择理论的代表人物詹姆斯·布坎南说：“公共选择是政治上的观点，它以经济学家的工具和方法大量应用于集体或非市场决策而产生。”以“经济人”假设为分析的前提条件，公共选择学派认为，在政治生活中，政府作为公共产品的供给者，所制定的政策、法律往往是由决策者根据自己对公共利益的理解来决定的，遵循的是博弈规则。如果我们把政府也看作是“经济人”，作为垄断者的政府部门是没有任何动力去改革自身的产品和服务的，也不会去进行自身的制度创新以符合社会发展的趋势，这就是现实生活中“政府失灵”的原因。要解决“政府失灵”的问题，就应该从现行体制上寻找原因，从制度创新上寻找对策，从制度上约束权力的运行。公共选择理论将笼罩在决策者身上的权威面纱解开，揭示了“偏好显示机制”在公共决策中的重要性。“公民的偏好显示”是指把人民的利益和要求由下而上及时传达的机制，在立法决策中，只有充分了解公众的偏好，重大决策让群众知情，让群众讨论和参与，决策才会符合公众的利益和要求。[20]因此，根据公共选择理论，公众参与立法是现代社会进行社会治理的必然趋势。

3. 回应立法决策理论

法律要体现社会变革的要求，不同的社会状况会有不同的法治模式与之适应，而针对当代的社会现实情况，应采取何种适应社会变革的法律模式，以塞尔兹尼克和诺内特为代表的伯克利学派提出了“回应型”立法决策模式。回应型法治模式是相对于压制性法治、自治型法治而言的。压制性法治以集权为特征，公众参与立法没有可能性；自治性法治以社会自治为特征，认为立法是发现法律而不是创造法律。而回应性法治模式结合了两者的优势，主张法律规则不仅包括法律机构承认的权威性规则，也包括社会自治产生的社会规则，是权威性法律机构向社会开放并发挥促进社会调整和社会变化的更能动的作用，在这种重建过程中，能动主义、开放性和认知能力将作为基本特色而相互结合。[21]根据回应立法决策理论，公众参与立法虽然是必然趋势，但并不是对立法主体的否定，而是立法主体对公众立法需求的回应。

二、我国立法决策学的研究概况

（一）国内立法决策学的产生与发展概况

中国五千年古文明孕育了决策理论，有句古话，运筹于帷幄之中，决胜于千里之外就显示了决策的重要作用。在立法决策方面，出现了《管子》《法经》《商君书》《天人三策》等典籍，以及管仲、商鞅、董仲舒等立法决策谋划者。清末变法改制之后（即光绪二十七年清政府在法律方面的一系列改革），随着西方立法思想的传入，现代意义上的立法决策思想和研究成果也逐渐丰富，但作为学科的立法决策学始终没有从政治学、管理学和法学学科中分离出来。

新中国成立以来，尤其是改革开放后，立法决策的重要性日益显著，作为立法学分支学科的立法决策学也逐步发展起来。例如，郭道晖的《中国立法制度》（人民出版社，1988 年）、周旺生的《立法学》（北京大学出版社，1988 年），对立法决策进行了界定，使立法决策作为立法学的一个基本范畴进入法学研究领域。随着立法学研究者张友渔、吴大英、信春鹰、李林、周旺生、朱景文等对立法学科发展的推动，立法决策研究日益成为立法学的核心问题。在立法决策实践研究中，孙琬钟主编的《立法学教程》（中国法制出版社，1990 年），论证了人大为主导的立法决策体制等问题。在学术界，于兆波的《立法决策论》（北京大学出版社，2005 年），是中国大陆第一本专门阐述立法决策的著作，但其主要研究的是程序性立法决策问题，对实质性立法决策问题关注不够。在教材编写方面，上海交通大学徐向华教授主编的《立法学》教材，该教材将立法决策放在比较重要的章节，但由于没有具体实证材料，她对立法决策的研究也比较宽泛。将立法决策理论与实践、学科与学术结合起来研究，得益于中国法学会立法学研究会成立后的推动。中国立法学研究会出版了《让每一部法律成为精品》《地方立法的理论与实践》，这为立法决策学的学科独立提供了大量素材，但由于立法决策学涵盖法学、管理学和政治学等诸多领域，编撰一部关于立法决策学的专门教科书还较难。

（二）国内立法决策的思想学说

在美国，政党政策不属于公共政策。中国的公共政策的形式构成则包括党的政策、人大决策和行政立法。因此形成了具有中国特色社会主义立法决策理论，其主要思想如下：

1．党领导立法的思想

党领导立法，是中国特色社会主义法治理论的鲜明特征。新中国成立几十年来，我们从革命战争时期转入社会主义建设时期，从没有掌握全国政权时主要依靠政策办事，逐步过渡到掌握全国政权后，既要依靠政策，还要依靠健全社会主义法制管理国家这样的转变。30 多年正反两个方面的经验告诉我们，发展社会主义民主，健全社会主义法制，使民主制度化、法律化，使这种制度和法律不因领导人的改变而改变，不因领导人的看法和注意力的改变而改变，这是关系我国安定团结、长治久安，能够经得起各种风险，克服各种困难，顺利进行社会主义现代化建设的极为重要的问题。[22]

董必武同志和彭真同志可以说是新中国具有影响的两位革命法学家，他们系统论述了党委领导立法的思想观点。董必武同志强调加强党对法制建设和法制工作的领导。他指出，党是我们国家的领导核心，我们一切工作都是在党的领导下进行的，对党的领导不能有丝毫动摇。1956 年 9 月 19 日，董必武同志在党的八大上就进一步加强人民民主法制做了大会发言。他说，党中央号召公安、检察、法院和一切国家机关，都必须依法办事。我认为依法办事，是我们进一步加强我国人民民主法制的中心环节。依法办事有两个方面的意义：其一，必须有法可依；其二，有法必依。[23]1980 年 8 月，中共中央向第五届全国人大第三次会议主席团建议，对当时的宪法进行修改。大会决定成立宪法修改委员会，彭真同志任副主

其研究范围必然涉及政治学、行政管理学等诸多领域，因此，仅仅研究人大立法过程的立法学其范围是不够的。立法决策学就是研究中国共产党、人大、政府在处理社会问题中做出是否采取立法的手段和选择立法的方略与模式的决定，以及研究立法过程中党委、人大、政府和公众之间关系处理的学科。由此可见，如何将立法决策学与立法学通论区分开来，将立法决策作为立法学的核心内容很重要。我国现在的立法学通论教材一般分为立法理论、立法过程、立法体制和立法技术四大板块，研究的重心问题是立法程序和立法过程，而将立法决策作为研究核心，也就可以与立法学通论区别开来。因此，立法决策学的研究有利于突出立法学的重点研究对象。

第三节　环境立法决策学研究的核心问题

我国关于部门立法学研究的学术著作、论文不少，但由于部门法学的广泛性，专门化的部门立法学教材编写则是缺乏的。关于部门立法决策学的研究，虽然还没有相应的教材，但积累了大量的素材和案例。在环境立法研究领域，我国环境法学研究者出版了不少的著作、论文。例如，北京大学金瑞林教授在 1980 年发表的《我国环境保护法的基本原则和实施中的几个问题》（《环境保护》1980 年第 1 期），围绕《环境保护法（试行）》的立法问题提出了一些对策建议。其学生北京大学程正康教授的毕业论文《水污染防治立法的理论和实践》紧扣同期国家水污染防治立法的时代背景，揭示了《水污染防治法》的一些立法理论问题；其学生汪劲的《环境法律的理念与价值追求——环境立法目的论》（2000 年）则属于环境立法决策研究的一部专著。中国社会科学院马骧聪研究员、政协第十二届全国委员会社会和法制委员会驻会副主任吕忠梅、中国人民大学法学院教授周珂、中国政法大学教授王灿发作为环境保护法立法修法的积极推动者之一，撰写的一些论文和学术著作也涉及环境立法决策问题。在实务界，时任全国人大环境与资源保护委员会法案室主任、天津大学法学院院长孙佑海[31]，全国人大环境与资源保护委员会法案室主任翟勇，环境保护部政策法规司司长别涛，多次参与环境立法实践，也撰写了环境立法学方面的一些论文、著作。但是，环境立法决策学的核心问题是研究环境立法决策的体制机制和公众参与环境立法决策的保障。环境立法决策体制就是研究立法决策过程中党委、人大、政府、公众之间的权限关系和程序安排。由于多数环境法学者将环境立法决策学归为立法学的分支学科，也就没有将其纳入环境与资源保护法学研究的重点。所以，在现有的一些环境与资源保护法学教材中，如周珂教授的《环境与资源法学》（2009 年）、[32]蔡守秋教授的《环境与资源保护法学》（2011 年）[33]等教材关于环境立法决策的体制机制问题研究就鲜有介绍。其实，环境立法决策学作为环境资源法学与立法学的交叉学科，其有着自己的核心研究问题。

一、党领导立法的方式问题

《中共中央关于全面推进依法治国若干重大问题的决定》明确指出："党的领导是全面推进依法治国、加快建设社会主义法治国家的最根本的保证。必须加强和改进党对法治工作的领导，把党的领导贯彻到全面推进依法治国全过程。"《立法法》第 3 条规定："立法应当遵循宪法的基本原则，以经济建设为中心，坚持社会主义道路、坚持人民民主专政、坚持中国共产党的领导、坚持马克思列宁主义毛泽东思想邓小平理论，坚持改革开放。"这都是党委作为立法决策主体的依据，可党委如何领导立法，还有许多问题值得探讨。归纳我国学者的一些观点，大多认为党领导环境立法的方式主要有以下几种。

（一）审定立法规划和计划

与创新发展、协调发展、开放发展、共享发展一道，"绿色发展"是党的十八届五中全会提出的指导我国"十三五"时期发展甚至是更为长远发展的科学的发展理念和发展方式。绿色发展涉及生态保护以及社会经济发展的各个方面，具有全局性和整体性，相关绿色发展的制度安排必须协调各部门、各方面的利益，统筹兼顾，综合布局，才能使相关制度真正起到作用。环境问题是与一定的经济技术相联系的，只有具备一定的经济科学技术条件环境问题才能解决，因此，运用法治思维和法治方式推动绿色发展理念的实现，首要的任务是将环境立法和发展问题联系起来考虑。党组织审定环境立法规划和计划是党运用法治思维和法治方式落实绿色发展战略的领导方法。环境立法规划、计划由人大常委会党组报送党委审查批准制度的建立，可以加强党委对立法工作的领导，使立法工作与绿色发展结合起来。

（二）提出立法建议，加强对重点领域法律起草工作的领导

中国共产党是执政党，依法执政是建设法治国家的必然要求。依法治国首先就是依法执政、依宪治国。在我国，依据宪法和法律的规定，政党组织不是提案权主体，不直接向立法机关提出法律议案或参与到立法程序中来，但享有向立法机关提出立法建议的权利。1982 年《宪法》实施以来，曾进行过四次修正，均是由中共中央向全国人大或者全国人大常委会提出修改宪法部分内容的立法建议。对 1989 年《环境保护法》修改时，由于党的十八大报告明确提出了生态文明建设的要求，《环境保护法》（2014 年修订版）从原来计划的“小修”变成了“大修”。

（三）审批重要法律法规草案或者起草的指导原则和重大问题

1991 年党中央《关于加强对国家立法工作领导的若干意见》规定，宪法的修改、某些重大政治方面和特别重大的经济、行政方面的法律草案，在提请全国人大审议之前，都须经过党中央政治局（或其常委会）与中央全会的审议；其他法定机关提出的修宪议案，也须经全国人大常委会党组或全国人大中党的领导小组报送党中央审定；起草政治方面法律的配套法规规章草案，以及重大经济社会方面的法律、法规、规章草案，要依照规定按程序报请党中央或者同级党委（党组）同意。例如，考虑到环境保护的重要性，1978 年中共中央在批转了国务院环保领导小组工作汇报的时候指出，消除污染、保护环境是进行社会主义建设，实现“四个现代化”的重要组成部分，我们绝不能走“先污染，后治理”的弯路，这是在中共党史上第一次以中央的名义对环境保护做出重要指示。1983 年 12 月 31 日至 1984 年 1 月 7 日国务院召开的第二次全国环境保护会议，将环境保护确立为基本国策。党的十八大报告中更是强调指出大力推进生态文明建设，坚持节约资源和保护环境的基本国策。据此，《环境保护法》（2014 年修订版）将环境保护是基本国策确定下来。

（四）对立法进行监督

党的十八届四中全会决定中指出：禁止地方制发带有立法性质的文件。所谓

“带有立法性质的文件”，就是现在媒体提到的“红头文件”，即不是按照《立法法》制定的地方政府的命令决定等规范性文件。如果要保障该政策的实施，就需要加强党委对立法进行监督。例如，《立法法》将历史文化、环境保护、城乡建设与管理等立法权下放后，一些地方以环境保护等为名义制定了一些限制公民权利的地方性法规规章，对此党组织可以责成本级人大常委会依据《立法法》审查相关的规范性文件。党的十八届四中全会专门提出禁止地方制发带有立法性质的文件，我们认为既包括地方性法规规章，也包括政府规范性文件，还包括行政机关在行使职权的过程中做出的具体的行政决定。

二、环境立法权的配置问题

立法权是制定、修改和废止法律的权力。立法权是国家主权的一部分，由特定的国家政权机关所行使，在国家权力中占据特殊地位。立法体制（legislative system）是关于一国立法机关设置及其立法权限划分的体系和制度，即有关法的创制的权限划分所形成的制度和结构，它既包括中央和地方关于法的创制权限的划分制度和结构，也包括中央各国家机关之间及地方各国家机关之间关于法的创制权限的划分制度和结构。

不同的立法体制，形成了不同的立法决策体制（或模式）。例如，美国是一个联邦制国家，各州也有自己的环境法，形成了一种联邦和州分权的立法决策模式。20 世纪 60 年代以前，美国的环境立法多为州立法。1969 年年初，加利福尼亚州圣巴巴拉海峡的石油泄漏事故促进了联邦《国家环境政策法》的制定。根据美国宪法第六条第二款规定了“最高条款”（the supremacy clause），《国家环境政策法》成为环保领域的“大宪章”。值得一提的是，《国家环境政策法》最重要的成果就是建立了对立法、政策和项目进行环境影响评价的制度，使得其不仅是一部行政决策法，也是一部立法决策法。《国家环境政策法》于 1969 年年底分别在美国国会参众两院通过，1970 年 1 月 1 日由尼克松总统签署生效。是美国为推动环境保护而颁布的联邦法律。

中国现行立法体制是具有中国特色的立法体制。从立法权限划分的角度看：它是中央统一领导和一定程度分权的，多级并存、多类结合的立法权限划分体制。中央统一领导和一定程度分权，是指最重要的立法权即立宪权和立法律权属于中央，并在整个立法体制中处于领导地位，而行政法规立法权、地方性法规立法权，它们分别由国务院和地方人大行使。这种一定程度上的分权，是中国现行立法体制最深刻的进步或变化，体现了多级并存和多类结合的两个特征。多级并存，即全国人大及其常委会制定国家法律，国务院及其所属部门分别制定行政法规和部门规章，一般地方的有关国家权力机关和政府制定地方性法规和地方政府规章。多类结合，是指基本法律、法律、行政法规、地方性法规、部委规章、地方性政府规章等多种形式相结合形成了我国的法律渊源体系。

随着我国经济社会的发展和改革的不断深化，人民群众对加强和改进立法工作有许多新期盼。目前，我国的立法权配置和立法体制还存在一些问题，诸如地方立法的主动性不强、部门立法问题突出，综合立法、协调立法机制不顺等。“完善和发展中国特色社会主义制度，推进国家治理体系和治理能力现代化”作为全面深化改革的总目标，是党的十八届三中全会《中共中央关于全面深化改革若干重大问题的决定》的一大亮点，立法体制改革也要围绕这一总目标进行。

三、公众参与环境立法决策的法制保障问题

立法参与是落实民主立法的重要制度。党的十八届四中全会《中共中央关于全面推进依法治国若干重大问题的决定》提出：“健全立法机关和社会公众沟通机制，开展立法协商。”2015 年修改的《立法法》第 5 条规定：“立法应当体现人民的意志，发扬社会主义民主，坚持立法公开，保障人民通过多种途径参与立法活动。”《环境保护法》（2014 年修订版）第 53 条规定：“公民、法人和其他组织依法享有获取环境信息、参与和监督环境保护的权利。各级人民政府环境保护主管部门和其他负有环境保护监督管理职责的部门，应当依法公开环境信息、完善公众参与程序，为公民、法人和其他组织参与和监督环境保护提供便利。”这是立法参与制度在党的政策和国家法律中的体现，因此，公众立法参与及相关制度构建应该成为立法学研究的重要课题。

在美国，大约有 16 000 千米的“杰出”河段在 1968 年通过的联邦《国家自然与风景河流法案》（*National Wild and Rivers Act*）中得到了保护，而这部法律的通过就来源于两兄弟为保护一条河流——萨蒙河的结果。位于美国爱达荷州中部的萨蒙河，是一条美丽的自然风景河。在联邦政府“修坝热”时期，陆军工兵部

队已评估了 5 座可能的大坝地点，如果计划实施，这条河将变形成为一连串的人工湖。当地居民、环保人士克雷格黑德兄弟都是野生生物学家，他们积极倡议对萨蒙河立法保护。在民间的推动下，1968 年林登 •约翰逊总统正式签署通过了《国家自然与风景河流法案》。这个法案从申报、演讲到政治争论，历时 10 年，法案的立场和观点大部分来自克雷格黑德兄弟。因此，公众参与立法决策，是促进科学立法、民主立法的重要途径。

党的十八大报告指出："完善中国特色社会主义法律体系，加强重点领域立法，拓展人民有序参与立法途径。" 2012 年的《全国人大常委会工作报告》则进一步强调了公民参与立法需要的程序与形式，并且将扩大公民有序参与立法与科学立法、民主立法紧密结合起来。因此，研究环境立法决策、立法体制与公众参与的关系，构成了环境立法决策学应该研究的又一核心问题。

第二章　环境立法决策学的基本范畴

立法决策是立法活动的核心，渗透在立法规划、立法调研、立法起草和立法审议各环节。因此，环境立法决策学是对环境立法需求调研、立法规划拟定、立法活动组织、立法后法律实施评估等基本问题进行研究的学科。

第一节　环境立法需求调研

立法过程的核心是决策的形成。为什么要制定法律，这部环境法律要解决什么环境问题，环境立法需求调研也就成为立法决策的信息之源。

一、立法需求

（一）立法需求的概念

立法需求（the need for regulation），是指社会关系的发展或社会问题的出现所提出的立法的客观需求以及社会关系主体对现有的利益冲突调整机制不满而提出的主观要求。[34]2015 年 3 月 15 日，第十二届全国人民代表大会第三次会议修正通过的《中华人民共和国立法法》中增加的第 72 条第 4 款规定："除省、自治区的人民政府所在地的市，经济特区所在地的市和国务院已经批准的较大的市以外，其他设区的市开始制定地方性法规的具体步骤和时间，由省、自治区的人民代表大会常务委员会综合考虑本省、自治区所辖的设区的市的人口数量、地域面积、经济社会发展情况以及立法需求、立法能力等因素确定，并报全国人民代表大会常务委员会和国务院备案。"这是立法需求作为法学概念第一次在正式法律文本中的出现。

（二）立法需求调研

立法需求调研是立法工作的基础和重要组成部分，是掌握立法需求的实际情况、汇集民意的有效方法。虽然立法过程中的每一个阶段，只要有需要，都可以开展立法调研，但立法需求调研是做好立法决策的第一步。立法需求调研有很多种类，一般来说，可归纳为有法律效力的立法需求调研与不具有法律效力的立法需求调研。

1. 有法律效力的立法需求调研

从立法调研的主体来分类，立法需求调研可以是立法决策者，也可以是学者、公民等普通民众。一般而言，立法决策者展开立法需求调研常常是公众反映比较集中的一些矛盾需要处理时介入的，具有一定法律效力，需要向公众或领导机构进行反馈汇报。

2. 不具有法律意义的立法需求调研

学者、公民等普通民众自觉对某项立法展开的立法需求调研常常并不具有法律效力，但可以作为法律建议供立法决策者参考。立法决策者也可委托一些公众性的社会机构进行立法需求调研，此时不具有法律意义的调研可以转化为具有法律意义的立法需求调研。

（三）立法需求调研的意义

调查研究是我们党的一贯优良作风。毛泽东同志早就告诫我们："没有调查，就没有发言权。"真实是调研的生命，只有获得大量真实的第一手材料，才能为立法工作提供科学参考，而要摸清真实情况，准确把握事物的本质和规律。搞好立法调研是体现立法为民的必然要求，是提高立法质量的重要保障。

例如，1965 年美国汽车行业的一些消费者对汽车工业提出了非常严厉的批判，觉得汽车设计者在利益的驱使下只追求最大的客户量和汽车视觉上的美感，而忽视其安全和环保性能的问题。为此，新泽西州普林斯顿大学的舆论研究中心在 1965 年 5 月和 1971 年 5 月对同数量人们进行民意测验，通过调查发现 1/4 的被调查人员认为当前汽车工业带来的最重要的社会问题是环境污染和生态破坏问题，为此联邦政府加强了环境保护方面的立法工作和产业调整。

二、调研方法

社会调查方法指的是运用科学的方法，将调查的原始资料按调查目的进行审核、汇总与初步加工，使之系统化和条理化，并以集中、简明的方式反映调查对象总体情况的过程。其操作过程如下：

（一）调研准备

在此阶段，调研者要明确准备调研的对象、目的等基本问题，做好对公众反映比较强烈的关键领域立法调研。如 1980 年美国国会通过了《综合环境反应、赔偿与责任法》（CERCLA），该法案因其中的环保超级基金而闻名，因此，通常又被称为《超级基金法》。该法案的制定就体现了美国立法决策机构精心的调研准备。法案的调研对象是一些“棕色地块”（Brownfield Site）。所谓“棕色地块”，就是一些污染地域。20 世纪下半叶，美国经济发生了深刻的变革，经济和工作重心经历了从城市到郊区、由北向南、由东向西的转移，许多企业在搬迁后留下了大量的“棕色地块”，具体包括那些工业用地、汽车加油站、废弃的库房、废弃的可能含有铅或石棉的居住建筑物等，这些遗址在不同程度上被工业废物所污染，这些污染地点的土壤和水体的有害物质含量较高，对人体健康和生态环境造成了严重威胁。1978 年“拉夫运河（The Love Canal）事件”引发的公众游行示威引起了州政府和联邦的关注。1978 年 4 月当时的纽约卫生局局长罗伯特·万雷前往调研，调研目的是解决“棕色地块”对公众健康造成损害的赔偿问题。4 个月后，纽约卫生局宣布小区处于紧急状态。以“拉夫运河事件”为契机，当时的美国总统卡特颁布了划时代的法令，创立了“超级备用金”。

（二）设计调查方案

传统的调研方式包括问卷法、访问法、观察法、测验法等，经过多年的推行，日益程式化，有些被调研单位提前彩排，踩好点，物色好人选，统一口径，使调研人员全程跟着脚本走。有些座谈交流会只重形式不重内容，与会人员事先准备好材料，按照流程发言，领导总结讲话，最终变成“念稿会”。第十二届全国人大常委会把加强立法调研摆在了突出位置。暗访、蹲点、见面只是创新立法调研的几种形式。对于环境立法而言，由于涉及许多环境科学技术问题，更需要创新调研方法，立法决策主体可以委托科学技术服务机构和法律服务机构共同设计调查方案。例如，为了调研土壤污染防治立法的意义，中国政府部门曾做过多种及多样的环境和土地调查：国土资源部进行过国土资源调查，国家地质局进行过全国地质调查，国家环保总局进行过全国生态调查，还正在进行全国土壤调查、全国污染源调查。正是由于这些调查方案的多角度性和调研数据的科学性，立法决策机构充分认识到了我国土壤防治立法的必要性。

（三）研究阶段

整理资料，对资料进行检查、核对、归类，使资料系统化、条理化；分析资料，得出结论或验证假设。

在我国，土壤污染形势已十分严峻。中国水稻研究所与农业部稻米及制品质量监督检验测试中心2010年发布的《我国稻米质量安全现状及发展对策研究》称，我国1/5的耕地受到了重金属污染，其中镉污染的耕地涉及11个省25个地区。2016年中国环境科学研究院、环境保护部环境规划院等30余家单位参编的《中国土壤修复技术与市场发展研究报告（2016—2020年）》指出："综合国内企业数量、搬迁污染调查及国外对比，我国的污染场地数量在100万～200万块。"此外，"目前我国废弃矿山的复垦率仅达10%，需要环境恢复与治理的废弃矿山面积150多万公顷。其中，重金属矿区占30%，超过700处，湖南、广东、广西、四川、陕西、安徽、河北等地占总数的41%"。近年来，国内多个省份出产的稻米被查出镉超标，土壤污染已成为我国众多地方的"公害"。"镉米"风波发生后，无论是政府层面还是社会公众，对防治土壤污染的立法需求日益强烈。[35]经过充分的调查研究结果的整理，2012年11月环保部专门建立了"土壤环境保护立法研究专家组"，通过立法座谈会、专家论证会等方式形成了"土壤环境保护法"的专家建议稿，[36]2017年全国人大把"土壤污染防治法"列入了立法计划。

（四）撰写调查报告

调查报告是通过对典型的问题、情况、事件的深入调查，经过分析、综合，从而揭示出其本质或客观规律的书面报告。研究报告的内容一般包括：标题、导言、主体部分、结尾。标题可以有两种写法。一种是规范化的标题格式，即“发文主题”加“文种”，基本格式为“××关于××××的调查报告”“关于××××的调查报告”“××××调查”等。另一种是自由式标题，包括陈述式、提问式和正副题结合使用 3 种。导言有 3 种写法：第一种是写明调查的起因或目的、时间和地点、对象或范围、经过与方法，以及人员组成等调查本身的情况，从中引出中心问题或基本结论；第二种是写明调查对象的历史背景、大致发展经过、现实状况、主要成绩、突出问题等基本情况，进而提出中心问题或主要观点；第三种是开门见山，直接概括出调查的结果，如肯定做法、指出问题、提示影响、说明中心内容等。导言起到画龙点睛的作用，要精练概括，直切主题。主体部分是调查报告最主要的部分，这部分详述调查研究的基本情况、做法、经验，以及分析调查研究所得材料中得出的各种具体认识、观点和基本结论。结尾的写法也比较多，可以提出解决问题的方法、对策或下一步改进工作的建议；或总结全文的主要观点，进一步深化主题；或提出问题，引发人们的进一步思考；或展望前景，发出鼓舞和号召。

三、中国的公众立法需求调研机制

为了使公众不具有法律意义的立法需求转化为有法律意义的立法建议，就需要通过一定的立法需求调研机制作为保障。

（一）公民的立法建议

公民可以向有关国家机关提出立法建议，这是宪法中批评建议权的具体体现。我国《宪法》第 41 条规定，“中华人民共和国公民对于任何国家机关和国家工作人员，有提出批评和建议的权利”，明确了公民的立法建议权。

立法建议是公民立法建议权的体现，这种权利行使对保护公民的利益有十分重要的作用。“法是天下之公器”，有关公共利益的立法应该保护最广大人民的利益，而不是为了某个部门或某个集团的利益。即便是合同、婚姻等领域的私法，也是广大人民利益的反映。公民向权力机关提出立法建议，是“确保我国法律体系始终符合公民的普遍要求”的有效办法。但是在我国推进依法治国进程中，有些部门或利益集团打着“法治化”的旗号，通过把控立法起草权力将部门利益通过立法的形式固定下来，这就是我们常说的部门立法现象。为了破解部门立法现象，就需要公众的立法参与，保障公民的立法建议权。即使公民提出的立法建议权力机关未予采纳，一般也应通过其工作部门或委托相关机构如法院、法学研究机构等就此进行答复。当然，立法主体不可能对每个公民的立法建议予以答复，这就需要对立法建议答复的具体要求和程序进行合理规范。

（二）专家的立法建议

每一个公民都可以提出立法建议，但并不是每一个公民的立法建议都会引起立法主体的注意和采纳。这是因为立法建议具有技术性，故一般的公民如不具备一定的法学素养，其向立法机关提出的立法建议就不一定会被采纳。所以，公众的立法参与，有效的途径之一是通过专家参与立法表现出来的。调研公众的立法需求、了解立法主体的立法目的，对立法对象、时机、形式进行分析，如何具体设计法律条文，这都需要一定的立法技术，因此，专家参与立法是目前我国加强立法参与制度改革的主要措施。例如，国家环保总局从2006年就组织有关专家进行土壤环境保护立法研究，2012年11月还专门建立了土壤环境保护立法研究专家组。2013年4月27日，环保部与部分全国人大代表、政协委员在北京举行土壤环境保护立法座谈会。会上，武汉大学王树义教授向“两会”代表、委员作了“土壤环境保护立法起草研究”的专题汇报。他对记者说，环保部委托他们撰写的土壤环境法文本仅仅是专家建议，要是真正编制一部法律草案的话，还需要环保部和各个司的相关技术人员的讨论和修改，再经过法制办，最后到人大。

尽管专家参与立法是公众立法参与的方式之一，但是专家毕竟不能与一般的公民等同起来，因此不能将专家的立法参与等同于公众的立法参与。为此，在专家参与立法的过程中，我们要注意克服两种现象。第一种现象是，专家立法也不能闭门立法，不能将立法建议作为专利。立法是一项集体劳动的成果，一个专家的立法建议即便被立法主体采纳，也不是其专利，而是辩论、沟通的结果。第二种现象是，立法建议是权利而不是责任，对专家的立法建议不要太苛刻。就算是具有很高法学素养的法学教授提出的立法建议，也会因为国情、文化等因素影响而不完全被立法主体采纳。经常出现的法学学术观点之争更是表明立法建议的科学性与否并非如想象的那么容易判断。如果权力机关因为立法技术的原因拒绝专家的立法建议而需要负法律责任，这不符合立法权科学运行的规律，不仅不公正，也是不符合法治精神的。

（三）政协的立法建议

在立法建议中，还有一种特殊性立法建议，即人民政协的立法提案。立法提案是政协委员向人民政协组织，并通过政协组织向人民代表大会或人民政府就有关立法问题提出意见和建议的形式。由于人民政协在我国立法体制中的法定地位，使得政协的立法建议与普通公众的立法建议的法律效力明显不同。人民政协与人大、政府三者之间的关系是，一个在决策前协商，一个在协商后表决作决策，一个在决策后执行，三者统一在中国共产党的领导下，依照法律和章程独立负责、协调一致地开展工作，各司其职，相辅相成。因此，对人民政协的立法建议，相关部门一般都会有反馈意见。如 2012 年全国政协第十一届第五次会议全国政协委员何悦第 0800 号关于尽快修订《环境保护法》的提案，全国政协的审查意见："建议国务院交由环境保护部办理"。[37]当时，1989 年《环境保护法》已经纳入人大立法规划，并交由环保部起草修改稿，对于政协委员的个人提案，虽无法律效力但也必然有所反馈。而对于政协提出的提案，则是具有法律效力的。例如，全国政协会议上提交的《关于建立健全国家环境与健康制度的提案》，被列为全国政协重点提案，由全国政协社法委进行督办。全国政协委员、全国政协社会和法制委员会驻会副主任吕忠梅说："我国在提供环境与健康公共服务能力方面仍然存在很大的不足，环境监测体系与环境影响评价等制度仍需完善。" 建议"尽快制定并实施《环境与健康工作管理办法》，作为环境保护法的配套性规章，建立环境与健康管理工作规范和程序，有序推进相关工作。该办法实施后，根据工作情况适时修改完善并上升为行政法规，待条件成熟制定完整的环境与健康法。"[38]

第二节　环境立法目的确定

所谓环境立法目的确定，是指环境立法主体根据立法时的情势明确环境立法决策主体的目的。立法目的是立法活动的决策主体根据其所代表的统治阶级的利益和需要所确定的立法的价值标准，所以立法活动的开始首先要有立法目的这一前提的存在。立法目的可以为立法行为指出开展活动的方向，因此立法目的贯彻于整部法律的制定过程中，是立法的起点和归宿，可以指导立法主体的立法活动。

一、立法目的概述

目的通常是指行为主体根据自身的需要，借助意识、观念的中介作用，预先设想的行为目标和结果。决策是决定的意思，它是为了实现特定的目标，根据客观的可能性，在占有一定信息和经验的基础上，借助一定的工具、技巧和方法，对影响目标实现的诸因素进行分析、计算和判断选优后，对未来行动做出决定。它包括发现问题、确定目标、确定评价标准、方案制定、方案选优和方案实施等过程。

德国著名的法哲学家耶林在其著作《法的目的》中提到，法律在很大程度上是国家为了有意识地达到某个特定目的而制定的。他说："目的是全部法律的创造者。每条法律规则的产生都源于一种目的，即一种实际的动机。"他认为，法律是根据人们欲实现某些可欲的结果的意志而有意识地制定的。他关于法的定义即"法是国家权力通过外部强制手段来保证其实现的最广义的社会生活条件的总和"。根据他的观点，法律在很大程度上是国家为了有意识地达到某个特定目的而制定的。

立法目的虽然在法律制定中具有重要作用，但如何确定立法决策者的目的，必须结合立法时期的背景和政策。立法目的的确定是立法主体将立法决策者所追求的目标通过法律条文表述出来的过程。例如，美国的很多立法文本都将立法作为一个项目（Programe）来做，这是受到了庞德的社会工程法学派观点的影响。庞德在《法律史解释》一书中说："让我们把法当作一种社会工程学……工程被认为一种过程，一种活动，并不被认为是一堆知识或者一种固定的建筑工序。这是一种行动，而不应当作为消极的工具。"因此，美国制定的《清洁水法》《清洁空气法》等法律文本都不是僵化的教条，而是在一定立法目的下分解出来的具体目标、行动方案、奖惩机制和效果评估措施。

目的性条款是立法主体对立法决策者立法目的的法律表达，是立法决策主体的立法目的确定过程，一般都在法律文本第一条中作规定，格式为"为了……依据……制定本……"。在我国，立法目的开始被理解为立法任务。立法任务与立法目的的不同之处是，立法目的是立法决策者的主观追求；而立法任务是立法决策者需要公民要完成的任务。例如，1979 年 9 月《中华人民共和国环境保护法（试行）》第 2 条规定："《中华人民共和国环境保护法》的任务，是保证在社会主义现代化建设中，合理地利用自然环境，防治环境污染和生态破坏，为人民造成清洁适宜的生活和劳动环境，保护人民健康，促进经济发展。"为了进一步加强环境保护的主动性，1982 年颁布的《中华人民共和国海洋环境保护法》，1984 年颁布的《中华人民共和国水污染防治法》等环境保护法都将立法任务改为了立法目的。1982 年《海洋环境保护法》第 1 条规定："为了保护海洋环境及资源，防止污染损害，保护生态平衡，保障人体健康，促进海洋事业的发展，特制定本法。"1984 年《水污染防治法》第 1 条规定："为防治水污染，保护和改善环境，以保障人体健康，保证水资源的有效利用，促进社会主义现代化建设的发展，特制定本法。"

二、利益衡平与立法目的确定

耶林认为，利益衡量是立法者对各种问题或利害冲突所进行的价值判断标准，平衡个人利益与社会利益，保护社会生活条件的总和，构成法律的实质性目的。因此，立法目的是立法决策者进行利益衡平的价值准则，是指导立法决策者在矛盾焦点上"画杠杠"的行动指南。

在立法目的条款与立法目的之间，前者是形式，后者是内容。可二者也有不一致的情况，由于情势变更等因素影响，立法主体显然难以在立法时预料到各种经济与社会的发展可能，因为目的性条款一旦成文，便与立法目的相脱离，可能出现修改法律的情况。所以立法目的的确定是个动态的概念，包括最初立法目的、法律修改目的。修改法律时立法目的确定不仅是依据目的性条款推断原初立法目的，还需要根据新的情势环境确定和表述修改时的立法目的。例如，在环境立法中，始终面临着环境保护与发展的矛盾冲突问题。什么是环境问题？现在大多数人都知道是指耕地减少、森林覆盖率下降、草原退化、水土流失严重、土地沙漠化、部分野生动植物濒临灭绝、污染排放总量不断增加等，但是如何通过法律解决环境问题，却始终面临着环境与发展等利益衡量。如何处理环境保护与发展的矛盾问题，平衡其中的利益冲突，也就成为立法决策者在确定立法目的时的难题。原化工部副部长林殷才说："20 世纪 70 年代，我还在甘肃省兰化公司当经理。兰化公司下面的盐锅峡电解厂有水银电解装置，结果水银流到黄河里，发生了人畜中毒事件，群众告到国务院。当时的副总理万里指示有关部门到黄河去测定，结果黄河的河底都可以捞到水银。污染多厉害啊！国务院下决心不能再搞了。可不敢停啊，停了以后高纯度的烧碱没有了，怎么办呢？当时化工部副部长陶涛分管这个事儿，她找到我并下了军令状，说这个问题无论如何得解决，否则这个厂就得停下来，不能再开了。这个任务压力很大，怎么办？如果停下来的话，几千名职工的厂就要关掉了。”[39]

关于立法中处理利益衡平的艰难，原人大法制委员会主任顾昂然举例说：“第五届全国人大常委会审议制定《海洋环境保护法》时，主管行政部门对关于对行政处罚不服的可以向法院起诉的规定，坚决不同意。他们说，港监的帽子上有国徽，怎么能告港监？经多次交换意见，也谈不下来。为了解决问题，彭真同志亲自开会协调，陈丕显、彭冲等几位副委员长都参加了。开始，主管行政部门的同志还是不同意。彭真同志当场让我念宪法。我念了《宪法》第41条，公民‘对于任何国家机关和国家工作人员的违法失职行为，有向有关国家机关提出申诉、控告和检举的权利’。我说，宪法规定的‘任何国家机关和国家工作人员’就包括了行政机关和行政机关工作人员，其中的‘控告’就是可以向法院起诉。这样，主管行政部门的同志就没话可说了。”[40]

三、立法目的改变与法律修改

我国环境保护的立法目的是随着改革开放的政策变化而不断跟进的，而立法目的的改变也必然导致法律的修改与发展变化。例如，《环境保护法（试行）》是依据1978年《宪法》第11条“国家保护环境和自然资源，防治污染和其他公害”的规定制定的。而1982年《宪法》第26条规定“国家保护和改善生活环境和生态环境，防治污染和其他公害”，宪法将环境与自然资源的概念分开，并将人文环境和自然环境都包含在环境概念内，因此环境保护的立法依据发生了变化。根据1982年《宪法》，《环境保护法》（1989年）第1条规定：“为保护和改善生活环境与生态环境，防治污染和其他公害，保障人体健康，促进社会主义现代化建设的发展，制定本法。”其中，保护和改善生活环境与生态环境，防治污染和其他公害是环境保护法的直接目的；保障人民身体健康是环境保护法的根本任务，也是环境保护立法的出发点和归宿；促进经济增长是因为环境保护与经济发展有内在的相互制约和依存的关系。但《环境保护法》（1989 年）的立法目的侧重污染防治，对资源保护开发、公众健康等利益有所忽视，综合平衡决策不够，为此《环境保护法》（2014 年修订版）对此进行了修改，其第 1 条规定："为保护和改善环境，防治污染和其他公害，保障公众健康，推进生态文明建设，促进经济社会可持续发展，制定本法。"这次修订，将《环境保护法》（1989 年）第 1 条中的"保障人体健康"修改为"保障公众健康"，增加了"可持续发展"，反映出立法者不仅关心公民个体健康，而且关心作为群体的公众健康；不仅重视环境保护也重视经济发展。

目前，虽然作为环境保护基础性、综合性的《环境保护法》的立法目的进行了改变，但单行的环境保护法的立法目的还是以前的指导思想，这就需要进行相应的修改。例如，我国《水污染防治法》1984 年颁布后历经了 1996 年、2008 年两次修改，但都没有摆脱"以污染防治为主、以环保部门为主、以城市为主"的思路；没有把水生态安全、公众健康、管理体制、城乡一体等当前最该解决的问题作为修法的重点。现行《水污染防治法》第 1 条规定的立法宗旨为"防治水污染、保障饮用水安全"，现在看来，这个定位太窄，不能很好地适应国家水安全战略的需求。习近平总书记在中央国家安全委员会第一次会议上提出"总体国家安全观"，"生态安全"已成为国家安全体系的重要内容之一。《中共中央关于制定国民经济和社会发展第十三个五年规划的建议》也明确提出"以提高环境质量为核心"的环境治理新目标。水是生命之源、经济之源、社会之源、文化之源，是一个国家资源中的战略之源，因此，水安全不仅是生态安全的重要环节，也是国家安全不可缺少的内容，我们要从这样的高度来确定《水污染防治法》的立法宗旨，将其提升为"提高水环境质量、保障水生态安全"，为绿色发展和国家安全做出应有贡献。

第三节 环境立法规划拟定

制定法律，应考虑加强计划性。立法规划也需要有计划地进行，只有这样，才能发挥法律对管理经济和社会生活各个领域的重大作用。[41]

一、立法规划

立法规划，又称立法计划，是指享有立法权的机关根据国家的方针政策、国民经济和社会发展规划，在科学的立法预测基础上，做出的立法目标、措施、步骤等的设想和安排。[42]也有学者将立法规划与立法计划分开，5 年为立法规划，年度设想为立法计划。在本书中，采取后者的观点。

加强立法工作的计划性是我国改革开放后进行立法决策的一贯做法。我国 1980 年年初国务院就开始实现立法规划。1981 年 7 月，为了加强国务院的法制工作，适应国家经济立法工作的需要，国务院在国务院办公厅法制局之外成立了国务院经济法规研究中心。1981 年《国务院经济法规研究中心关于加强经济立法工作的几点建议》中指出，“加强经济立法的全面规划、协调平衡和组织指导工作”。国务院办公厅法制局和国务院经济法规研究中心为政府法制做了大量工作，但随着改革和现代化建设事业的发展，两机构并存已不适应国务院加强政府法制工作的需要。因此，1986 年 4 月，国务院决定将两机构合并，成立国务院法制局，负责行政立法规划拟定。

在全国人大的立法决策中，彭真同志也很重视立法决策的计划性。1985 年，他在关于立法工作的讲话中赞同对立法制订计划的意见。他说：“我们这次会就是一种制订立法计划的方式，而且是搞联系实际的计划。会后，请秘书处和法工委把会上提出的问题‘梳梳辫子’，并向有关方面通通信息，大家全面系统地研究一下，哪些是主要的先解决，也就是提出个工作计划。”[43]全国人大的立法规划被正式提出并受到重视，始于第七届全国人大任期之初。1988 年，万里委员长在第七届全国人大常委会第一次会议上提出：“本届常委会，要争取在第二次会议上，制定出一个五年立法规划”。[44]1988 年第七届全国人大常委会会议印发了《全国人大法律委员会关于五年立法规划的初步设想》，第八届至第十二届全国人大常委会也都制定了立法规划。1993 年 3 月在第八届全国人大常委会组成后的第一次会议上，乔石委员长就明确提出，要把立法工作放在本届人大工作的首位，要以改革精神加快立法步伐。随后，一份载有 100 多个立法项目的《八届全国人大及其常委会立法规划》开始实施。在第八届全国人大期间，正是在这份立法规划的指导下，全国人大改变了以往有什么草案就讨论什么草案的局面，每年都有本年度审议法律草案的安排意见，每次会议对审议哪些法律草案都有具体部署，使本届人大的立法任务得以顺利完成，也使中国社会在政治、经济、文化、教育及其他社会生活各领域，基本做到了有法可依。[45]

二、立法规划的拟定

我国《立法法》第52条规定："全国人民代表大会常务委员会通过立法规划、年度立法计划等形式，加强对立法工作的统筹安排。编制立法规划和年度立法计划，应当认真研究代表议案和建议，广泛征集意见，科学论证评估，根据经济社会发展和民主法治建设的需要，确定立法项目，提高立法的及时性、针对性和系统性。立法规划和年度立法计划由委员长会议通过并向社会公布。"例如，2013年3月13日第十二届全国人大第一次会议秘书处对第十二届全国人大第一次会议主席团所做的《关于第十二届全国人民代表大会第一次会议代表提出议案处理意见的报告》指出：为了提高议案审议工作的质量和实效，建议全国人大各专门委员会根据有关代表议案的内容，积极向全国人大及其常委会提出建议，以利于不断改进和加强全国人大常委会的立法、监督、代表联络、对外交往、自身建设等工作。在制定立法规划和年度立法、监督工作计划时，认真研究代表议案反映比较集中的问题，作为确定立法、监督项目的重要依据。对于具备条件的代表议案，及时补充列入常委会有关工作计划，在起草、修改法律案和组织实施执法检查等工作时，积极采纳代表议案的内容。[46]据此，第十二届全国人大常委会于2013年10月拟定了一个5年立法规划并公布征求意见。经过调整的立法规划于2015年6月1日再次公布时，纳入立法规划的项目已由原来的68件增至102件。其中，列为第一类项目，即条件比较成熟、任期内拟提请审议的法律草案（76件），包括修改《环境保护法》《水污染防治法》《大气污染防治法》《森林法》，全国人大环资委牵头起草土壤污染防治法等；第二类项目，即需要抓紧工作、条件成熟时提请审议的法律草案（26件），包括修改《矿产资源法》《循环经济促进法》《草原法》等。此次调整将党的十八届三中、四中全会决定明确提出的立法项目增加列入立法规划。通过修改立法规划，有利于更好地实现立法和改革决策相衔接，确保重大改革于法有据，立法主动适应改革和经济社会发展需要。[47]

根据调整后的全国人大常委会立法规划和常委会2016年工作要点的安排，

2015年12月14日第十二届全国人民代表大会常务委员会第五十八次委员长会议原则通过，2015年12月26日第十二届全国人民代表大会常务委员会第五十九次委员长会议第一次修改，2016年4月15日第十二届全国人民代表大会常务委员会第六十七次委员长会议第二次修改《全国人大常委会2016年立法工作计划》，对2016年法律案审议工作做了安排。[48]

三、立法规划的法律效力

立法规划经过一定的法律程序审批后，具有一定的法律效力。例如，《国务院2017年立法工作计划的通知》就做好国务院2017年立法工作提出的意见是："起草部门要高度重视立法计划的执行，切实加强组织领导。对于党中央、国务院有关重要文件或者规划明确要求2017年完成的立法项目，起草部门要制定具体工作方案，明确责任分工，提高工作效率；对于起草过程中的重点难点问题，要深入研究、充分论证，加强与有关部门的沟通协商，力争达成共识；在向国务院上报立法项目送审稿前，应当主动与国务院法制办沟通。国务院法制办要及时跟踪了解各部门落实立法计划、推进相关工作的进展情况，切实加强组织协调和督促指导。有关部门对于没有列入立法计划、正在研究的立法项目，要深入了解掌握实际情况，提出切实解决问题的办法，国务院法制办要积极支持配合。"[49]对重要立法规划拟定后，还要报党政机关批准。

由中共中央或者地方党委批准同意甚至直接公布立法规划，碰到的法律问题是，能不能将党视为立法规划的制定主体呢？例如，2017年2月27日国务院办公厅关于印发《国务院2017年立法工作计划的通知》指出"已经党中央、国务院同意"，由此可见，中共中央或者地方党委虽然不是立法规划的制定者，但是立法规划的审批主体。

经过审批的立法规划是否有法律效力，我国学界还有争议。周旺生教授认为，"立法规划属于一种准法性质的文件：它具有准法的性质，但又不是完全意义或典型意义上的法，即'准法'或'半法'。"[50] 乔晓阳主编的《立法法讲话》一书，在"法律的制定程序"一讲中，介绍的第一个程序就是立法规划和立法计划，并将立法规划和立法计划定性为"立法准备程序"。[51]刘松山教授认为，将立法规划定性为一种立法建议，使之具有一定的指导性和参考作用，而不适宜将它定性为一种“准法”性质的东西，甚至当作一项指令性任务要求相关提案主体和审议主体去完成。对现在由立法机关编制立法规划的做法似可做必要的改革。第一种办法是，将立法规划的编制权完全交给立法提案主体，保证提案主体依法独立行使提案权，特别是要设法保证立法机关组成人员提案权的实现。同时，通过立法机关工作机构与提案主体的沟通协调，来保证提案与审议之间的有效衔接。第二种办法是，由立法机关的工作机构通过广泛调研协调后，提出“一揽子立法建议”，送给立法的提案主体，供他们作为是否提案以及何时提案的一个参考，而不宜将这一建议变为一个交给提案主体去完成的任务。[52]笔者认为，立法规划作为一种立法决策的管理办法，对管理相对人具有一定的法律拘束力量。但立法规划毕竟不是法律，对管理相对人之外的公民或单位不具有法律约束力，我们不能将立法决策过程与结果相混同。

第四节 环境立法论证

立法论证是指一定的主体对立法运行中出现的有关问题提供论述与证明，从而为立法机关的立法提供参考与决策的依据。[53]《立法法》第 36 条规定：“列入常务委员会会议议程的法律案，法律委员会、有关的专门委员会和常务委员会工作机构应当听取各方面的意见。听取意见可以采取座谈会、论证会、听证会等多种形式。法律案有关问题专业性较强，需要进行可行性评价的，应当召开论证会，听取有关专家、部门和全国人民代表大会代表等方面的意见。论证情况应当向常务委员会报告。” 2013 年 6 月 14 日广东省第十二届人民代表大会常务委员会第八次主任会议通过《广东省人民代表大会常务委员会立法论证工作规定》，第 2 条规定：“本规定所称立法论证，是指按照规定的程序，邀请专家、学者、实务工作者和人大代表，对立法中涉及的重大问题、专业性问题进行论述并证明的活动。”根据法律规定，可以看出立法论证的主体有：提出立法动议的人或机关，即立法提案权人、立法机关邀请的有关专家学者、立法起草机关，等等。

一、专家论证

1979 年环保法试行稿起草工作时国务院环保办就邀请社会科学院法学研究

所、北京大学法律系等单位派人参加。据中国社会科学院法学研究所马骧聪回忆："这是'文革'后法学所第一次应国家主管部门参加立法工作。1978年4月，国务院环保办负责人王宗杰在山东济南召开《环境保护法》起草小组第二次会议。出席会议的人员，除国务院环保办的周富祥等同志及山东省环保办邵平主任、上海市环保办靳怀刚主任等数个地方环保办的领导和我们法学所的任允正及我外，还有北京大学法律系的芮沫教授、张宏生副主任和我们社科院经济所的两位同志。会议对山东省环保办提出的《环境保护法》草案进行了全面深入的讨论，全体会议研究了一个基本框架，由我们几个年轻的同志具体讨论拟出章节条文，最后全体会议再次讨论，完成了准备送审的《环境保护法（试行草案）》。济南会议后，国务院环保办将《环境保护法（试行草案）》发给有关部门和地方政府征求意见。在北京也举行过一些征求意见的讨论会。1979年春天，环保办副主任曲格平受环保办主任李超白委托，召开环保办有关部门负责同志最后审定《环境保护法（试行草案）》。此后不久，由曲格平副主任将《环境保护法（试行草案）》送交国务院法制部门。1979年9月13日，全国人大常委会通过了《中华人民共和国环境保护法（试行）》。"[54]

专家论证除参加研讨会、论证会外，还有书面建议等方式。中国社会科学院法学研究所研究员文伯屏说他曾是《中华人民共和国环境保护法（试行）》起草专家组成员，该法颁布前征求法学所的意见，所长要他写了《对中华人民共和国环境保护法（试行草案）的一些意见》，送全国人大常委审阅参考。在一些资料文献中，也有人谈到北京大学金瑞林教授也参与过《中华人民共和国环境保护法（试行）》的起草论证。"1977年，全国人大常委会委托原国务院环保领导小组牵头起草中国首部《环境保护法（草案）》，北京大学法律系推荐德才兼备、时年46岁的金瑞林老师参加立法。1983年，金瑞林还担任环境保护法修改起草小组成员。"[55]专家们对立法决策过程的描述便于我们理解立法决策的过程，有一定史料参考价值，但他们的描述是片段的，具有主观性，没有法律效力。因为专家不是立法决策主体，也不是立法机构的成员，其参与立法的真实性和论证意见是否被采纳，在《立法法》中并没有规定其后果。

尽管专家参与立法论证是公众立法参与的方式之一，但是专家毕竟不能与一般的公民等同起来，因此不能将专家的立法参与等同于公众的立法参与。专家的立法建议带有很强的学术性，论证逻辑较为严谨，不同于一般公民的立法建议。为此，在专家参与立法的过程中，我们要注意克服两种现象。第一种现象是，专家立法也不能闭门立法，不能将立法建议作为专家们的专利。立法是一项集体劳动的成果，一个专家参与立法论证的立法建议即便为立法主体所采纳，也不是其专利，而是辩论、沟通的结果。第二种现象是，立法建议是权利而不是责任，对专家的立法建议不要太苛刻。就算是具有很高法学素养的法学教授提出的立法建议，也会因为国情、文化等因素影响而不完全被立法主体采纳。经常出现的法学学术观点之争更是表明立法建议的科学性与否并非如想象的那么容易判断。如果权力机关因为立法技术的原因拒绝专家的立法建议而需要负法律责任，这不符合立法权科学运行的规律，不仅不公正，也是不符合法治精神的。

二、人大代表的论证

人大代表在立项、起草、审议中的建议更容易促成立法的实现，为了提高立法质量，需要加强人大代表的立法论证能力。2013 年 3 月 13 日第十二届全国人大第一次会议秘书处对会议主席团所做的《关于第十二届全国人民代表大会第一次会议代表提出议案处理意见的报告》还加强人大代表的立法论证能力的重要性："代表联名提出的议案由领衔代表与附议代表认真沟通和研究，积极分析论证。总的来看，代表提出的议案大都案由鲜明、案据充分、方案具体，一些法律案还附有法律草案文本和说明。代表议案对于今后改进和加强国家各方面工作具有重要的意义和作用。"

人大代表的立法论证较之专家的立法论证，要求不同，但产生的立法决策后果更明显。一般来说，专家的立法论证有较强的学术性，对提请立法项目的学理性论证较多，内容具有一定的学术规范性。而人大代表的立法论证更加强调立法论证的操作性价值。但是，不管是人大代表的立法论证还是专家的立法论证，一般都要对立法项目的必要性、合法性、可行性、整体性、规范性等开展论证。所谓立法的必要性，即论证是否有必要立法以及立法的时机是否成熟等问题。所谓立法的合法性，即论证立法项目是否在立法主体的权限范围内，是否与相关的法律、行政法规协调一致等问题。所谓立法可行性，主要是对立法的实际可操作性进行论述和说明。

三、研究报告范文

研究报告与调研报告并不一样，主要原因在于研究报告与调研报告的侧重点不同。研究报告侧重于研究与结果，而调查报告侧重于调查过程。环境立法决策方面的研究报告一般包括问题、问题分析、对策建议 3 部分。研究报告的撰写要求可参考附录 1。

第五节　环境立法过程组织

立法过程分为提出立法议案、法律文件的起草、法律草案的审议、法律草案的通过和颁布。如何协调立法过程中领导、专家和公众的关系，对立法活动进行部署和安排，发挥不同立法决策主体的组织作用，这就是环境立法过程组织。

一、人大在立法过程中的组织功能

美国管理大师杜拉克说过："战略家要在索取信息的广度和深度之间做出某种权衡，他就像一只在捉兔子的鹰，鹰必须飞得足够高，才能以广阔的视野发现猎物，同时它又必须飞得足够低，以便看清细节，瞄准目标进行进攻。不断地进行这种权衡正是战略家的任务，一种不可由他人代替的任务。"①

人大作为立法主体，首先，应该具有衔接党规与国法的组织能力。中国共产党作为执政党，在立法决策中居于领导地位。2007 年，党的十七大报告提出"要建设生态文明"后，党的十八大指出："建设生态文明，是关系人民福祉、关乎民族未来的长远大计。面对资源约束趋紧、环境污染严重、生态系统退化的严峻形势，必须树立尊重自然、顺应自然、保护自然的生态文明理念，把生态文明建设放在突出地位，融入经济建设、政治建设、文化建设、社会建设各方面和全过程，努力建设美丽中国，实现中华民族永续发展。"自 2012 年党的十八大首提"美丽中国"、将生态文明纳入"五位一体"总体布局以来，习近平总书记在各类场合有关生态文明的讲话、论述，"绿水青山就是金山银山""像保护眼睛一样保护生态

① 引自：李麦可. 在星巴克遇见德鲁克[M]. 北京：化学工业出版社，2013.

环境”等“习式生态词汇”广为人知。2015 年 9 月 21 日，中共中央、国务院印发《生态文明体制改革总体方案》，阐明了我国生态文明体制改革的指导思想、理念、原则、目标、实施保障等重要内容，提出要加快建立系统完整的生态文明制度体系，为我国生态文明领域改革做出了顶层设计。为此，在人大主导的立法过程中，需要将中国共产党的这些生态文明政策与国家环境法律衔接起来。依据党中央和国家的政策，才能把握住每一项立法工作的立法目的、指导思想、基本原则等价值追求。

其次，为了更好发挥人大在立法过程组织中的组织作用，人大工作人员还需要具备一定的专业知识，善于识别哪些属于自己必须做出决定的内容，哪些可以授权别人做或应该由专家等人来做的事项。例如，法律原则条款是立法的出发点，具体的法律规范需要与原则相吻合，对于立法工作中原则性问题，人大需要把握好立场，坚持立法决策中的原则问题，而具体的立法技术则可通过相关领域的专家来执行，这是一个领导者在立法决策中应具备的政治素养和能力。除立法目的、指导思想、基本原则等概括性的法律条款外，一些构成性的法律规则的设计也很考验人大主导立法的组织能力。所谓构成性规则，是组织人们按规则规定的行为去活动的规则。在构成性规则生效之前，受其调整的社会关系并不存在，只有当规则产生之后，相关行为才可能出现。例如，关于环境行政管理部门规划、许可、监测、制定标准等权力行使的行政行为条款，如果没有这些规定，就不可能有环境行政管理。如《环境保护法》第二章“监督管理”第 13 条至第 27 条都是构成性规则。这些构成性规则是党和国家对国家机构改革的经验总结和成果，并不是专家们设想出来的组织架构。对这些构成性规则的确认，需要人大依法决定。因此，对行政主管部门的职能界定、权责分配等法律条文，人大需要根据宪法和相关组织法依法确定。

二、专家咨询系统的组织

土地、森林、水资源的利用和开发，大气、土壤、水污染的防治，这些都是由科学技术来解决的问题，因此环境法律规范很多是环境技术规范，环境立法需要科学家的参与。同时，立法决策者还要将环境技术规范转化为法律规范中的权利、义务、责任规范，这就需要懂得法言法语的法学家参与。

（一）环境科学专家的作用

环境影响评价制度、林种的分类、森林病虫害的防治、环境质量标准和排污标准、污染物的种类和监测等，都是告诉公众要做什么或不要做什么的技术规范。例如，什么是主要大气污染物、有什么空气质量控制方法、环境标准如何确定、怎样进行环境影响评价报告，都是些技术性规范，环境立法如果没有科学家的参与，这些制度就不能科学实施。

如《环境保护法》（2014 年修订版）第 14 条规定：“国务院有关部门和省、自治区、直辖市人民政府组织制定经济、技术政策，应当充分考虑对环境的影响，听取有关方面和专家的意见。”这就是说明环境影响评价中专家的作用。第 15 条规定：“国务院环境保护主管部门制定国家环境质量标准。省、自治区、直辖市人民政府对国家环境质量标准中未作规定的项目，可以制定地方环境质量标准；对国家环境质量标准中已作规定的项目，可以制定严于国家环境质量标准的地方环境质量标准。地方环境质量标准应当报国务院环境保护主管部门备案。国家鼓励开展环境基准研究。”可是环境标准如何制定，这就涉及科学问题，需要专家的参与。第 17 条规定：“国家建立、健全环境监测制度。国务院环境保护主管部门制定监测规范，会同有关部门组织监测网络，统一规划国家环境质量监测站（点）的设置，建立监测数据共享机制，加强对环境监测的管理。有关行业、专业等各类环境质量监测站（点）的设置应当符合法律法规规定和监测规范的要求。监测机构应当使用符合国家标准的监测设备，遵守监测规范。监测机构及其负责人对监测数据的真实性和准确性负责。”环境监测制度也是一些技术性规范，也是一样需要专家的参与。

（二）环境法学专家的作用

怎样使科学家的环境影响评价报告、环境标准等技术规范具有法律效力，就需要将这些技术性规范转化为法律规范。法律文本有着严格的法言法语与规范化结构要求，是法律规范的集合。法律规范是指具体规定权利和义务以及具体法律后果的准则。或者说是对一定事实状态赋予一种确定的具体后果的各种指示和规定。规则有较严密的逻辑结构，包括假定（行为发生的时空、各种条件等事实状态的预设）、行为模式（权利和义务规定）和法律后果（含否定性和肯定性后果）三部分。[56]环境法学专家的作用，就是将环境技术规范转化为政府、企事业单位、公众和个人的权利、义务和责任的法律规范。

由假定、处理和法律后果三部分组成的法律规范与环境影响评价、环境标准、环境监测等技术性规范既有联系又有区别，它们的联系表现在：环境法律规范建立在一定的环境技术规范的基础上，环境技术规范是处理人与自然的关系，环境法律规范是处理人与人的关系，两者相辅相成。

假定就是法律规范适用的条件，每一个行为准则都是在具备一定条件或出现某种情境时才适用的。例如，《环境保护法》（2014 年修订版）第 28 条第 2 款规定："未达到国家环境质量标准的重点区域、流域的有关地方人民政府，应当制定限期达标规划，并采取措施按期达标。"在这里，"未达到国家环境质量标准的重点区域、流域的"规定就是假定部分。

行为模式是法律规范中规定行为准则的内容，是法律规范的主要内容。它规定人们在一定的法律条件具备的前提下，允许做什么、应当做什么、禁止做什么。因此，行为模式可分为 3 种：可为模式、应为模式、勿为模式。可为模式又称授权模式，也就是规定人们在一定的条件下可以做什么。在具体条文中常见的用语有："可以……""有权……""有……权利""不受干涉""不受侵犯"等。例如，《环境保护法》（2014 年修订版）第 53 条第 1 款规定："公民、法人和其他组织依法享有获取环境信息、参与和监督环境保护的权利。" 应为模式又称义务模式。也就是要求人们在一定的条件下应当或必须做出某种行为，行为人无权选择为或不为。在具体条文中常见的用语除"必须""应当"外，还有"有义务……""有……义务""有责任……"等。勿为模式又称禁止模式。也就是要求人们在一定的情况下不得做出某种行为。在具体条文中常见的用语有"禁止……""不得……""严禁……"等。这样的法律条款在《环境保护法》（2014 年修订版）中占有很大比例，例如，义务条款（债务、不作为）是指定人们"必须""应当""应该"或"不得""禁止"做出一定行为的规则。如《环境保护法》（2014 年修订版）第 28 条规定："地方各级人民政府应当根据环境保护目标和治理任务，采取有效措施，改善环境质量。未达到国家环境质量标准的重点区域、流域的有关地方人民政府，应当制定限期达标规划，并采取措施按期达标。"第 29 条规定："国家在重点生态功能区、生态环境敏感区和脆弱区等区域划定生态保护红线，实行严格保护。各级人民政府对具有代表性的各种类型的自然生态系统区域，珍稀、濒危的野生动植物自然分布区域，重要的水源涵养区域，具有重大科学文化价值的地质构造、著名溶洞和化石分布区、冰川、火山、温泉等自然遗迹，以及人文遗迹、古树名木，应当采取措施予以保护，严禁破坏。”法律后果条款，又分为责任条款（民事责任、刑事责任、行政责任）和奖励性条款，是体现法的强制性的重要标志。目前，在立法中，使用制裁比使用奖励要多，这说明大家过于看重法的强制功能，而对法的教育、引导功能认识尚不足。社会主义的法是人民制定、符合多数人意愿，人民自觉遵守的，因此，社会主义的法同样应强调其教育、引导功能。如《环境保护法》（2014 年修订版）第 65 条：“环境影响评价机构、环境监测机构以及从事环境监测设备和防治污染设施维护、运营的机构，在有关环境服务活动中弄虚作假，对造成的环境污染和生态破坏负有责任的，除依照有关法律法规规定予以处罚外，还应当与造成环境污染和生态破坏的其他责任者承担连带责任。”

三、立法决策主体、专家与公众参与的互动

环境法很多是由技术规范转化为法律规范的条文，因此环境立法需要科学家、法学家的参与，那么这是否意味着环境立法与公众参与有很大的距离。公众作为法律实施的受体和动力来源，环境立法应该有公众参与。如果一部法律不关乎老百姓的痛痒，公众对其漠不关心或难以理解，这就是立法工作的失败。

法律颁布后需要得到普遍实施，就需要考虑法律的效力范围。为了使法律适用的对象能够知法守法，就应该在立法决策过程中践行党的群众路线，听取公众意见，让公众参与决策，提升人大主导立法的民主性。党的十八大提出：要“完善代表联系群众制度”“畅通和规范群众诉求表达、利益协调、权益保障渠道”。为此，人大在立法过程的组织中，需要形成人大常委会及其专门机构、人大代表及公众的联系沟通渠道。充分保障公众参与立法决策。同时，不仅立法决策者要与公众沟通，参与立法起草的专家学者也要与公众沟通。如何让老百姓知道国家所制定的环境法律，不仅是立法组织者的使命，也是专家学者的使命。在法律文本中，经常有一些解释性法律条款。从立法实践看，专家和公众之间沟通的方式就是通过这些法律解释条款实现的，例如，什么是环境？《环境保护法》第 2 条

规定："本法所称环境，是指影响人类生存和发展的各种天然的和经过人工改造的自然因素的总体，包括大气、水、海洋、土地、矿藏、森林、草原、湿地、野生生物、自然遗迹、人文遗迹、自然保护区、风景名胜区、城市和乡村等。"正是有了解释这些法律概念的法律条文，法律可以从纸上的文本转化为公民的行为指南。

第六节　环境立法后评估

立法后评估也称"立法回头看"，一般是指在法律法规制定出来以后，由立法部门、执法部门及社会公众、专家学者等，采用社会调查、定量分析、成本与效益计算等多种方式，对法律法规在实施中的效果进行分析评价，针对法律法规自身的缺陷及时加以矫正和修缮。[57]

一、立法评估的类型

（一）立法主体的自主评估

立法主体的自主评估，又称立法部门评估。《立法法》第 63 条规定："全国人民代表大会有关的专门委员会、常务委员会工作机构可以组织对有关法律或者法律中有关规定进行立法后评估。" 执法检查是人大立法后评估的重要组成部分，深入开展执法检查，这不仅有利于发挥人大监督职能，也有利于在实践中提高立法质量。执法检查是一种严格意义上的法律监督，客观上要求执法检查主体必须具备相应的法律专业素质，才能对被检查单位的执法情况做出正确的观察、判断和评价。但由于目前县级人大常委会组成人员及人大代表中法律专业人才欠缺，且法律学习不够深入、不够全面，对法律条款的理解和把握普遍不够准确、不够到位，因而在执法检查中难以发现法律实施机关在执法过程中存在的深层次和实质性问题，并提出有针对性的意见和建议，在一定程度上影响了执法检查工作的深度和力度。

（二）公众参与的立法评估

申请审查是立法监督中公众参与立法评估行为。立法监督是指特定的监督主体在法定的权限内，依据法定程序，对立法过程及结果所进行的审查和监控。立法监督中的审查分为主动审查和被动审查。主动审查是备案机关依照备案审查职权对报请备案的立法文件主动展开的审查。被动审查是应有关机关的要求和其他主体的建议所启动的审查，[58]也称为申请审查。《立法法》第99条第2款规定："前款规定以外的其他国家机关和社会团体、企业事业组织以及公民认为行政法规、地方性法规、自治条例和单行条例同宪法或者法律相抵触的，可以向全国人民代表大会常务委员会书面提出进行审查的建议，由常务委员会工作机构进行研究，必要时，送有关的专门委员会进行审查、提出意见。"可见，立法监督中的申请审查不仅是一种公众参与的立法评估的方式，而且是具有法律后果的评估意见，立法主体应该对立法监督中的申请审查反馈意见。

在保障机制方面，我国《立法法》第101条规定："全国人民代表大会有关的专门委员会和常务委员会工作机构应当按照规定要求，将审查、研究情况向提出审查建议的国家机关、社会团体、企业事业组织以及公民反馈，并可以向社会公开。"申请审查反馈制度的建立，有利于治理立法不作为的不良作风，但还缺乏强制性的法律保障。《奥胡斯公约》是目前为止对公众参与权保护最完善的国际公约，其所确立的公众参与环评的机制在实施过程中也尽显其作用，值得我们借鉴。公约规定"任何人认为自己所提索取信息的请求被忽视，部分或全部被不当驳回，未得到充分答复或未得到应有的处理，都能得到法庭或依法设立的独立的公正机构的复审"，从而赋予了公众诉诸司法或行政救济的权利，保障公众参与权。为了改善我国立法监督中的申请审查保障机制，我国人大法律委员会、法工委可以建立一种类似司法机构的办理申请审查法案的操作规范和制度体系。

（三）第三方立法评估

《中共中央关于全面推进依法治国若干重大问题的决定》提出，明确立法边界，对争议较大的重要立法事项，由决策机关引入第三方评估。第三方评估是西方在20世纪80年代开始兴起的一种非常重要的制度，主要适用于政府的绩效考核，立法领域引入第三方评估确实是非常重要的制度创新。什么是第三方？第一方当然是自我评估，第二方是被服务对象的评估。第三方既不是服务提供方，也不是被服务对象，它一定是独立的、没有利益关联的，因此在这种基础上才能做出公正的评估。[59]

二、立法评估的标准

（一）法制统一性评估

北京大学法学院教授周旺生说："中国的法制进程很快，不可避免地存在一些立法质量不高的劣法、笨法。而如果要形成一个成熟的有中国特色的法律体系，就必须对这些不发挥作用或限制社会发展的劣法进行一次大规模清理。"全国人大常委会法工委副主任信春鹰就曾公开表态："要提高立法质量，需要对现行法律进行清理。改革开放初期制定的法律，面对的社会问题和现在不同，需要通过清理来实现法律的一致和统一。"[60]

例如，我国多次启动《民法典》编纂，因条件不成熟，都没有通过。2014 年党的十八届四中全会做了决定，要编纂《民法典》，由最高人民法院、最高人民检察院、国务院法制办、社科院和法学会 5 家单位和法工委组成专班，一起完成《民法典》的编纂。既然已经有了单行法，为什么一定要整合成一个完整的法典？中国著名法学家梁彗星说，虽然单行法为安定社会起到很大作用，但单行法体系也有缺点。时间不同、起草人不同、当时的情况不同，这就难免使各单行法之间的指导思想、基本原则、价值取向有差别。所以它和一部完整的《民法典》比较起来，不能实现民事立法内部的统一、协调、和谐。与此相似，中国的环境立法是以《环境保护法》为基础法，与《水法》《水污染防治法》等单行法滚动式推进的立法进程，这与《物权法》《侵权责任法》对《民法通则》的丰富和替代有所不同，更需要加强环境立法的统一性评估。

（二）中央立法与地方立法的衔接性评估

1989 年我国制定的《环境保护法》的实施效果不尽如人意，首先一个问题是中央环境立法与地方环境立法的权限关系。从法律条文关于环境监管的权责分配来看，地方政府是统筹兼顾，掌握实权；而各地环境主管部门只是各地地方政府的某个工作部门，环境执法权力受制于地方政府。当前我国各地出现的大企业环境污染事故，背后都与当地政府的发展战略和环境监管失控有瓜葛。根据国家发展战略和要求，地方政府应不断进行管理创新，不断深化改革开放。在一些改革开放的开发区、试验区内，中央对这些地区赋予了一些“先行先试”的优惠条件，寄托着很大的希望。换句话说，开发区、试验区可以制定一些有别于其他区域的改革开放政策和措施，甚至在必要的时候，可以制定特殊的地方性法规或者地方性规章。如何在加快发展中保护环境，实现“既要金山银山，又要绿水青山”的目标，成为地方政府一个必须直面的课题。如何因地制宜设立环保标准，依法考核地方政府工作绩效，使得环境保护基本法能够回应国家的发展战略，也就成为环境保护法修改中应思考的一个重要问题。

（三）可司法性评估

法律的生命在于实施，环境纠纷最终还是要通过诉讼的形式获得救济。如何打开环境司法的大门，这必然要加强环境立法与司法衔接。2015 年 3 月 25 日，中华环保联合会诉德州晶华集团振华有限公司案，诉讼请求包括律师费及其他为诉讼支出的费用。法院受理了案件，这在一定程度上说明了我国对环境司法的重视，但是实践过程中环境立法与司法还衔接不够。与中国相比较，美国是“没有救济就没有权利”，环境司法法律渊源不仅仅是要制定烦冗的实体，更注重程序上的保障，这样实体法才能发挥其作用。美国较早意识到环境侵害对象不具有传统案件特定性的特点，于 1970 年《清洁空气法》规定了环境公益诉讼制度，其中不以利害关系人为诉讼主体资格要件使得每个人都可以作为诉讼原告对环境污染者提起诉讼。环境公益诉讼在环境保护领域发挥了巨大作用，因此，美国这种重视环境法律实施的体制机制值得借鉴。[61]

三、立法评估报告的撰写

对现行的法律法规进行反思，考察它的实际效果，根据其运行情况对其加以修改、修正，对现行法律法规部分条文的修改与补充等，离不开立法后评估这项基础性的工作。评估报告的体例结构见附录 2。

第三章　环境立法决策体制

所谓立法决策体制，就是立法决策权力在决策主体之间进行分配所形成的权力格局和决策主体在决策过程中的活动程序的总体制度体系。它有两个构成要件：一是决策权力；二是决策主体，决策者与决策参与者共同构成决策主体。决策权力会从各个角度进行分化，如纵向分化和横向分化等，形成不同的决策体制。

第一节　环境立法决策的主体

环境立法决策的主体是指依法决定环境立法的方法、方针、策略或办法的机构和个人。[62]立法决策实际上是一种注重分工与协作的管理活动，不同的机构和人员在决策过程中处于不同的地位，履行不同的职责，同时又相互协调和制约。不同立法决策机构和人员的这种分工与协作关系就构成了立法决策体制。

一、我国环境立法决策主体的类型

全国人大是立法主体和立法决策的关键部门，但需要制定什么法律，法律由谁起草等问题的提出一开始并不一定是全国人大。在我国的实际立法决策过程中，行政部门由于处在行政管理的第一线，知道什么问题需要法律解决，也更容易了解用什么制度措施来解决有效果，因此，行政部门在立法决策中发挥了重要的作用。在环境立法领域，生态环境部、水利部等行政主管部门就是环境立法决策主体的组成部门。

（一）生态环境部

1970年之前，中国还没有广泛使用“环境保护”这个概念，也没有环境管理的行政机关。1971年10月，中国恢复联合国合法席位后，正逢国际社会的环境保护立法蓬勃发展时期。1972年，中国政府决定派团出席联合国在斯德哥尔摩召开的人类环境会议，代表团由国家计划、外交、冶金等部门抽调人员组成。1972年联合国人类环境会议开完后，联合国环境规划署成立，我国也开始酝酿成立环境保护管理部门。同年，北京官厅水库发生严重污染事故，在周恩来总理亲自过问下，国务院成立由万里任组长的官厅水系水源保护领导小组调查此事，该领导小组也是国家成立最早的环保部门。1973年8月国务院在北京召开第一次全国环境保护会议，专题研究和部署环境保护问题，各省（自治区、直辖市）及国务院有关部委负责人、工厂代表、科学界代表共300多人出席了这次会议，审议通过了中国第一个环境保护文件——《关于保护和改善环境的若干规定》，把环境保护这一概念推向了社会。1974年，国务院也开始成立了国务院环境保护领导小组办公室（以下简称国环办）和国务院环境保护领导小组（以下简称领导小组）。[63]1977年，“文化大革命”刚刚结束，国环办就立即启动了《环境保护法》的起草工作。1982年经过第一次机构改革，成立环境保护局，归属当时的城乡建设环境保护部，也就是建设部国家环境保护局，领导小组和国环办被撤销。1984年5月8日，成立国务院环境保护委员会，委员会的办事机构是国家环境保护局。1988年，国家环保局从城乡建设环境保护部独立出来，成为国务院的直属局副部级，曲格平任首任局长。2008年7月国家环境保护总局升格为环境保护部，成为国务院组成部门。2018年3月13日，第十三届全国人民代表大会第一次会议审议国务院机构改革方案，整合环境保护和国土、农业、水利、海洋等部门相关污染防治和生态保护执法职责、队伍，组建生态环境部，不再保留环境保护部。

（二）水利部

中华人民共和国水利部成立于1949年10月。1958年2月11日，第一届全国人大第五次会议决定撤销电力工业部和水利工业部，设水利电力部。1979年2月23日第五届全国人大第六次会议决定撤销水利电力部，分别设水利部和电力工业部。1982 年机构改革将水利部和电力工业部合并设水利电力部。1988 年 4 月，第七届全国人大第一次会议通过了国务院机构改革方案，确定成立水利部。水利部于 1988 年 7 月 22 日重新组建。根据 2018 年第十三届全国人民代表大会第一次会议第四次全体会议决定的国务院机构改革的具体方案，水利部原有的水资源调查和确权登记管理职责，将被整合入新组建的自然资源部；编制水功能区划、排污口设置管理、流域水环境保护职责，被整合入新组建的生态环境部；农业投资项目管理职责，整合入新组建的农业农村部；水旱灾害防治职责，整合入新组建的应急管理部。

通过立法授予一定环境行政主管部门的职责权限来贯彻执行法律，是我国环境立法决策的主要思路，也由此形成了立法与行政之间互动频繁的立法决策模式。当前，我国的水资源管理实行的是“统一管理与分级管理、分部门管理相结合”的管理体制。因此水资源立法必定涉及多个行政管理部门，如水利部、生态环境部、建设部、卫生部等，其中水利部、生态环境部是参与水资源管理立法的两个最重要的中央部委机构。而水资源是一种动态的、多功能的自然资源，同时又是生态与环境的重要组成部分，地表水、地下水相互转化，城乡水资源不可分割。按照水资源的自身规律和我国水资源短缺的实际，实现水资源的可持续利用，必须强化水资源的统一管理，坚持流域管理，实行水资源统一管理与水资源开发、利用、节约、保护工作相分离。根据 1998 年国务院批准的水利部“三定”方案中关于“水利部统一管理水资源（含空中水、地表水、地下水）”“原地质矿产部承担的地下水行政管理职能交给水利部承担”“原由建设部承担的指导城市防洪职能、城市规划区地下水资源的管理保护职能，交给水利部承担”的规定，水利部成为我国《水法》的起草和实施部门。[64]因此，根据法律和国务院的行政法规、决定、命令，水利部不仅可以参与立法决策、起草有关水法，还可以制定一些水资源开发利用的规章制度，也包括一些水生态环境保护方面的规章制度。

（三）自然资源部

为统一行使全民所有自然资源资产所有者职责，统一行使所有国土空间用途管制和生态保护修复职责，着力解决自然资源所有者不到位、空间规划重叠等问题，实现“山水林田湖草”整体保护、系统修复、综合治理，2018 年 3 月 13 日，第十三届全国人民代表大会第一次会议审议国务院机构改革方案，组建自然资源部，不再保留国土资源部、国家海洋局、国家测绘地理信息局。自然资源部将国土资源部的职责，国家发展和改革委员会的组织编制主体功能区规划职责，住房和城乡建设部的城乡规划管理职责，水利部的水资源调查和确权登记管理职责，农业部的草原资源调查和确权登记管理职责，国家林业局的森林、湿地等资源调查和确权登记管理职责，国家海洋局的职责，国家测绘地理信息局的职责整合，统一履行全民所有各类自然资源资产所有者职责。

国家林业局是主管林业工作的国务院直属机构。根据《国务院关于机构设置的通知》（国发〔2008〕11号），设立国家林业局。其前身是1949年10月1日成立的中华人民共和国中央人民政府林垦部，1951年11月5日中央人民政府林垦部改为中央人民政府林业部，垦务工作交给农业部管理。1954—1988年，经过了中华人民共和国林业部、农林部、国家林业局的名称变化和机构调整，林业主管部门逐步从经济立法决策主体转化为环境立法决策主体角色，主持起草了《森林法》及其实施细则等法律法规。为加大生态系统保护力度，统筹森林、草原、湿地监督管理，加快建立以国家公园为主体的自然保护地体系，保障国家生态安全，根据第十三届全国人民代表大会第一次会议批准的国务院机构改革方案，将国家林业局的职责、农业部的草原监督管理职责，以及国土资源部、住房和城乡建设部、水利部、农业部、国家海洋局等部门的自然保护区、风景名胜区、自然遗产、地质公园等管理职责整合，组建国家林业和草原局，由自然资源部管理。

（四）全国人大环资委

全国人民代表大会环境与资源保护委员会（以下简称全国人大环资委），是全国人民代表大会的专门委员会之一，由1993年3月召开的第八届全国人民代表大会第一次会议设立，当时名称为全国人民代表大会环境保护委员会，1994年第八届全国人民代表大会第二次会议更名为全国人民代表大会环境与资源保护委员会，并保留至今。在全国人大环资委成立之前，许多环境保护方面的法律是由行政部门起草的，环资委成立后成为法律起草的主导机构。环资委第一任主任委员曲格平，是从国家环保局长任上进入第八届人大，继而在第九届人大连任常委会委员的。全国人大环境与资源保护委员会在全国人大及其常委会的领导下，研究、审议和拟订关于防治污染、生态环境保护和自然资源保护三个方面的法律议案。[65]

曲格平担任第八届、第九届全国人大环资委主任期间，参与修订或起草了 20 多部环境与资源保护方面的法律，推动了国家环保总局在环境立法决策中的参与作用。曲格平说："国务院环委会成立以后，研究审议涉及国家和地方重大环境问题的规划、政策、规定、条例、决定等。国家环保总局凭借国务院环委会这个平台，冲破机构局限，把环境保护工作做得有声有色，说明组织协调机构的重要。"当然，环保主管机构参与立法决策也受到不少阻力。例如，《环境影响评价法》（2002 年）的出台，当时多个部门联名反对，认为这一"抄来的、超前的法律"会"阻碍中国经济发展"，甚至有委员说："按照这部法律的规定，环保局的权力在所有部门之上了，成了第二国务院了！"[66]2003 年，历经 10 年、停止审议又重新通过的《环境影响评价法》开始施行，国家环保总局作为立法决策参与主体的作用也越来越强。

（五）立法决策中党的领导

党的十八届四中全会强调，党的领导是中国特色社会主义最本质的特征，是社会主义法治最根本的保证。实践充分证明，中国共产党是中国特色社会主义事业的领导核心，加强党的领导，是全面推进依法治国的题中应有之义，也是做好立法工作的首要任务。[67]

例如，"桂林山水甲天下"，漓江则是桂林山水的灵魂。然而，在"文化大革命"中"抓革命，促生产"的政策影响下，漓江两岸也集中了大量污染企业，严重影响了漓江的水质和桂林的空气。1973 年 10 月，就在桂林被确定为我国首批对外开放城市不久，时任国务院副总理的邓小平陪同来访的加拿大总理特鲁多参观桂林山水。但参访过程中看到的芦笛岩下浑浊的芳莲池水，冒着浓烟的工厂烟囱，以及江中绵延十多千米的污水带，引起了邓小平的注意。他语重心长地对随同的地方领导说：桂林是世界著名的风景文化名城，如果不把环境保护好，不把漓江治理好，即使工农业生产发展得再快，市政建设搞得再好，那也是功不抵过啊![68] 1978 年 12 月，他在中共中央工作会议上所做的《解放思想，实事求是，团结一致向前看》讲话中明确提出，"应该集中力量制定刑法、民法、诉讼法和其他各种必要的法律，例如，《工厂法》《人民公社法》《森林法》《草原法》《环境保护法》《劳动法》《外国人投资法》等，经过一定的民主程序讨论通过，并且加强检察机关和司法机关，做到有法可依，有法必依，执法必严，违法必究。”[69]1979年1月6日，针对桂林治理污染进展不力的情况，邓小平同志再次指出“要保护风景区。桂林那样的好山水，被一个工厂在那里严重污染，要把它关掉。”[70]按照邓小平同志的指示，自治区和桂林市对漓江污染和城市建设进行了整治，这对启发地方立法决策者解放思想、实事求是发挥了重要的指导作用。在邓小平同志等党和国家领导人的推动下，继计划生育之后，1983年环境保护被确立为基本国策。

二、美国环境立法决策的主体

美国从19世纪末开始零散环境立法，但在1970年以前，美国并没有一套完整的全国性的环境保护基本法。美国《国家环境政策法》（*National Environment Policy Act*，NEPA）是美国环境政策产生的早期法案，该法案对美国后来环境的发展具有非常重大的意义，被人类认为是美国的“环境大宪章”，其实质就是一部美国制定经济、社会发展时应进行环境影响评价的决策法。而在其产生以前，美国也曾经颁布了《鼓励西部草原植树法》《沙漠土地法》《森林保护法》等一系列保护环境的专门性法律，但是这类法律的针对性比较强，很难从宏观上对美国的环境政策进行规制。NEPA 颁布以后，美国各类法规的制定均要受其约束，从而形成了除议会立法决策外，环境质量委员会（CEQ）、美国国家环境保护局等部门在环境立法决策中也具有重要地位的决策体制。

（一）环境质量委员会（CEQ）

NEPA 作为“美国环境保护的宪章”从实施开始，一直发挥着纲领性的作用。美国各类政策的颁布都要受 NEPA 的约束，接受总统环境咨询委员会的环境影响评价。环境影响评价制度的建立，使 NEPA 有了很大的立法决策权，确立了立法者的价值准则，促使了一系列环境制度的出台。

环境质量委员会（Council on Environmental Quality，CEQ）是根据《国家环境政策法》成立的。设在总统行政办公室。根据《1970年环境质量改善法案》（*The Environmental Quality Improvement Act of 1970*），专门成立了“环境质量办公室”（OEQ），向委员会提供专业和行政管理方面的支持。委员会主席同时也担任办公室主任，由总统任命。根据法律的要求，委员会负责评估、协调联邦政府的行动，向总统提供有关国内和国际环境政策方面的建议，为总统准备向国会提交的年度环境质量报告。此外，委员会还负责审查联邦政府各机构和部位执行有关国家环境政策的各法案的情况。

NEPA 宣示了立法决策者全新的环境理念和目标，约束了联邦政府的行政行为，较之别的环境保护法律领域占据着更为重要的地位。美国所有政策法规的制定均要受 NEPA 的约束，由此 NEPA 基本法的作用不言而喻。

（二）美国国家环境保护局

美国国家环境保护局（U.S. Environmental Protection Agency，EPA 或 USEPA），中文常简称美国国家环保局或美国环保局，是美国联邦政府的一个独立行政机构，主要负责维护自然环境和保护人类健康不受环境危害影响。EPA 由美国总统尼克松提议设立，在获国会批准后于 1970 年 12 月 2 日成立并开始运行。

在 EPA 成立之前，联邦政府没有组织机构可以共同和谐地对付危害人体健康及破坏环境的污染物问题。例如，1872 年黄石国家公园的建立和 1899 年雷尼尔山国家公园的建立，成立了国家公园管理处，负责执行美国议会通过的《国家公园法》。美国国家环保局的建立，也使美国的环境保护成为一种独立的职能，而不再像过去那样仅仅是联邦政府内政职能的一部分。使美国政府逐渐懂得了国家要想富强必须实现生态环境的稳定与资源的可持续发展。

EPA 的具体职责包括，根据国会颁布的环境法律制定和执行环境法规，从事或赞助环境研究及环保项目，加强环境教育以培养公众的环保意识和责任感。EPA 负责研究和制定各类环境计划的国家标准，并且授权给州政府和美国原住民部落负责颁发许可证、监督和执行守法。如果不符合国家标准，EPA 可以制裁或采取其他措施协助州政府和美国原住民部落达到环境质量要求的水平。

（三）美国政党在立法决策中的作用

美国作为两党制国家，立法决策难免带有浓厚的政治色彩。1965 年以后，环境问题日益严重，环境保护已经深入人心，美国各地的环保主义者运动也此起彼伏。20 世纪 70 年代初期正值美国总统大选，伴随大选的是美国急剧恶化的环境问题。尼克松为了竞选，在环境与选票问题双重压力的促使下，尼克松决定在环保问题上采取主动政策以获得更多选票。因为爱德蒙·马斯基作为此次大选中尼克松的一个强劲对手，其一直致力于支持环保工作，为了防止在选举中被其以环保问题为难，在当时的形势下尼克松不得不尽快采取一系列环保措施，以在短期内扩大自己的支持者。尼克松 1970 年 1 月 1 日签署的 NEPA 与环境问题咨文成了 20 世纪 70 年代环保高潮到来的标志，建立了环境影响评价制度，对各州的环境立法和环境规划进行指导，也使得行政机关在决策过程中不得不对环境问题进行评价，使行政机关不重视环境问题的现状得到了转变。这种对政策进行环境评价的制度体现了美国对生态系统以及自然资源的重视，发挥了民众在环境保护过程中的民主性。

第二节　我国环境立法决策体制的变迁

从 1979 年《环境保护法（试行）》到 1989 年《环境保护法》的制定，再到 2014 年《环境保护法》的修订，立法决策模式是从实践出发，将成功经验制度化、法律化的过程，环境立法决策主体之间的关系越来越规范化。

一、试行立法

1979 年全国人大常委会法制委员会刚刚成立。在第五届全国人大常委会第六次会议上，彭真同志被任命为法制委员会主任，主持重点法律的立法工作。1979 年 9 月颁布的新中国成立以来第一部综合性的环境保护基础法——《中华人民共和国环境保护法（试行）》虽然是由国务院环保办起草并提出的议案，但环境保护方面的基本方针、任务和政策是经过人大正式立法程序而制定的。据彭真秘书、人大法工委前主任杨景宇事后回忆，对于《环境保护法（试行）》的出台，彭真同志提出了“有比没有好，宜粗不宜细”的指导思想，促成了用法律的形式确定环境保护的有效经验和措施。

1979 年 9 月《环境保护法（试行）》的颁布施行，推动了我国环境治理的法治化工作。知名法理学者季卫东等对法律试行立法的立法决策模式进行了研究。他认为，从法治系统工程来认识 1979 年《环境保护法（试行）》，可以将这种试行立法视作立法过程中形成反思机制的一种有效办法。因为法律试行这一立法制度的恒常化，是立法系统、行政系统和司法系统等之间的合意的形成形态和表现形态也具有了反思性，从而为改革开放前期公众参与环境立法提供了一种可能性。[71]

二、环境行政管理法

经过10年的试行和实践，《中华人民共和国环境保护法》于1989年12月26日在中华人民共和国第七届全国人民代表大会常务委员会第十一次会议上审议通过。该法是根据1982年的《宪法》制定的，是在总结《环境保护法（试行）》经验的基础上经过修订完善的，这部法律实际上是一部行政管理法。

1989年10月25日，国家环境保护局局长曲格平在第七届全国人民代表大会常务委员会第十次会议上关于《中华人民共和国环境保护法（修改草案）》的说明："《中华人民共和国环境保护法（试行）》[以下简称《环保法（试行）》]，自1979年经第五届全国人民代表大会常务委员会公布试行以来，对加强我国环境保护工作，减少环境的污染和破坏起到了一定作用。但是，在执行中也发现《环保法（试行）》有不够完善的地方，有些内容也已不适应当前形势发展的需要，对许多在实践中行之有效的制度没有加以确认。例如，只规定超标准排污要征收排污费，没有规定对排放某些污染物，虽然没有超标准排放，也应当征收排污费；没有规定排放污染物许可证制度；没有设专章规定法律责任，只是对惩罚作了一条笼统的规定。此外，对超标准排放污染物的企业限期治理，逾期达不到国家标准的，只规定要限制企业的生产规模，也不够妥当。"[72]因此，1989年制定《环境保护法》的总体要求是加强环境保护的行政管理，属性属于行政管理法。

三、环境保护法的修改

从1995年第八届全国人大第三次会议到2012年第十一届全国人大第五次会议，全国人大代表经常提出修改环境保护法的议案，全国人大环资委也开展了环境保护法及其相关法律的后评估工作，都认为应通过修法推动环境法律的实施和行政责任的落实。为此，第十一届全国人大常委会将修改环境保护法列入了5年立法规划的论证项目，第十一届全国人大常委会第十八次会议并于2011年决定将

《环保法》的修改列入当年的立法计划。围绕第十一届全国人大常委会第十八次会议同意的环境保护法议案审议意见，2011 年 1 月全国人大环资委启动了环境保护法条文修改工作，成立了以蒲海清副主任委员为组长的修改小组，多次听取环境保护部等国务院有关部门和有关专家的意见，并于 4—9 月分别赴湖南、湖北、重庆、福建、江苏、陕西等地进行调研，并在江苏省徐州市召集各省、自治区、直辖市人大环资委、提出议案的部分全国人大代表及全国人大常委会法工委对环境保护法修改进行研讨。全国人大环资委还专题就环境保护规划、环境监测、排污收费和限期治理等召开了专家和部门的座谈会。在草案起草过程中，书面征求全国人大常委会法工委、最高人民法院、中编办等 18 个中央机构与国务院部门和 31 个省、自治区、直辖市人大的意见后进一步研究和修改，2012 年 3 月又在上海听取第十一届全国人大第五次会议四件代表议案领衔人和地方意见。经全国人大环境与资源保护委员会第二十七次全体会议审议，并再次修改形成了修改草案。[73]

2012 年 8 月全国人大常委会对环保法的修正草案进行了第一次审议，就加强政府责任和责任监督相关法律进行了修改。全国人大常委会法制工作委员会副主任信春鹰在回答记者提问时说："按照立法的工作程序，第一次审议之后把草案向全社会公布，征求意见。目前，我们收到了很多意见，有的意见非常的尖锐，也有的意见非常有建设性，还有一些意见更多的是语重心长。对这些意见我们都认真地进行了研究。下一步，我们将根据各方的意见认真研究环保领域的突出问题，研究解决这些问题的措施和手段，希望通过全国人民一致的努力，我们能够把环保法修改好，让我们大家能够经常看到碧水蓝天。"[74]2013 年上半年全国人大法工委修改之后形成二审稿，全国人大对环保法进行第二次审议。全国人大法律委员会副主任委员张鸣起说："这次环境保护法的修改是以修正案的方式提请常委会审议的，在审议和征求意见过程中，有些常委委员、地方、部门和专家提出，环境保护法作为环境领域的基础性、综合性法律，应当回应环境保护的制度需求，解决环境保护的突出问题，建议采用修订方式对这部法律作全面修改。法律委员会建议对这一问题作进一步研究。修正案草案二次审议稿已按上述意见作了修改。"[75]2013 年 10 月，全国人大常委会对环保法修改进行了第三次审议。三审稿不再使用修正案，而是采取了修订草案的全面修订形式，修改内容从最初"小修小补"变为全面修改。[76]2015 年 1 月 1 日，新修的环保法实施，加大了对环境违法行为的处罚力度。其中被誉为“亮剑”条款的，就是按日计罚。因此，从 2015 年新环保法的属性来看，还属于行政管理法。

第三节　行政立法的扩张与限制

在美国，环境法属于行政法学部门，这就意味着许多环境法规是通过环境保护行政部门的行政立法规定的，因此美国将规划制定（rule making）与成文法限定（statutory limitations）区分开来。

一、思想学说

行政立法是指立法机关通过法定形式将某些立法权授予行政机关，行政机关依据授权法（含宪法）创制行政法规和规章的行为。美国联邦行政一个最为引人注目的趋势是从裁决向“制规”（rule making）的过渡。这一趋势的最重要原因是实体法诸如环境法的新发展，由于许多环境保护这类立法把实体标准的规定权留给了有关行政机构，行政机构必须进行“制规”。

美国是典型的实行“三权分立”原则的国家，立法权只能由国会和州议会行使的制度和观念根深蒂固。但是，总统和行政机关还可根据国会的授权行使授权立法权。这是因为现代议会立法往往只能提供一个原则性框架，具体细节需要通过行政规则（rule）或规章（regulation）进一步细化才能有效实施。美国预算管理局（Office of Management and Budget，OMB）是美国总统办事机构（Executive Office of the President）下属最大的、内阁级别的局，信息与规制事务办公室（Office of Information and Regulatory Affairs，OIRA）是隶属该局的专职于信息以及行政立法审查的重要办公室，该办公室负责行政立法的登记工作。[77]美国学者施瓦茨说：“今天，国会和州立法机关的立法与行政立法相比，真是小巫见大巫。《联邦登记》是行政规章的汇总，始于 1935 年，它的卷帙已经大大超过了法律的总和。行政规章的总数多得令人吃惊，但是要查核全部联邦法规，必须查阅《联邦法规汇编》（C.F.R.），它有 127 卷，65 249 页，5 000 万字，相当于圣经的 70 倍，莎士比亚全集的 60 倍。”[78]

二、行政立法的扩张

美国环境法学者南希·K. 库巴塞克（Nancy K. Kubasek）从公地悲剧（tragedy of the commons）、逃票问题（free-rider problem）、污染外部性（pollution as an externality）3 种理论论证了环境行政立法的必要性。[79]公共选择理论中的“经济人”假设，为我们理解“公地悲剧”提供了富有启发性的思路。从世界范围看，对公共资源的掠夺式开发是一个带有普遍性的现象。从长远利益看，环境利益也是一种资本，经济发展必须与环境保护相协调，牺牲环境发展经济的模式是不可取的。“美国独立后到 19 世纪末，经济发展是迅猛的，在短短 100 年的时间里，美国由一个地处一隅的小邦，发展成一个举世公认的泱泱大国，工农业生产总值超过英、法、德而跃居世界首位，这不能不说是世界经济史上的一个奇迹。然而，美国的经济发展是以对生态环境的巨大破坏，甚至是不可弥补的损失为代价而取得的。这在农业领域上表现得尤为突出。美国历史虽然不长，但破坏的土壤比任何一个国家都多。”[80]美国在西部开拓中，“人们还对森林毫无节制地乱砍滥伐，引起水土严重流失；大规模捕杀珍贵野生动物，如野牛、羚羊、鹿等，使北美多种野生动物资源基本灭绝；对于西部矿产劫掠式的开采，使矿区自然生态严重失衡；随着西部工业的发展，工厂不断增多，排放出的废气、废尘随之增加，空气污染严重，‘酸雨’不断；随着西部城市发展，人口增长惊人，城市住房、卫生设施严重不足，废物被随意倾倒，河流污染严重。这种漠视自然环境和不加思考地滥用自然资源的开发建设，使生态环境急剧恶化，最终导致了 1934 年发生的美国历史上一次破坏力最大的‘沙尘暴’。它席卷了美国 2/3 的国土，带走的尘土达 3 亿吨，毁坏农田无数，作物严重减产。”[80]为此，美国加强了土地、森林等方面的环境立法工作，形成了国家公园管理局、林业局、联邦土地管理局（BLM）等行政部门，而行政管理的一项重要职权就是规章制定权，为此，美国议会授权很多行政主体具有了规章制定权。为此，美国的环境行政立法规模迅速扩大，并促成了美国《国家环境政策法》的出台，其中《国家环境政策法》中有一项重要的法律制度，就是对联邦行政主体制定的规章进行环境影响评价。

在《环境保护法》（2014 年修订版）的修改过程中，其中对政府责任的规制，是本次修改环保法的核心问题。上海交通大学环境资源法研究所所长王曦一直关注环保法修改，他也建议把环保法修改成为“以‘管政府’为主的法律”。在环保部原本成型的《环境保护法》修改草案中，专家们建议提出的约束地方政府主要负责人的条款，“政策环评”等列入其中。中国人民大学周珂教授也认为：“应在环境法修改时有所体现的，就是环境法的法律效力问题，它事实上的效力应当更高。修法时要把《环境保护法》作为基本法的理念应当逐步树立，使这一法律针对的对象不再仅是公民、企业，也包括政策的制定者、实施者。”[81]之后，在全国人大环资委对《环境保护法》修改草案的进一步审核中，“政策环评”等内容又被删除。经过环资委修改、删减，《环境保护法》还是一部行政管理法。

三、行政立法的限制

行政机关的立法是否合理、合法，是否取得普遍约束力，还需要对其进行立法监督。我国宪法赋予权力机关撤销行政机关违法和不正当的法规、规章的权力，但这种监督并没有完整的程序予以保障，有名无实，难以落实。《环境保护法》（2014 年修订版）要求地方政府对人大进行述职，汇报环境保护规划的执行情况，是通过立法机关对行政立法进行限制的一种表现，但相关的责任承担方式、程序还有待规范。针对各地经济发展程度各异环境立法需求各不相同的情况，我国决定对环境保护等立法权进行下放，然而，由于缺乏对政府行政行为的管理，立法权下放势必会造成政府权力扩大及权力滥用现象的发生。

2003 年 9 月 1 日《中华人民共和国环境影响评价法》（以下简称《环评法》）施行开始，作为规划或建设项目的前置性审批条件，环评便一直被视为从源头上预防和控制环境污染的“阀门”。国家环保局首任局长曲格平更是直言：“环保部真正的、最大的权力是环评，因为项目环评这一关过不了，后面什么手续都办不了。”由于《环评法》规定没有办理环评手续的项目可以在后面补办，这就导致《环评法》与新《环保法》“打架”。[82]第十二届全国人大常委会第二十一次会议于 2016 年 7 月 2 日下午在北京人民大会堂闭幕。会议表决通过了《中华人民共和国环境影响评价法》等六部法律的决定。修改前的《环评法》试图通过行政审批增强其强制力。然而，实践表明，这一设计使环评越来越背离制度设计的初衷。环评的目的逐渐从改善项目环境质量演化成了“通过审批”，环评成为建设项目或规划草案获得行政准许的工具，沦为建设项目的“买路条、敲门砖”。为此，关于建立中介机构负责的环境影响评价制度的呼声日盛。新修改的《环评法》弱化了项目环评的行政审批，强化了规划环评，加大未批先建处罚力度。[83]由于此次修订主要涉及法律的实施和行政机关的职权，属于“争议不大、条文不多”的修改。而根据《立法法》，调整事项较为单一或者部分修改的法律案，各方面的意见比较一致的，也可以经一次常务委员会会议审议即交付表决。因此，修订过程并未开展公众征求意见。

但是，由于政策环境评价制度还是没有法律化，新《环评法》对环境立法决策体制的改革影响还是不大。与美国的环境影响评价制度不同，美国这种制度是约束行政立法和政府规划的，环境影响评价报告提供了美国的总统决策的信息和依据。而我国的环境影响评价制度开始只是项目环评，且由环境保护行政部门执行，于是产生了行政部门之间的利益冲突问题。《立法法》对部门规章的权限进行了规范，而且党和国家的政策规定了“制定部门规章不得增加本部门的权力，减少本部门的法定职责”“重要行政管理的法律、行政法规要由国务院法制机构组织起草，不能由部门起草”等，这些有效措施可以法律化、制度化。因此，我国可以借鉴 NEPA 的做法采取措施约束政府的立法行为，政策环评这种权力应该由人大来行使，从而对政府及其工作部门制定规章制度的立法行为进行评价，要求有关行政主体将不符合环境可持续发展的立法行为，用替代方案来替换。

第四节　环境立法公众参与

由于公众参与是环境保护法的基本原则，因此环境法学者也非常重视对公众参与概念的广义解释，并将立法参与纳入公众参与的范畴。

一、立法公众参与的概念

王锡锌教授对公众参与的定义是：“在行政立法和决策过程中，政府相关主体通过允许、鼓励利害关系人和一般社会公众，就立法和决策所涉及的与利益相关或者涉及公共利益的重大问题，以提供信息、表达意见、发表评论、阐述利益诉求等方式参与立法和决策过程，并进而提升行政立法和决策公正性、正当性和合理性的一系列制度和机制。”[84]

蔡定剑教授认为：公众参与“作为一种制度化的公众参与民主制度，应当是指公共权力在进行立法、制定公共政策、决定公共事务或进行公共治理时，由公共权力机构通过开放的途径从公众和利害相关的个人或组织获取信息，听取意见，并通过反馈互动对公共决策和治理行为产生影响的各种行为。它是公众通过直接以政府或其他公共机构互动的方式决定公共事务的过程。公众参与所强调的是决策者与受决策影响的利益相关人双向沟通和协商对话。遵循‘公开、互动、包容性、尊重民意’等基本原则。”[85]因此，我们说的公众参与的概念排除了选举，不包括公民或集体单方为个人或群体利益或表达意见而采取的行动，如信访、维权行动和集体申诉等，也不包括如游行示威、罢工等街头行动，因为这不是一个互动决策的过程。

由于公众参与是环境保护法的基本原则，因此环境法学者也非常重视对公众参与概念的广义解释，并将立法参与纳入公众参与的范畴。不仅理论界，立法实践中环境法领域也是率先将立法参与作为公众参与的权利纳入法律保障体系。如美国就在其 1969 年颁布的《国家环境政策法》中对公众参与环境影响评价制度做出了规定。1998 年 6 月，欧洲经济委员会在丹麦奥胡斯召开的欧洲环境第四次部长级会议上通过了《在环境问题上获得信息公众参与决策和诉诸法律的公约》（即《奥胡斯公约》）进一步明确了公众参与的含义。公约对“环境信息”“公众”等基本概念进行了定义，指出环境影响评价“所涉公众”是指正在受或可能受环境决策影响或在环境决策中有自己利益的公众，强调了公众在环境问题上参与政策制定的重要性和从公共当局获得环境信息的权利。环境保护部原副部长潘岳也认为：“所谓公众参与，指的是群众参与政府公共政策的权利。”

二、环境立法公众参与的作用

美国著名政治学家奥斯特 • 罗姆在《公共事务的治理之道》中针对“公地悲剧”等理论模型进行分析和探讨，为可持续利用公共事务从而增进人类的集体福利提供了多中心治理的制度基础。奥斯特 •罗姆的研究证明：“与政府强加各项规章以及纯粹的市场化方式相比，当地社区可以独自更好地管理森林、湖泊和渔场等公共资源。一群相互依赖的个体“有可能将自己组织起来，进行自主治理，从而能在所有人都面对搭便车、规避责任或其他机会主义行为诱惑的情况下，取得持续的共同收益。”1962 年蕾切尔·卡逊女士的《寂静的春天》问世。[86]她以其细腻和生动的笔触警告世人杀虫剂等有毒化学品正通过食物链威胁着生物甚至人类的生存。《寂静的春天》的出版应该被看成是现代环境运动的肇始。1969 年，面对来自民众、科学界、政府组织以及媒体的压力，美国国会不得不回应环保的呼声，通过了《国家环境政策法》，从而把环境保护正式明确为政府职能。

环境保护法不能仅仅是被保护法，而且应该是环境权利法。现行的环境立法为什么执行力较差，其中重要原因就是公众对现行环境立法的公信力感到不满。因此，环境立法的价值取向不能只考虑怎样增强增大环境执法部门的处罚权力，而应该在维护公众环境权益、明确行政部门的目标责任制方面做好文章。当前，环境责任事故的屡屡发生，虽然有公众法律意识淡薄、企业片面追求经济效益等因素的影响，但立法反映公众需求和保护公民权利的不足当也应是其中的重要因素。

三、环境立法公众参与的法律保障

要从源头上防范生态危机，立法决策过程中实现和保障公众参与。2014 年 4 月 24 日，新修订的《环保法》经第十二届全国人大常委会第八次会议以绝对高票审议通过，于 2015 年 1 月 1 日起施行。这次修订的一个重大亮点是专设一章规定了公众参与制度并设定众多制度支撑。立法机关在修订过程中，根据党的十八大、十八届三中全会精神，新《环保法》构建了环境治理新格局，进一步突出界定了政府的环境责任、企业的环境义务，同时明确了公民和社会组织参与环保的权利义务，构建了多元共治、社会参与的环境治理新格局，为推动环境管理战略转型提供了制度保障。

美国就是一个重视从制度上保障公众参与立法决策的国家。例如，美国国会通过的《黄石国家公园法》，就是公众参与立法的典型案例。1871 年美国地质学家费汀南德·凡德威尔·海登博士编写了一份黄石地区的全面报告，其中包括由威廉·亨瑞·杰克逊（William Henry Jackson）拍摄的大幅照片和托马斯·莫伦（Thomas Moran）绘制的图片。他的报告使将这一地区公开拍卖的计划取消。1872 年 3 月 1 日，美国总统尤利西斯·辛普森·格兰特签署了《奉献法案》，黄石国家公园由此正式创立，联邦议会批准了这一法案。

从法律上保障公众参与立法的权利，就应该保障公众的环境信息知情权、立法建议权等，为此我们需要完善有关的公众参与立法决策的体制机制。2015 年 1 月 1 日，修改后的《环保法》开始施行。2017 年 4 月 20 日，中国政法大学环境资源法研究所发布了新环境保护法实施效果评估报告。报告显示：《环保法》（2014 年修订版）在我国的生态文明建设中确实发挥了很重要的作用，各地对环保工作重视程度有所提升，环境监管执法力度明显加大，社会各界关注环保、参与环保的氛围明显提升。但在落实政府责任和提升企业守法意识、推进环境信息公开等方面仍显不足。[87]如常州外国语学校土地污染事件发生后，公众需要国家强化土地污染的信息调研，并要求制定土地污染防治法的呼声很高。但是环境立法涉及许多科学技术规范，公众参与立法还需要与科学立法对接，同时也要避免舆情炒作引发负面影响。由此可见，保障公民有序参与环境立法决策还有许多难题需要克服。

第五节　人大主导立法

我国《立法法》第 51 条规定："全国人民代表大会及其常务委员会加强对立法工作的组织协调，发挥在立法工作中的主导作用。"沈国明教授认为：由政府部门起草法律法规草案，可能导致草案带有部门利益倾向，因此，要做好人大审议工作特别是统一审议工作。能够发现并剔除部门利益，就是在主导立法；能够对草案中的这些内容行使否决权，就是在主导立法。[88]

一、人大主导立法可以解决环境部门立法的问题

由于环境保护涉及多个行政主管部门的"齐抓共管"，这就需要在立法决策过程中理顺部门之间的职权关系。比如说，水资源的船舶污染，属于海事部门管辖，但也归环保部门管；江河沿岸开河口、挖沙等行为，除了归水利部门管，矿产部门也"有份"。"多头管理"可以说是环境保护中的一个顽疾，说到底就是一种部门利益、局部利益在作怪。在立法起草过程中，如何解决部门利益、局部利益争夺问题，历来是立法决策中的难题。

在部门立法的模式下，法律起草者常从维护部门利益出发，忽视其他部门的

立法建议。2011 年 1 月下旬，全国人大环资委召开《环保法》修改工作启动会，正式委托环保部起草《环保法》修改草案。环保部作为环境保护的主管部门，在《环保法》的修改过程中应发挥重要作用，这是不可推卸的责任。全国人大将《环保法》的修改起草任务交给环保部牵头办理，但不能就此而止，还应吸纳各相关主管部门、地方政府的立法参与，这样才能协调各种利益。全国人大环资委副主任委员蒲海清就修改《环保法》进行专题调研时说：此次修法需要联合各部门求同存异，为共同的目标而协作奋斗。[89]与环境保护直接相关的就有国家发展和改革委、环保部、国土资源部、水利部、林业局、海洋局、农业部等十几个部委，每个部门在制定或修改与《环保法》相关的法律法规时，都想把各自部门的内容写进去、写明确。如此一来，《环保法》就必须是一部“大而全”的法律。坚持人大主导立法，可以沟通各部门之间的意见，理清各部门的权力清单，从而在立法源头上避免“多头管理”的不良执法现象。

二、人大主导立法才能使环境保护法变为环境治理决策法

由于《环保法》涉及许多政府主管部门和公众的利益，实质上就是一部综合环境治理的基本法，因此，由人大主导立法对谋划整个国家的环境治理格局具有重要意义。

1989 年《环保法》第 6 条规定：“一切单位和个人都有保护环境的义务，并有权对污染和破坏环境单位和个人进行检举和控告。县级以上地方人民政府环境保护行政主管部门，对本辖区的环境保护工作实施统一管理。国家海洋行政主管部门港务监督、渔政渔港监督、军队环境保护部门和各级公安、交通、铁道、民航管理部门，依照有关法律的规定对环境污染防治实施监督管理。县级以上人民政府的土地、矿产、林业、水利行政主管部门，依照有关法律的规定对资源的保护实施监督管理。”从法律条文来看，以环境保护行政主管部门对本辖区的环境保护工作实施统一管理，实际上不可能。在协调各方利益方面，国务院和地方政府比环境部门更有优势。为了实现对环境保护的统一管理，美国还有一个与 EPA 不同的总统决策咨询机构 CEQ，负责对政府政策的环境影响评价。因此，只有构建一部以人大为主导，各政府部门、社会团体、普通公民都能参与的环境立法决策体制，困扰环境治理的各部门利益争夺问题才有可能解决。

2014 年的新《环保法》针对环境保护领域的共性问题和突出问题，进一步明确政府监管职责、企业防治污染责任、公众参与、公益诉讼和环境教育制度，涉及经济、环境和文化建设等诸多方面，初步显示了环境保护从行政管理法向环境治理综合决策法的格局变化，但由于该法律在立法决策过程中还没有完全突破部门立法的框架，新《环保法》还不是一部环境治理综合决策法。

三、人大主导立法才能使环境保护法成为基本法

什么是基本法？党的十一届三中全会以后，特别是 1979 年 7 个法律的制定和对 1978 年《宪法》的修改，中国再次进入大规模立法时代。1980 年彭真同志在《关于七个法律草案的说明》中称"《刑法》是国家的基本法之一"，这是"基本法"一词第一次出现在全国人大常委会工作报告中。1982 年《宪法》将制定和修改"基本法律"被归为全国人大职权，这意味着"基本法律"概念在我国法律体系中的定型。

2015 年 3 月 8 日下午，第十二届全国人民代表大会第三次会议举行第二次全体会议，听取全国人大常委会委员长张德江关于全国人民代表大会常务委员会工作的报告，张德江同志表示，环境保护法是环境领域的基础性、综合性法律。[90]新的环境保护法被定位为环境领域的基础性、综合性法律，主要规定环境保护的基本原则和基本制度，解决共性问题。为此，新《环保法》依照《国务院关于落实科学发展观 加强环境保护决定》以及《国务院关于加强环境保护重点工作的意见》确定的总体要求，在总则中进一步强化环境保护的战略地位，将环境保护融入经济社会发展。新法增加规定"保护环境是国家的基本国策"，并明确"环境保护坚持保护优先、预防为主、综合治理、公众参与、污染者担责的原则。"

但是，从学理上分析"基础性、综合性法律"与"基本法律"的法律效力还是不同，环境保护部门作为新《环保法》这种"基础性、综合性法律"的实施机构，还难以落实其中的一些责任条款。例如，根据环境保护这一基本国策和环境保护优先原则，中共中央办公厅、国务院办公厅印发《党政领导干部生态环境损害责任追究办法（试行）》（以下简称《办法》）规定了"党政同责"制度，这一制度的出台切中环保问责要害，解决了现行法律法规中对地方各级党委领导成员在生态环境保护方面责任规定缺失的问题。《办法》规定，地方发生环境污染和生态

破坏事件，不仅政府主要领导成员要担责，党委和相关部门的领导都有可能被追究相应责任，更可能因此升迁受阻。[91] 但是，如何落实“党政同责”制度，似乎脱离了《环保法》的调整范围，为此，还需要通过人大主导立法，将《环保法》升格为基本法，并依法授权监察机构行使追究“党政同责”的权力。这样，才能使《环保法》塑造的环境行政立法体制转变为环境治理综合立法决策体制。

第四章　环境立法决策原则

2014 年 10 月 20 日，关于《中共中央关于全面推进依法治国若干重大问题的决定》的说明中习近平总书记指出："推进科学立法、民主立法，是提高立法质量的根本途径。科学立法的核心在于尊重和体现客观规律，民主立法的核心在于为了人民、依靠人民。要完善科学立法、民主立法机制，创新公众参与立法方式，广泛听取各方面意见和建议。" 2014 年 2 月 28 日，习近平总书记在中央全面深化改革领导小组第二次会议的讲话强调："凡属重大改革都要于法有据。在整个改革过程中，都要高度重视运用法治思维和法治方式，发挥法治的引领和推动作用，加强对相关立法工作的协调，确保在法治轨道上推进改革。"党的十九大报告提出了"依法立法"问题，这是习近平新时代中国特色社会主义思想关于立法的新阐述。可见，科学立法、民主立法、依法立法等构成了我国环境立法决策的基本原则。

第一节　科学立法原则

科学立法的核心是立法要尊重和体现社会发展的客观规律、尊重和体现法律所调整的社会关系的客观规律以及法律体系的内在规律。我国《立法法》将科学立法纳入了立法决策的基本原则，其第 6 条规定："立法应当从实际出发，适应经济社会发展和全面深化改革的要求，科学合理地规定公民、法人和其他组织的权利与义务、国家机关的权力与责任。"因此，科学立法原则的内涵体现如下：

一、环境立法应尊重和体现环境科学的自然规律

环境资源法学是一门基于生态系统科学而形成的法学学科，它的产生体现了生态科学与法学的沟通与融合。从《环境保护法》的立法过程来看，环境立法实际上是从科学技术规范转变为法律规范的过程。

在环境立法决策过程中，需要多学科专家、学者组成的专门从事广泛智力开发、协助立法机关进行正确决策的辅助性机构，这样立法才具有科学性。例如，美国“洛杉矶烟雾事件”就直接推进了美国空气污染防治的科学立法的进程。该事件的经过是：1943 年初夏，洛杉矶初次遭遇烟雾天气，本应晴朗的日子里，整座城市却被浓厚的浅蓝色烟雾包围。虽然前往市区医疗中心医治眼部和咽喉疾病的患者人数激增，但并没有引起广泛注意。开始，一些卫生专家坚称这是“绝对的偶然事件”，同年 7 月 26 日，烟雾污染达到了最严重程度，新闻报道称“这讨厌的烟雾已经让人无法忍受”。从未有过的空气污染事件，给当地居民的健康和日常生活造成恶劣影响，多数居民患上眼睛红肿、咽炎、喉炎等疾病。起初，因为缺乏烟雾形成原因及科学论证，民众猜测烟雾可能是由橡胶工厂排放的丁二烯造成的，然而，当地的污染工厂迫于舆论压力而暂时关闭之后，空气情况仍未见改善。1945—1946 年，当地新闻行业自发招募专家学者研究烟雾成因。之后，洛杉矶议会任命卫生监管官员对烟雾产生原因和损害结果进行调查研究，并指派 9 名调查员在街边展开实地调查，不少学者也开始自发对烟雾进行研究。1950 年，加利福尼亚州科技中心的著名生物学家 Haagen Smit 发表的论文《洛杉矶空气污染问题》引起轰动，文章指出，机动车尾气污染才是洛杉矶光化学烟雾的罪魁祸首。科学家的研究让洛杉矶市民意识到，自己选择的生活方式造成了目前的污染，心爱的汽车就是污染源。科学家的调研结果促进了大气污染防治措施的出台，随着“把汽车整干净”和“把燃料整干净”的理念渐成共识，从市到州，一系列级别越来越高的法规被制定出来。例如，第一次有专人检查炼油和燃料添加过程中的渗漏和汽化现象，第一次建立了汽车废气标准，第一次对车辆排气设备做出规定等。

二、环境立法应当从实际出发

科学技术规范具有很强的专业性，而法律规范则面向的是公众受体，如何将

二者协调起来，也就成为环境立法的核心问题。例如，在春节等节日期间，中国人有以燃放烟花爆竹的方式欢庆传统节日，营造喜庆气氛的习俗，然而，烟花爆竹燃放时会释放出大量的颗粒物和硫化物，加剧雾霾程度，损害空气质量，影响人体健康，产生的噪声也影响人们的休息。现在一些市民逐步认识到燃放烟花爆竹的危害性，可是在农村很多老百姓对此还认识不足。从这些实际情况出发，我国现行的《大气污染防治法》只是限制在城市燃放烟花爆竹，而对农村燃放烟花爆竹暂无限制。

彭真同志说："立法时要吸收古今中外对我们有用的好经验，要解放思想，百家争鸣，但必须从中国的实际出发，根据我国的实践经验。社会实践是检验真理的唯一标准，从实际出发，实事求是，就是唯物论。"彭真同志强调立法要从实际出发，强调社会实践的检验，但并不意味着轻视甚至忽视科学立法原则。恰恰相反，这是彭真同志十分重视科学立法原则的体现。他曾十分明确地指出："法律是一门科学，有自己的体系，左右、上下，特别是与宪法不能抵触，立法要有系统的理论指导。""在制定法律过程中，把各方面专家和实际工作同志请来，大家一起讨论，共同审议修改，可以使理论和实践密切结合，补救立法考虑不科学的一些缺点。"[92]

三、科学合理地规定法律主体的权利义务责任

法律权利和义务规则的界定，是与一定的科学技术发展水平和经济文化条件相联系的。例如，现行《大气污染防治法》是 1987 年制定的，2000 年修订时重点加强了对二氧化硫的排放控制，对防治煤烟型污染发挥了重要作用。随着经济社会快速发展，特别是机动车保有量急剧增加，我国大气污染正向煤烟与机动车尾气复合型过渡，区域性大气环境问题日益突出，雾霾等重污染天气频发，现行法已经不能适应新形势的需要，需要修法从坚持源头治理，从推动转变经济发展方式、优化产业结构、调整能源结构的角度完善相关制度。2014 年"两会"期间，天津代表团包景岭等 12 名全国人大代表联名向全国人大常委会建议修改《中华人民共和国大气污染防治法》，并详述了修改内容和理由。包景岭指出，农业是大气污染物不可忽视的一个重要来源，特别是农村垃圾堆存、畜禽养殖废物、秸秆焚烧等都会严重影响空气质量。挥发性有机物和氨也必须控制，二者均为细颗粒物（$PM_{2.5}$）的重要前体物，同时也是光化学烟雾的重要前体物。为此，建议将农业

污染也列入针对大气污染进行综合防治的对象，推行区域污染联合防治。[93]在多方努力和公众关注下，2015 年 8 月 29 日第十二届全国人大常委会第十六次会议表决通过了修订后的《中华人民共和国大气污染防治法》，这部法律主要是以改善大气环境质量为目标，强化了地方政府责任、农业污染防治制度，增加了建立大气环境保护目标责任制和考核评价制度、重点领域大气污染防治、重污染天气的预警和应对等内容，提高了对大气污染防治的科学立法水平。

第二节 民主立法原则

民主立法的核心是立法要为了人民，依靠人民，使法律真正反映广大人民的共同意愿、充分保障广大人民的各项权利和根本利益。[94]《立法法》第 5 条规定："立法应当体现人民的意志，发扬社会主义民主，坚持立法公开，保障人民通过多种途径参与立法活动。"这就是民主立法原则在立法决策过程中有重要作用的体现。其含义如下：

一、以满足人民的生态环境安全立法需求为立法目的

徒法不足以自行，生态环境保护是一项系统工程，环境治理法治化的进程仅靠官方的立法推动是不够的，还需要公众参与。只有使立法决策与公众的立法需求结合起来，法律才能有效地发挥社会控制作用，才能使生态环境切实得到永久的保护。

例如，《大气污染防治法》的修订工作于 2006 年启动，环保部委托中国环境科学研究院大气所牵头起草。2007 年 3 月 31 日，时任国家环保总局副局长、中国环境文化促进会会长的潘岳，在长城脚下出席"环保公益日"宣传活动时，遭遇沙尘暴突袭，这一幕被记者抓拍。2 个月后，潘岳在做客央视二套《对话》栏目时首度回应此事。虽然按照权限划分，沙尘暴不归环保总局管，但他还是表示："凡是参与环保的部门，不管哪一个部门，面对沙尘暴多次侵袭北京城的事实，我觉得没有资格喊冤，不管哪一级官员都没有资格喊冤。"[95] 正是公众的强烈立法需求，2010 年 1 月经环保部审议通过，向国务院法制办报送了 2000 年版《大气污染防治法》的修订建议稿。[96]

当然，民主立法也需要有序进行。对沙尘暴、雾霾这样的大气污染现象，其产生的因果关系相当复杂，有自然因素，也有人为因素，涉及的时间也较长，如何从法律上规制生态损害事件的发生，还需要考虑科学立法等多种因素。2015 年 3 月 1 日，时任环保部部长陈吉宁召开首场座谈会，与媒体记者探讨当前环境保护面临的严峻形势。座谈会上，陈吉宁对柴静有关雾霾与环保的纪录片《穹顶之下》引发热议一事做出回应。他对柴静从公众健康的视角唤起公众对环境的关注表示感谢，也提出了在新媒体时代，政府、媒体及公众之间如何互动，积极传播环境信息，从而赢得公众对环境保护工作的支持和自觉参与问题。[97]在公众的积极有序参与下，2015 年 8 月 29 日修订了《大气污染防治法》。

二、保障人民通过多种途径参与立法活动

公众立法参与的主要形式是立项、起草、审查、实施等立法过程中公众参与的具体形式。如《立法法》第 36 条规定："列入常务委员会会议议程的法律案，法律委员会、有关的专门委员会和常务委员会工作机构应当听取各方面的意见。听取意见可以采取座谈会、论证会、听证会等多种形式。" 2012 年的《全国人大常委会工作报告》强调了公众参与立法的形式主要有立法调研、书面征求意见、公布法律草案征求意见、座谈会、论证会、听证会、公开征集立法项目建议、委托起草法案以及列席和旁听等。新《环保法》也专设一章，规定"信息公开与公众参与"，建立了我国的环境立法的公众有序参与机制。2015 年 7 月，环保部发布《环境保护公众参与办法》，根据我国环境保护公众参与现状，明确了公民、法人和其他组织获取环境信息、参与和监督环境保护的权利。[98] 下面主要介绍一下座谈会、论证会和公布法律草案征求意见 3 种典型形式，听证程序将专门独立进行介绍。

（一）座谈会

座谈会是由训练有素的主持人以非结构化的自然方式对一小群调查对象进行的访谈。座谈会由主持人引导讨论，主要目的是从适当的公众中抽取一群人，通过听取他们谈论立法者所关注的话题来得到观点。例如，2011 年《环保法》的修改被列入第十一届全国人大的立法计划后，法律委员会、环境与资源保护委员会

和法制工作委员会多次联合召开座谈会，听取全国人大代表、有关部门、环保组织和专家的意见。法律委员会、法制工作委员会还到山西、山东等地方调研，并就草案中的主要问题同环境与资源保护委员会、国务院法制办公室、环境保护部交换意见，共同研究。在座谈会过程中，许多地方政府、部门和专家提出，《环境保护法》作为环境领域的基础性、综合性法律，应当回应环境保护的制度需求，解决环境保护的突出问题，建议采用修订方式对这部法律作全面修改。法律委员会建议对这一问题作进一步研究，最终将大改的修正案草案提请给人大常委会会议审议。

（二）论证会

论证会是指按照规定的程序，邀请专家、学者、实务工作者和人大代表，对立法中涉及的重大问题、专业性问题进行论述并证明的活动。《立法法》第 36 条规定："法律案有关问题专业性较强，需要进行可行性评价的，应当召开论证会，听取有关专家、部门和全国人民代表大会代表等方面的意见。论证情况应当向常务委员会报告。"根据《立法法》，我国一些地方专门制定了立法论证工作规定，例如，2013 年 6 月 14 日广东省第十二届人民代表大会常务委员会第八次主任会议通过的《广东省人民代表大会常务委员会立法论证工作规定》。实践证明，论证会是立法参与的有效形式之一。

（三）公布法律草案征求意见

《立法法》第 37 条规定："列入常务委员会会议议程的法律案，应当在常务委员会会议后将法律草案及其起草、修改的说明等向社会公布，征求意见，但是经委员长会议决定不公布的除外。向社会公布征求意见的时间一般不少于 30 日。征求意见的情况应当向社会通报。"例如，2012 年 8 月全国人大常委会对《环保法》的修正草案进行了第一次审议后，法制工作委员会将草案印发各省（区、市）和中央有关部门、社会团体等单位征求意见。2013 年上半年全国人大法工委修改之后形成二审稿后再次征求全社会的意见，公众反馈意见仍然很多，最后这部法律是通过人大常委会四审才得以通过。

三、立法听证

（一）听证的概念

听证是指国家机关做出决定之前，给利害关系人提供发表意见提出证据的机会，对特定事项进行质证、辩驳的程序，其实质是听取利害关系人的意见。听证包括立法听证、行政听证和司法听证。

听证制度起源于英国，逐步从司法领域引入到立法、行政领域。作为法律术语，听证一词最早源于英国古老的“自然公正原则”即“任何权力都必须公正行使，对当事人不利的决定必须听取他的意见”。该原则是“英国皇家法院对下级法院和行政机关行使监督权时，要求它们公正行使权力的原则”。之后英国在1215年的《自由大宪章》中又有关于公民的“法律保护权”的观念和制度。其基本精神是：以程序公正保证结果公正。正当法律程序的听证，原来只适用于司法审判，意为在案件审判的过程中必须经过听证，这种听证制度被称为“司法听证”。后来，这种制度从英国传到美国，美国在英国的普通法原则和《自由大宪章》的基础上进一步发展和完善成了“正当法律程序”（due process of law），并渗透到行政程序和立法程序之中。

行政听证是行政机关在做出影响相对人合法权益的决定前，由行政机关告知决定理由和听证权利，行政相对人表达意见、提供证据以及行政机关听取意见、接纳证据的程序所形成的一种法律制度。1946年美国制定《联邦行政程序法》，第一次规定听证程序为行政程序的核心。它的基本精神是：以程序的公正，保证结果的公正。中国最早引进听证制度的是深圳市。真正在全国普及是在1996年，《行政处罚法》将听证制度纳入行政执法程序。1996年3月通过的《行政处罚法》，首次从国家层面对听证制度做了规定。

立法听证是立法主体在立法活动中，进行有关涉及公民、法人或其他组织的权益的立法时，给予利害关系人发表意见的机会，听取意见的程序法律制度。我国于20世纪末开始在立法领域引入听证制度。1997年我国通过的《价格法》和2000年3月通过的《立法法》，对价格决策和地方立法听证做了规定。1999年9月9日，广东省人大常委会就《广东省建设工程招标投标管理条例修订草案》举行听证会，这是我国首次举行的立法听证。2005 年，全国人大常委会举行历史上第一次立法听证会——个税法修改听证会，直接听取公众和有关方面的意见。

（二）立法听证的法律效力

立法听证不同于行政听证，不是立法的必经程序。党的十八大报告指出："完善中国特色社会主义法律体系，加强重点领域立法，拓展人民有序参与立法途径。"这为改善我国立法听证制度指明了方向，因此应该建立立法听证的意见反馈等制度，增强立法听证的法律效力。

通过听证会，是美国国会进行立法的一种正式且主要的方法。1962 年，蕾切尔·卡逊女士的《寂静的春天》问世，她以其细腻和生动的笔触警告世人杀虫剂等有毒化学品正通过食物链威胁着生物甚至人类的生存，该书却遭到工业界尤其是化学工业界的猛烈抨击，甚至连《时代周刊》这样的主流媒体也加入到攻击卡逊女士的阵营。为此，肯尼迪总统的科学顾问就要求有关人员开展调查，政府的一些委员会组织听证会并邀请她作证，最终拿出了一份有关杀虫剂危害生态环境的最权威报告。此后，国会颁布了控制乃至禁用杀虫剂的生产、销售和使用的法令。

由于我国《立法法》没有规定听证的范围、程序和法律效力，立法听证成为立法过程中可有可无的环节。考虑到目前听证活动开展的现状，我国一些地方立法对听证的范围做出了规定，如厦府〔2000〕综 086 号《厦门市政府立法听证程序试行办法》（以下简称《办法》）规定了立法听证的程序、范围等内容。《办法》将听证的范围区分两种情况：应当举行听证会和根据需要可以举行听证会的情况。对于法律法规案内容涉及社会普遍关注的热点事项或者对公民、法人或其他组织的权益有较重大影响（如设定行政许可、审批的，禁止或者限制公民、法人和其他组织从事某类活动的，设定较重的行政处罚或对财产采取强制措施的，对公民、法人和其他组织切身利益有重大影响的其他立法项目），都应当举行听证会。可以举行听证会的情况，是指可能需要举行听证会，也有可能通过座谈会、专家论证会的方式征求意见更合理。为了避免立法听证走形式，《办法》要求组织听证的立法起草部门，在向政府法制机构报送法规、规章草案送审稿时，应将听证会议的原始记录一并附上，并应在起草说明中反映听证参加人提出的主要意见及采纳的情况。《办法》将听证程序的规范化，增强了立法听证的法律效力。

（三）立法听证的程序

我国《立法法》对立法听证程序并没有具体规定，一些地方进行了立法听证规范化的探索，概括起来，立法听证常按下列程序进行：

1．立法听证开始

听证会开始由听证主持人宣布，并介绍听证事由及听证参加人员的情况。听证主持人由法案的起草单位选定。听证参加人员一般由代表不同利益的双方或多方参加，这些当事人来自相关行政管理部门、利益群体代表、专家学者及有识公民等社会各方面。

2．起草部门的陈述

由听证主持人介绍立法的必要性和依据，法规、规章草案征求意见稿的主要内容，与公民、法人和其他组织切身利益关系密切的主要规定等有关情况。

3．听证参加人对听证事由发表意见

听证参加人对法规、规章草案征求意见稿发表意见，陈述支持或反对的理由；对立法草案内容的必要性、合理性等进行辩论。听证就是要听到代表不同利益群体的不同声音，帮助立法主体对法案所要调整的社会关系认识得更清楚。

4．有关人员对听证参加人提出的问题和意见作适当说明和解释

听证参加人对法案的不同意见、批驳或补充建议，听证主持人应该自己或通过邀请有关专家技术人员对听证参加人提出的问题和意见当场作适当说明和解释。不能当场解释的，也应该在一定时间范围内将反馈意见书面告知立法听证参与人，并归入档案之中。

5．听证结束

听证结束后，立法起草单位整理听证记录，根据辩论结果撰写听证报告，确定草案内容，从而为今后执法中追溯法律条文的立法原意提供了可靠依据。

资料延伸阅读

圆明园听证会：让一切对立意见都展现在阳光之下

（作者：李楯　中国环境文化促进会理事）

2005 年 4 月 13 日，国家环保总局为圆明园管理处在圆明园遗址湖中铺设防渗膜事举行的听证会，引起了人们的广泛关注。这次国家环保总局听证会的召开，具有划时代的历史意义。它第一次使不同的、对立的意见（包括非政府组织的意见）展现在了决策者面前，同时，也展现在了公众面前。由此，初步体现了公平性。但它在程序设计和制衡上却有着近年来中国初开听证会在制度安排上的通病：它没有面向社会公开《圆明园东部湖底防渗工程项目建议书》等与听证密切相关的重要材料，没有给公众留下更充足的报名和准备的时间，没有要求听证陈述人事先提供书面证言，并面向社会公开这些书面证言。听证会不同于论证会、辩论会、座谈会、意见征集会的制度安排，具有一种出于法律的程序正义要求的可变又可控的特性：它排除权力掌握者的恣意，却不排除人们的选择；它没有预设的真理标准，而是通过促进意见疏通、加强理性思考、扩大选择范围、排除外界干扰，来保证决策的成立和使决策更接近公正；同时，也使决策更容易被利益相关而又利益不同的人们理解或认可。由于转型之中利益格局的特质和法治传统的缺乏，所以在今天的中国，应有比在其他国家更严格的听证规则，以使听证在中国不致因官员的恣意，而导致听证会的开与不开、谁可以来参加、谁可以陈述、就哪些问题作陈述、怎样陈述上，具有随意性。当发生在中国的社会转型已使社会中的人们分化为利益和主张不同的人群时，政府的决策就不可能是代表所有人的利益和主张的，而只能是协调、衡平不同的利益和主张，做出一个相对好的政策抉择。正是在这种情况下听证会制度才具有了它在公共决策中的不可替代的意义。

第三节 可操作性原则

什么是法律？法律是社会生活中的行为规范。规范性是法律的属性。每一个法律规则，都可以分解为构成要件、适用范围、法律效果等要素。例如，关于环境保护问题，法律关注的问题不是应不应该保护，而是怎样保护、用什么方法保护才有实效。讲究立法的规范性、逻辑性、体系性，也就是坚持成文法的“规范约束”的本质特征，也就是坚持法律的“可操作性”。[99]法律与道德的区别就是它具有规则性，可以发挥行为指引作用。公众的立法需求不是有没有，而是“好不好”“管不管用”。2014 年 9 月 5 日，在庆祝全国人民代表大会成立 60 周年大会上，习近平总书记表示，我们要加强重要领域立法，确保国家发展、重大改革于法有据，把发展改革决策同立法决策更好地结合起来。要坚持问题导向，提高立法的针对性、及时性、系统性、可操作性，发挥立法引领和推动作用。因此，可操作性原则也就成为了立法决策所要把握的基本原则。

一、环境立法需要接地气

2011 年 3 月，我国形成了带有中国特色的社会主义法律法规体系，标志着中国各领域基本进入了有法可依的初步阶段。在环境立法领域，自 1979 年我国通过第一部环境保护法，现已有 30 多部保护环境法律，其中包括立法机关制定的专门环境法律和非专门环境法律两大部分。专门立法主要包括：环境保护的基础法——《环境保护法》（1989 年），环境保护单行法——《水污染防治法》（1984 年）、《大气污染防治法》（1987 年）、《噪声污染防治法》（1996 年）、《环境影响评价法》（2002 年）等。非专门立法主要包括：《宪法》《刑法》《民法》《文物保护法》《食品卫生法》《城市规划法》等。

我国的环境法律体系规模虽然形成，但环境法治体系还需改善。法律的生命在于实施，但从现实来看我国的环境法律实施情况并不是那么的理想。种种事实表明，环境法的作用并没有得到很好发挥。人们承受着空气污染的“心肺之患”、水污染的“心腹之患”、食品安全的“心头之患”。当谈及我国立法情况时，对环境保护法律解决不了实际问题、没有感受到环境法的力量与权威的评论还是不绝于耳，《环保法》备受诟病。究其原因，环境立法的操作性不强是其中的一个重要原因。

为什么中央已为全国环境保护管理做了基本规定，可是环境法的实施效果还是不理想，这就涉及环境立法的可操作性问题。我国在《环保法》的基础上制定了很多环境保护的单行法律，但事实上又往往因环境保护就是个极其复杂的问题而做不到真正的所谓全面，所以需要通过行政立法、地方立法来细化。具体而言就是，在我国人大及其常委会制定的全国环境保护法律的基础上，还需要国务院制定相关的环境保护行政法规，省、自治区、直辖市以及较大的市的人大及其常委会制定地方性环境保护法规，以及国务院各相关组成部门制定涉环境保护部门规章，以落实国家层面的环境法律。

一定程度上，较低层级立法对较高层级立法的逐步细化，是为了让国家的法律等接地气，更具有可操作性。可是，现在的行政立法、地方立法有一种倾向，即要么简单照搬，要么就希望得到授权立法权。针对这些问题，立法决策学有必要通过加强行政立法、地方立法的研究来化解行政立法、地方立法与中央立法的衔接和特色立法问题。

二、立法与司法要衔接

改革开放以来，我国经济建设取得了巨大成就，同时伴随着日渐严重的环境问题我国也加强了环境立法和行政执法工作，但司法在环境保护方面发挥的作用非常有限，这反映了我国环境立法与司法的衔接不够，导致法律的可操作性不强。

早在2007年贵州省清镇市人民法院设立第一家环保法庭，希望通过设立专门法庭来审理日益严重的环境污染案件，但是我们从现有的数据以及报道的各种环境污染事件可以看出，环保法庭的设置在推进环境司法进程上没有取得很大的效果。例如，2011年，中海油与美国康菲公司合作开发的渤海蓬莱19-3油田发生重大溢油事故。随后的4年中，围绕“康菲溢油事故”的官司始终未断，但由于环境立法与环境司法的衔接渠道还不通畅，并未有哪个社会组织成功以环境公益诉讼的名义起诉康菲公司并得到立案。2015年实行的《环保法》进一步明确环境公益诉讼的主体资格条件，降低了环境司法诉讼主体资格的门槛，允许有资格的社会公益组织提起环境公益诉讼。新《环保法》颁布后，2015年7月以中国生物多样性保护与绿色发展基金会为原告，康菲石油和中海油为被告的“康菲溢油案”环境公益诉讼正式在青岛海事法院立案。[100]不过，由于环境损害赔偿的因果关系判断、损害赔偿范围等内容没有相应的法律规定，环境公益诉讼条款并没有打破环保法庭门庭冷落的局面，中国环境司法任重道远。如何打破中国环境司法冰冷局面，加强环境立法与环境司法的衔接是提高环境立法的可操作性的一项重要举措。

环保法庭无案可审，固然有程序法方面的原因，但我国现有环境法的可司法性不强更是重要因素。立法与司法的衔接，就是要促进环境立法的可司法性，为法律适用提供良好的法律渊源。我国是成文法国家，环境司法需要有法律依据作为司法判决的法律渊源。所谓法律渊源，即法的外在表现形式，主要通过法条或判例等形式表现出来。与中国不同，美国作为判例法国家，认为没有救济就没有权利，环境法具有很强的可司法性。美国的环境法律渊源可为成文法和不成文法，成文法包括联邦制定或认可实施的有关保护生态环境法律，不成文法是法院的司法判例。司法判例是美国法律渊源的重要组成部分，环境法律渊源就有很多是通过司法判例形成。所谓司法判例，指法官在判案过程中形成的具有指导性意义的案例，能够在以后类似的案件中作为法律依据直接适用。例如，2000 年美国环保组织“地球之友”诉莱德洛公司案，联邦最高法院通过造法功能扩大了环境公益诉讼的主体资格，形成的司法判例为以后诉讼主体的审查提供了法律依据。我国是成文法国家，法院对环境法律的解释权有限，不可能像美国那样通过判例法来补充立法的操作性缺失。因此，加强环境立法的可司法性，需要在立法决策上增强法律的可操作性。

第四节　依法立法原则

随着《立法法》将城乡建设、环境保护、历史文化等立法权限的下放，以及我国《环境保护法》《大气污染防治法》等法律建立了跨行政区域、流域环境污染和生态破坏联合防治协调机制，区域间关于公共交通、环境保护、国土空间开发等跨行政区域立法的合法性问题显现出来。目前我国关于区域协同立法的合法性问题理论论证还不充分，实践也不成熟，区域协同立法还处于地方政府在各自行政区划范围内进行独自立法的状态。随着党的十九大报告对区域协调发展战略和依法立法原则的强调，区域间协同立法运行还需要从法治理论上理清中央和地方、地方人大和地方政府在立法过程中协同关系和权限范围。

一、依法立法原则的概念

依法立法不仅是依据《立法法》等法律进行立法，还必须是依照宪法立法。2000 年 3 月 9 日在第九届全国人大三次会议通过的《立法法》，对推进依法治国，建设社会主义法治国家，有着十分重要的意义。党的十九大报告进一步提出了“依法立法”，把依法立法与科学立法、民主立法并列为立法原则，这是立法原则上的一大变化。依法立法，这里的“法”是狭义的《立法法》还是中义的实在法，笔者认为两者都有。如何立法，新中国成立以来并没有明确规定。1982 年宪法对我国立法体制进行了改革。宪法、全国人大组织法、地方组织法对立法权限的划分、立法程序、法律解释等问题做了基本规定，但在实际工作中也存在着一些问题，如在法律起草、制定过程中，有的部门、地方存在着不从国家整体利益考虑而为部门、地方争局部利益的倾向。为此，立法也要有正当程序，应该依法立法。

但是，如果仅仅将依法立法中的“法”界定为《立法法》，那么依法立法中“法”的内在规律性和理性决定作用就没有得到反映。什么是合法性和合法化？哈贝马斯在《交往与社会进化》一书中有清楚的说明。他说：“关于合法性，我把它理解为一个政治秩序被认可的价值，合法性要求则与某个规范决定了的社会同一性的社会一体化之维护相联系。合法化被用来证明合法性要求是好的，即表明现存的制度如何，以及为什么适合于通过这样一种方式去运用政治力量——在这种方式中，对于该社会的同一性具有构成意义的各种价值将能够实现。”[101]所以，合法性指的是一种政治秩序值得被人们所认可。合法化则是指对合法性的论证方式，即证明某种政治秩序为什么值得认可。

在哈贝马斯的界定中，合法性是一个阶梯型的立法审查机制，不仅包括合法律性、合宪性审查，还包括合道德性、符合商谈程序。在我国，法和法律一般是作为狭义概念使用。我们不能机械地把西方学术话语中的“合法性”概念和“合法性理论”套用于中国，民心向背是执政合法性的基本原理。党的十九大报告提出的“依法立法”不仅是合法律性、合宪性审查，而且与科学立法、民主立法一起，指出了中国特色社会主义立法过程的合法性理论依据。

二、区域协同立法中的合法性问题

目前，在我国现行的以人大为主导的地方立法体制下，区域协同立法还存在如下合法性问题。

（一）区域协同立法中的无效立法行为

合法性首先应该是合法律性。区域协同立法的出现是随着国家实施区域协调发展战略，将城乡建设、环境保护等立法权下放而出现的一种地方协同立法的现象。如为改善区域空气质量，解决区域大气污染问题，我国开始了区域联防联控的探索之路。在 2008 年北京奥运会这一国家大型活动的举办期间，京津冀地区对协作治理大气污染的区域联控制度进行了首次尝试，共同对区域内大气环境质量变化进行监测和预报，取得了很好的效果；此后，长三角地区在上海世博会期间、珠三角地区在亚运会期间也建立了区域协作的环境治理机制。长江经济带发展战略确定后，区域性的《长江法》也在酝酿之中。这些成功的经验表明区域协同在区域协调发展战略方面有着很大的作用，也为解决我国当今面临的区域协调发展等问题奠定了坚实基础。但是，该期间的区域协调立法没有纳入法治化的轨道。如在大气污染治理中，当时的重点区域联防联控是中央“命令—控制”式行政手段，由国务院环境主管部门划定国家环境治理重点区域，然后下达命令，地方政府根据中央划定的区域及命令进行联防联控，这样一种中央“划圈式”联控会导致中央狠抓区域联控时区域环境治理成效显著，而狠抓一过，区域内各地方政府会基于本地区经济发展或其他因素的考虑放松对区域环境污染的防治。

我国新修订的《环境保护法》《大气污染防治法》等法律都在区域联防联控方面有一些规定，要求重点区域的地方政府按照“统一规划、统一标准、统一监测、统一的防治措施”的要求，落实地方政府的目标责任，这被称为环境保护方面的立法亮点。但如何推进区域协同立法，依据什么界定各地方政府的责任分担，还缺乏规范化操作。以 2015 年 1 月 31 日安徽省第十二届人民代表大会第四次会议通过的《安徽省大气污染防治条例》为例，该《条例》第 31 条规定安徽省人民政府根据实际需要，与长三角区域以及其他相邻省建立大气污染联合防治协调机制，对在省、市边界建设可能对相邻省、市大气环境质量产生重大影响的项目，及时通报有关信息，实施环评会商。可是，该条款如何适用到相邻省市，则缺乏合法性依据。由于我国法律对本地区大气污染影响到另一地区是否要承担责任规定不足，地方政府间环评会商的积极性不容易调动起来。[102]因此，在国家层面的法律对地方政府的主体责任没有明确的情形下，通过地方立法的环境污染治理协同行为或规定无区域外的法律效力。

（二）区域协同立法的合宪性问题

依法立法不仅是依据《立法法》等法律进行立法，还必须是依照宪法立法。合宪性审查就是依据宪法对宪法以下的法律文件是否符合宪法进行审查。在我国，作为立法主体的不仅是全国人大及其常委会，还包括国务院、地方人大等立法主体，它们在立法过程中的关系协调常常涉及宪法的规范调整。

区域协同立法，起主导作用的应该是地方人大还是地方政府，这又是一个法律难题。例如，京津冀区域合作的重要基础是 2015 年 4 月 30 日中共中央政治局审议通过的《京津冀协同发展规划纲要》（以下简称《纲要》），以及在这个基础上签订的有关司法、质监、计量、卫生计生等行政工作交流合作协议。但是，《纲要》并没有对三地的协同立法问题提出明确的规定。尤其是当有关司法、质监、计量、卫生计生等方面行政协议与地方性法规、地方政府规章制度等多种方面发生冲突时，应该采取怎样的处理措施？这些内容存在着较大的不确定性。[103]

协同立法，就是一定区域的省级地方人大、地方政府协同制定地方性法规、地方性规章的行为。例如，为了改善区域大气污染问题，此次新修订的《大气污染防治法》规定“国家逐步推行重点大气污染物排污权交易”，将《国务院办公厅关于进一步推进排污权有偿使用和交易试点工作的指导意见》（国办发〔2014〕38 号）合法化。区域联防联控、排污权交易，国家都是将相应的职权交付给了地方政府。可是，区域间大气污染治理涉及能源结构调整、产业政策的变化等许多需要政府积极作为的事情，区域联防联控和排污权交易不是某个行政区划内地方政府能够解决的事项，需要地方政府间的配合，在地方政府间缺乏法律依据的情况下如何促使地方政府的参与，有学者提出了通过行政协定的准立法思路。

行政协定是地方政府之间签订的具有约束力的行政规划、服务性协议。按照我国现有的立法决策体制，地方政府不是立法主体，地方政府间的行政协定并没有法律效力。地方政府之间的行政协定须经地方人大同意和法律化后才能成为地方性法规。因此，地方政府之间的行政协定实际上构成了驱动我国区域间协同立法的关键。那么，地方政府之间签订的行政协定是否具有合法性、合宪性？

在区域协同立法方面，美国宪法第1条第10款第3项规定："任何一州，未经国会同意……不得与它州或外国缔结协定或联盟。"该"协定条款"虽然以默示的方式授权各州之间缔结协定的权力，但美国作为一个联邦制国家，各州有自己的宪法和立法权，各州之间的协定还有这般限制，那么我国作为单一制国家，行政协定是否能归属于地方立法权限范围还存在合宪性问题。[104]

三、依法立法原则在区域协同立法中的适用

改革开放以来，我国实施了差异化发展战略，逐步形成了东部率先发展、中部崛起、西部大开发、东北振兴的区域战略体系。党的十八大以来，以习近平同志为核心的党中央统揽区域发展全局，相继实施了"一带一路"倡议、京津冀协同发展、长江经济带发展等区域发展战略体系，生态、环保、产业转移等重大措施有序推进。习近平总书记在党的十九大报告中提出：我国"发展不平衡不充分的一些突出问题尚未解决"，要继续"实施区域协调发展战略""建立更加有效的区域协调发展新机制"，为新时代通过立法保障实施区域协调发展战略指明了方向。[105]

为了实施区域协调发展战略，2011年6月8日，中国正式出台了《全国主体功能区规划》（以下简称本规划）这一具有行政拘束力的行政规范文本，明确了未来国土空间开发的主要目标和战略格局，将国土空间划分为优化开发、重点开发、限制开发和禁止开发四类。[106]全国主体功能区规划的出台，这对实施区域协调发展战略意义重大。开发区域是指由国务院和省、自治区、直辖市人民政府划定的一些城镇化地区，是我国深化改革、实现农村城镇化的战略举措。而生态保护区是国家和地方政府划分出的限制、禁止开发，以生态保护为主体功能的区域，如自然保护区、农产品区域。生态保护区的划分，在一定范围来说是局部为了国家或区域的整体环境利益而做出的经济发展利益的牺牲。

因此，国土空间开发规划作为一种影响不同区域发展机会的政府行政规划，

不仅应具有科学性理论依据，还要具有合法性理论依据。所谓政府行政规划的合法化，是指政府在行动之前所进行的设计和筹划应具有法理依据。加利福尼亚大学伯克利分校法学院的诺内特教授曾发表了一篇题为《为了法理社会学》，从社会法学的角度阐述了政策的合法性问题，批评了管理主义者的纯粹科学决策观。他强调，不仅政府规划等政策应该是符合法律价值理念，具有法理依据的决策，而且法律制度产生的根源与政策、目标有关，受它们的制约。[107]“法律参与国家发展计划与实践不是巧合，也不是有意识地选择。发展意味着变革。在所有政府机构参与发展的计划和实施中，都以改变社会行为为目标。”伯克利学派还提出了“回应型法治”的观点，他们认为法律发展经过了从权力本位的“压制型法治”到权利本位的“自治型法治”、再到“回应型法治”的转变。“回应型法治的特点是打破了政府规划、法律规范和社会事实之间的分隔，“将政府规划等目标纳入法治的范畴，谋求一种法律体系与社会变革的平衡”。“加大了规划、目的等法律价值准则在法律运行和实施中的权威，从而放松了法律对严格规则的服从要求，使一种较少僵硬而更多文明的公共法律秩序有了形成的可能。”[108]将区域发展战略融入国土空间开发立法之中，以政府规划引导区域之间国土空间开发法律制度的建构，有利于形成多中心协同治理的“回应型法治”。

例如，我国法学界多次呼吁制定《长江法》，但由于涉及长江经济带各区域各种利益冲突难以成型。目前和长江有关的法律法规有 10 部左右，包括《水法》《防洪法》《水土保持法》等，但这些法律法规分别由不同的部门来制定和实施，形成了“水利不上岸，环保不下水”的分割管理局面。由于缺乏统一的《长江法》，长江的主体功能区域划分及各功能区的利益冲突等问题都难以得到根本解决。[109]党的十九大报告对打造长江经济带有专门论述，更是展现了实施区域协调发展战略对法律的影响。改革要于法有据，就必须加强立法，法律应对此有所回应，应该说，这是制定《长江法》千载难逢的机遇，我们应抓住这一机会，呼吁一部跨流域治理的《长江法》早日出台。因此，只有统筹推进长江经济带的区域协调发展战略，构建长江经济带的主体功能区规划，加强国家层面的国土空间开发立法，才能使区域性的法律与发展规划协调起来。[110]

如何使区域协同立法具有合法性，就必须使区域协同立法的目标定位、措施拟定与区域协同发展战略协调起来。例如，2014 年新环境保护法不仅强化了政府规划的法律效力，也强化了政府规划的目标责任制，政府需要向人大汇报规划的制定和执行情况，这就为建立各级人大对政府规划的合法性审查制度提供了契机。在我国，出台的政府规划是否合法，还缺乏法律论证，也没有相应的公众参与。主体功能区域的划分既然涉及居民的利益，就应该听取他们的意见。如果没有正当程序的保障，没有合法性的专家评估，没有人大等国家机构的监督，草率出台的政府规划就不会具有法律效力。反之，区域协同立法不是仅仅实施区域协调发展战略的手段，而主要是权利保障和义务担当。因此笔者认为，我国在建立政府规划合法性审查制度时，既要充分肯定立法机构、政府部门在实施区域协调发展战略中的主导地位，还应引入专家评估和公众参与等外部评估机制，保障市场主体和公民的合法权利。

第五章　森林立法决策案例分析

森林是由树木为主体所组成的地表生物群落，具有丰富的物种，复杂的结构，多种多样的功能。作为森林的个体，树木砍伐后，经初步加工，可供建筑及制造器物用的材料。而作为整体的森林更是人类的资源宝库，具有重要的生态功能，能保护土壤、涵养水源；调节气候、制造氧气；净化空气；消除噪声等。正是由于森林的重要性，依法治林护林成为森林保育的重要方略，使森林立法决策成为生态文明法治建设的重要环节。

第一节　森林立法的意义

中国封建社会是农耕社会，重视耕地、水资源开发利用，而对森林资源立法保护不够重视，历史上因为决策上的失误引起的生态环境问题有很多，比如说围湖造田、把草原变成耕地等。新中国成立以来，依法治林取得了较大成绩，但随着人们日益增长的生态安全和环境权利保障需求，森林法律体系还需完善。

一、森林生态问题分析

森林对于人类社会可持续发展非常重要。从《诗经·魏风·伐檀》中我们可以看到古人狩猎、农耕、车轮行走的生活图景；《孟子·梁惠王上》记载了“五亩之宅，树之以桑，五十者可以衣帛矣”的男耕女织的田园生活；唐代柳宗元的《种树郭橐驼传》中种树为富人观游及卖果者营生的渠道；唐代诗人白居易的《卖炭翁》说明了森林可以“伐薪烧炭”。正是因为认识到森林生态系统对人类生活的密切关系和对经济生活的作用，古人才制定了一些诸如“春三月，山林不登斧斤”

的禁令。近代以来，受国外生态环境科学、法学的影响，也萌生了一些依法治林的论述。早在1929年梁希撰写的《民生问题与森林》一文中就作过精辟的论述，他指出人类早在猿人时代就生活在森林中，“森林是人类的发源之地，人类所以发展到现在地步，都是森林的功劳”。后来农、林分业，“农家管着‘衣’‘食’，林家管着‘住’‘行’。所以那个时代的民生问题，一半是靠着农业，一半是靠着林业”。到了19世纪，“森林不但管着‘住’‘行’，而且管‘衣’‘食’的一部分。国无森林，民不聊生”。“我们若要教我们做东方的主人翁，我们若要把我们中国的春天挽回来，我们万万不可使中国五行缺木，万万不可轻视森林”。现代社会，树木更是浑身是宝。在经济功能方面，工业、农业和日常生活都需要木材。在林场，森林工业的出现使得森林的经济用途更为广泛。中国的森林工业是从20世纪50年代开始形成的新兴工业。其主要任务是对现有的天然林或已成熟的人工林进行合理采伐，并以生产的木（竹）材及树木的皮、叶、果、液等为原料加工生产各种木制品和林化产品，以满足国民经济的需要。在日用生活方面，实木家具成为一种现代社会的高档生活方式。80年代，外出打工是现代农民发财致富的一个重要路径。男孩子一般是学木工，女孩子学做衣服。

由于木材加工的巨大需求市场，也出现了乱砍滥伐森林带来的生态破坏问题。例如，我国西北、华北、东北这些历史上曾是森林茂密、草原肥美的富庶之地，由于人为和自然力的作用，使很多地方的植被遭到破坏，土地沙漠化、水土流失十分严重。“三北”区域内分布着八大沙漠、四大沙地，沙漠、戈壁和沙漠化土地总面积达149万平方千米，从新疆一直延伸到黑龙江，形成了一条万里风沙线。在黄土高原，水土流失面积占这一地区总面积的90%，在黄河下游的有些地段河床高出堤外地面3～5米，成为地上“悬河”。大部分地区年均降水量在400毫米以下，形成了“十年九旱，不旱则涝”的气候特点。风沙危害、水土流失和干旱所带来的生态危害严重制约着“三北”地区的经济和社会发展，使各族人民长期处于贫困落后的境地，同时也构成对中华民族生存发展的严峻挑战。1979年，国家决定在西北、华北、东北风沙危害、水土流失严重的地区，建设大型防护林工程，即带、片、网相结合的“绿色万里长城”。“三北”防护林工程使“三北”地区的森林覆盖率大大提高，从根本上改善生态环境和生产条件，被誉为“世界生态工程之最”。

1981 年 9 月，针对四川、陕西等省发生的特大洪涝灾害，邓小平同志找来时任国务院副总理的万里谈话，指出“最近的洪灾问题涉及林业，涉及森林的过量采伐”“是否可以规定每年每人都要种几棵树，比如种三棵或五棵树，要包种包活……国家在苗木方面予以支持。可否搞出一个文件由人民代表大会通过施行，或者在人大常委会通过成为法律，及时施行。总之，要有进一步的办法。”在邓小平同志的倡议下，1981 年 12 月 13 日，第五届全国人民代表大会第四次会议通过了《关于开展全民义务植树运动的决议》，这是中华人民共和国成立以来国家最高权力机关对绿化祖国做出的第一个重大决议。该决议指出，植树造林，绿化祖国，是建设社会主义，造福子孙后代的伟大事业，是治理山河，维护和改善生态环境的一项重大战略措施。1982 年 2 月 27 日，国务院制定颁布了《关于开展全民义务植树运动的实施办法》。从此，全民义务植树运动以其特有的公益性、全民性、义务性、法定性在中华大地蓬勃开展。[111]

二、依法治林决策方略的确定

森林资源是林地及其所生长的森林有机体的总称，是地球上最重要的资源之一，对人类生存发展、经济社会的发展进步都具有非凡意义。然而令我们担忧的是，人类发展到今天，由于长期过度采伐和利用，破坏了原本脆弱的森林，致使地球生态环境遭受到严重破坏，人类的生存环境“每况愈下”。因此，依法保护森林日益成为人类的共同呼声。

近代中国最早的森林法始于中华民国成立后 1912 年北洋政府拟定的《林政纲领》第 11 条，随后在此基础上正式颁布了 1914 年《森林法》（共 6 章，32 条）。1915 年 7 月经袁世凯批准，还以每年清明节为“中国植树节”，强化了《森林法》的实施。1932 年国民党政府修改后重新颁布（共 10 章，77 条），1945 年再次修正公布（共 9 章，57 条）。以上法律对林地和林权以及对林地的管理和使用的规定渐趋详细。但是也存在通病，即主要是看重森林的经济价值，并未突出森林的生态和公益价值。[112]由于森林在经济、生态等方面的多项功能，民国时期的学者姚传法在《森林法之重要性》一文中强调：“森林法为国家大法之一，在目前森林破坏影响国本之时，其重要性应与民法、刑法、土地法相比拟。”[113] 1929 年 9 月，农矿部召开全国林政会议，有林业专家教授近 50 人参加，姚传法提出“请中央明令规定以大规模造林为防止水旱灾根本办法”一项提案，后经大会合并有关提案，做出决议：“水源山地实行造林，严禁滥伐；严禁水源地开垦；请中央通令各治水机关划出一部分经费建造水源及江河湖海沿岸森林。”可是，民国时期的《森林法》在军阀割据的局面下，难以实现林业的统一管理。在外忧内患、军阀混战的情况下，国民党“地方当局为增加收入，而大肆发放各地林场权，使人民自由采伐，以致林政之统一上，阻碍良多。”[114]这反映了《森林法》的阶级性及其实施的历史局限性。但《森林法》也有社会性和科学性，其起草和颁布也凝聚了林业学者的心血，如著名科学家凌道扬于森林对“水土保持”的阐述，刘大悲在负责起草《中华民国森林法实施细则》时把保护原始森林，大力发展经济林学写进了该细则，从而使《中华民国森林法》具有很强的科学性。

新中国成立后，党和国家领导人都很重视林业发展。1963 年 5 月 27 日国务院还颁发了具有行政法规性质的《森林保护条例》。但由于“大跃进”“文革”原因，新中国的依法治林的方略也坎坷多磨。1978 年改革开放后，森林立法才被提到议事日程。当年 9 月 23 日至 10 月 12 日，国家林业总局在北京市昌平县召开全国林业局局长会议。会议总结了新中国成立以来林业建设的经验教训，讨论了《森林法（草案）》和林业发展规划，研究了加快发展林业的措施。由于历史等诸多原因，1979 年 2 月 23 日第五届人大常委会第六次会议原则通过的《中华人民共和国森林法（试行）》实施效果不理想。森林资源管理有法可依，真正走上法制轨道开始于 1984 年第六届全国人民代表大会常务委员会第六次会议通过的《中华人民共和国森林法》。1984 年《森林法》明确提出退耕还林、退耕还草、退耕还湖，这是对保护国家生态安全的明智之举，应看成是中国生态环境保护的一个转折点。1998 年的特大洪灾，使全国上下更加认识到森林资源保护的重要性，国务院做出了“封山育林、退耕还林、恢复植被、保护生态”的决策，并启动了“天然林保护工程”。同年，对《中华人民共和国森林法》进行了修订。修改后的《森林法》一直沿用至今。

第二节　我国森林法律的起草者

从严格意义上来说，我国在封建社会里不存在森林法治，只有些林业制度散见于诸如《逸周书·大聚解》等史书中。民国时期，孙中山先生及国民政府对林业的发展也很重视，期间，北洋政府出台了《林政纲要》，并于1914—1945年多次颁布、修正《森林法》，后来由于种种原因也未能得到实际施行。新中国成立后，我国成立了专门林业行政主管部门，承担了森林立法的起草等立法准备工作，促进了森林法治的逐步改善。

一、新中国林业主管部门的设立

在1949年9月召开的第一届全国人民政治协商会议上，民主人士梁希提议成立林垦部。周恩来同志采纳了他的意见，并提名梁希为林垦部部长。旧中国没有林垦部的机构，新中国的一切都要从头开始，梁希和林垦部副部长李范五等商量，决定首先抓3件事：一是搭架子，组建林垦部机关和在全国范围内建立健全林业机构；二是摸清情况，查明全国现有森林资源；三是打好基础，为林业事业的大发展做好准备。1950年9月，梁希率领6位林业科技人员，赴渭水林区和小陇山林区（在甘肃天水专区）调查，并与当地干部反复磋商一个事关子孙后代的林业方针问题：在国家建设事业严重缺乏木材的情况下，风沙弥漫的大西北究竟如何解决采伐与营林的矛盾，黄河又如何彻底整治？这一连串的问题深深地困扰着他，竟致夜不能寐。渭河是黄河的缩影。梁希在宝鸡时，站在渭水桥头望着夹着泥沙混浊的河水，心情十分沉重。他从渭水看到：土是怎样流失的，河床是怎样淤塞的，水灾是怎样酿成的。解决西北风沙、水土流失的根本办法就是“坚决地、勇敢地、不厌不倦地和它斗争，且必须和它做持久战。战争的武器没有别的，就是森林。”“要正本清源，只有护林造林。”这就是他夜以继日地思索和实地调查的结论。1951年11月5日中央人民政府林垦部改为中央人民政府林业部，垦务工作交给农业部管理。例如，1953年出台的《政务院关于发动群众开展造林、育林、护林工作的指示》，为林业工作提供了政策指导。梁希从多年的摸索中，认识到一条真理，即科学工作者不能离开政治。他在1948年发表的专论《科学与政治》中指出：“科学离不开政治，政治好比土壤，科学好比植物，植物得土壤之力才生长，科技得政治之力才发扬”。1956年，他在第一届全国人民代表大会第三次会议上提出：“只有搞好山区规划，特别是做好合理利用土地的规划，解决农、林、牧之间的矛盾，才可以给群众指出美丽的远景，才可以防止群众滥垦山地”。中共中央在制定《全国农业发展纲要》时，采纳了梁希的主张。但此阶段国家出台的主要是森林管理政策而不是法律。

二、林业部与1963年《森林保护条例》

1956年，毛泽东同志发出了“绿化祖国”的号召，党中央相继通过了《关于绿化黄土高原和全面开展水土保持工作的决议》《1956—1967年全国农业发展纲要（修正草案）》《中华人民共和国水土保持暂行纲要》等，这些中央政策或者决定虽然不是正式的法律，却发挥着重要的法律效果，客观上推动了我国林业的发展。

1963年5月22—24日，周恩来同志听取国务院农林口负责人汇报工作。23日，在听取林业部副部长惠中权汇报林业第三个五年计划时提出：我国要制定《森林法》，由国务院颁布施行。随后，国务院颁发了《森林保护条例》，此条例具有行政法规的性质，也是我国第一次用法律的形式确立了林权的概念。但遗憾的是，不久后的“文化大革命”，使国家机器和法制遭到了严重的破坏，盲目毁林开荒和对林木的无休止的砍伐，让森林面积锐减，森林生态恶化。“文革”之后，党和国家领导人逐渐意识到了林业建设的重要性，因此，森林法治的建设也自然地被提上了议事日程。

三、林业部与1979年《森林法（试行）》

1979年2月23日第五届全国人大常委会第六次会议原则通过《中华人民共和国森林法（试行）》（以下简称《森林法》）。该部法律自颁布实施以来，对森林的保护、林业的发展起到了积极作用。

稳定林木、林地的所有权和使用权，保障所有者和使用者的合法权益，是保护森林发展林业的基础。过去在“左”的影响下，政策多变，林木、林地的所有者和使用者的权益得不到切实保障。因而一有风吹草动，就砍树毁林，破坏资源，挫伤了广大干部群众发展林业的积极性，这是极为深刻的教训。为了解决好林木、林地的权属，调动各方面的积极性，推动国家、集体和个人都来兴办林业，在邓小平同志等领导人的提议下，林业部主持草拟了中国历史上第一部森林法草案，1979年2月召开的第五届全国人大常委会第六次会议原则通过了《中华人民共和国森林法（试行）》，并确定每年3月12日为中国的植树节。

但是，由于《森林法（试行）》颁布是在我国“文化大革命”之后，当时的政治经济在经历了大浩劫后才刚开始走上正常的轨道，在这样的环境下制订的《森林法（试行）》缺乏成熟的机制和社会条件的支持，对当时森林消耗严重、林业资源采伐过量的相关处罚规定过于笼统、原则，这也导致了后来对于此类问题执行难的状况。

四、林业部与1984年《森林法》

鉴于我国森林资源很少，破坏十分严重，护林、育林又是一项群众性、社会性的事业，将《森林法（试行）》转变为正式法律的时机已经成熟。林业部、司法部、公安部、高检院和高法院共同召开过部分省、地林业和公检法部门参加的座谈会，交流《森林法（试行）》实施情况，征求了对修改草案的意见。人大法委、国务院经济法规研究中心、国务院办公厅法制局多次召开会议，对有关问题进行研究和协调，最后经国务院审查，形成了1984年的《森林法》修改草案。

为了实现森林的永续利用，除从计划上控制采伐量以外，林业部门必须对采伐实行严格的管理。随着工业的发展，公害的增加，世界许多国家对森林的保护和采伐管理，都日趋严格。即使是资本主义国家，鉴于森林的公益性，对私有林的采伐也严格审批以防滥用资源，损害社会公共利益。我国是社会主义国家，森林覆盖率较低，更应从长远的利益出发，严格采伐管理，防止过量消耗。因此，1985年《森林法》第28条，对森林采伐管理作了全面修改补充，规定任何单位和个人采伐自己所有或经营的森林、林木，都必须申请采伐许可证，凭证采伐；并分别对国营企业事业单位、部队、集体经济组织、个人的采伐，规定了不同的审批手续。同时规定了签证机关有权停止不合理的采伐，有权对采伐迹地更新不好的单位停发采伐许可证等。

五、1998年《森林法》与国家林业总局

《中华人民共和国森林法》自1985年1月1日实施以来，在保护、培育、合理利用森林资源和加快国土绿化方面发挥了重要作用。但是随着经济和社会的发展，森林资源的保护与管理出现了一些新的情况，《森林法》的某些规定已经明显

不适应形势发展的需要，亟须修改、完善。1988 年以来，全国人大代表和全国政协委员不断提出修改《森林法》的建议和议案；修改《森林法》还列入了《八届全国人大常委会立法规划》。

为了加强对征用、占用林地的管理，有效保护森林资源，国务院办公厅 1994 年《关于加强森林资源保护管理工作的通知》（国办发〔1994〕64 号）中明确规定："征用、占用林地，要经林业部门初审同意，严格履行审批手续"。实践证明，在批准征用、占用林地改作建设用地前，由林业部门初审把关，是控制占用林地、保护森林资源的有效措施，十分必要。为了进一步加大对森林资源的保护力度，将国办发〔1994〕64 号文件的这一规定上升为法律，林业部草拟了《〈中华人民共和国森林法〉修正案（送审稿）》，于 1996 年 4 月上报国务院。之后，国务院法制局征求了财政部、国家土地管理局等 22 个部门和黑龙江、福建等 14 个省、自治区、直辖市以及中国林业科学院等 4 个科研单位的意见，到广东、福建、河北 3 省进行了实地调查研究。在此基础上，与林业部对送审稿进行了反复研究、修改，形成了《〈中华人民共和国森林法〉修正案（草案）》，强化了生态水源林的保护，草案经国务院常务会议讨论通过后提交全国人大。

20 世纪末是我国改革开放和经济建设的关键时期，社会主义市场经济体制逐步建立，我国林业所面临的体制环境也与 10 年前发生了很大变化，为了使林业的发展更加适应社会主义市场经济的发展，突出林业在社会主义建设中的主体作用和更加有效地保护和管理我国森林资源，改善生态环境，1998 年国务院机构改革时，林业部改为国务院直属机构国家林业局。成立全国绿化委，由当时副总理温家宝为主任，办公室设在林业局。我国于 1998 年对《森林法》进行了修改，4 月 29 日第九届全国人大常委会第二次会议审议通过了《全国人民代表大会常务委员会关于修改〈中华人民共和国森林法〉的决定》，使《森林法》逐步从经济法转化为环境资源法。

六、中华人民共和国森林法（2016 年修改征求意见稿）

2016 年 9 月 27 日，国家林业局就《中华人民共和国森林法（2016 年修改征求意见稿）》（以下简称《森林法意见稿》）向社会征求意见。《森林法意见稿》中，新增了第三十八条"国家实行天然林保护制度，对天然林只允许进行抚育和更新性质的采伐，保护和恢复天然林资源。”第五十七条规定，采伐经济林、能源林不需要申请采伐许可证。

党的十九届三中全会审议通过《中共中央关于深化党和国家机构改革的决定》和第十三届全国人民代表大会第一次会议批准《国务院机构改革方案》后，由于《国务院机构改革方案》将原国家林业局的森林、湿地等资源调查和确权登记管理职责整合到自然资源部。据此，草案将第三条第二款中的“国务院林业主管部门”修改为“国务院自然资源主管部门”。《国务院机构改革方案》将原国家林业局的森林防火相关职责、国家森林防火指挥部的职责整合到应急管理部，转制后的武警森林部队作为综合性常备应急骨干力量，由应急管理部管理。

第三节　我国森林立法决策模式

所谓立法决策模式，是为了获得科学的决策，应遵循的活动程序和行动原则，它指导决策者进行正确的决策。决策模式一般有传统理性模式（完全理性模式）、渐进决策模式（有限理性模式）、综合扫描决策模式。我国坚持立法决策与改革决策应统一，这是我国的森林立法决策模式，实际上是一种综合扫描决策模式。综合扫描决策模式是在吸取传统理性决策模式和渐进决策模式优点的基础上，创立而成的一种决策模式。一方面，它考虑了决策者的能力问题，认为决策者并不具备同样的能力，凡是能力较强者，就能进行更广泛的观察，而观察越详尽，决策的过程也就越有效。另一方面，它能适应不断变化发展的环境，从而使决策的制定过程有了更大的弹性。

一、第一次林改时期的森林立法决策

第一次林改（1979—1991 年），是林业“三定”“均山到户”时期，《森林法》经历了确定林权和强化采伐许可制度的发展。《中华人民共和国森林法（试行）》，是 1979 年 2 月 23 日第五届人大常委会第六次会议原则通过的。其中第 3 条第 4 款规定：“保障国家、集体和个人的林木所有权不受侵犯。不准将国有林划归集体和非林业单位，不准将集体所有林划归个人，不准平调社队的林木和社员个人的树木。”《森林法》虽然规定了林权制度，但还是保有“一大二公”的痕迹。林业

“三定”时期，即1981—1983年，根据1981年3月8日中共中央、国务院做出的《关于保护森林发展林业若干问题的决定》，开展稳定山权林权、划定自留山、确定林业生产责任制工作的阶段。“均山到户”改革，就是将村集体的山林、荒山和当年退出的林木采伐迹地、火烧迹地均山到户，以及对已发包但尚未主伐的集体商品林地的下一轮林地使用权提前均山到户；或均山到村民小组，待原合同期满林木主伐后，再实行均山到户。可是，对中国老百姓来说，由于“文化大革命”法律虚无思想的影响，他们法律上的权利观念是淡薄的，主张“捡到篮子里就是菜”，而作为法律上的权利只是一种请求权，不是实在的利益。因此，当森林、树木承包后，出现了乱砍滥伐的现象，森林资源受到严重破坏。

例如，1979年《森林法（试行）》第29条规定：“对森林要实行合理采伐。以县或者国营林业局为单位计算，每年的森林采伐量不得超过生长量。国家和地方的木材生产必须全部纳入国家计划，不准进行计划外的采伐。国有林，由国营林业局、国营林场根据国家下达的计划进行采伐。集体所有林，在国家计划的指导下，由森林所有单位与林业部门订立合同，按照合同进行采伐。社队在自己的森林内采伐自用木材，年采伐量超过10立方米的，必须报县革命委员会批准。机关、团体、部队、学校、厂矿、农场、牧场等单位在自己的森林内采伐自用木材，年采伐量超过100立方米的，必须报省、自治区、直辖市林业部门批准。”但是，《森林法（试行）》是在我国“文化大革命”之后，拨乱反正刚刚开始，初步总结林业建设经验的基础上制定的，由于历史条件的限制，本身有不完善之处。一是对控制森林消耗，扭转过量采伐的措施不够有力；二是有关处罚的规定过于原则、笼统，在实际工作中不好执行。且由于我国的经济立法和执法工作还比较薄弱，《森林法》又是人大常委会原则通过的试行法，有些地方和部门的干部，甚至一些领导同志，把“试行”看作可行可不行，未能认真贯彻实施。几年来，许多地方乱砍滥伐森林的现象一直没有制止。[115]

1985年《森林法》强化了森林采伐许可制度，在一定程度上保护了森林资源和稳定了林权。例如，1985年《森林法》第3条第2款规定：“全民所有的和集体所有的森林、林木和林地，个人所有的林木和使用的林地，由县级以上地方人民政府登记造册，核发证书，确认所有权或者使用权。”但是实践中，由于一些地区从局部利益出发，通过确权发证蚕食国有重点林区，导致中央投资形成的国有森林资源的流失和破坏。为此，1989 年 5 月 31 日林业部印发《关于加强林木采伐许可证管理的通知》，开始实行全国统一的林木采伐许可证制度。

二、第二次林改时期（1992—1998 年）的森林立法决策

在集体林区，大量宜林荒山荒地需要造林绿化，任务重，投资大，需要国家大力扶持。虽然，在第一次林改完成之后的 1988 年，福建三明上报国务院批复的林改试验区设计方案中刻意强调了产权清晰化，试图大力推进山权、林权、活立木的市场化交易，其目的在于通过建立林区产权市场来促进资源向资本的转化。但是，这种试图依靠制度变革在山区林区内部生成资本的试验，却在那个资本仍然极度稀缺的年代显得步履维艰。最终，集体林区几乎所有理想化的改革试验，不得不让位于在财政上早已捉襟见肘的地方政府的“投资饥渴”——以低价出让林区资源为条件吸引外部投资；遂有了“四荒拍卖”带来的以“大户林”“干部林”为代表的林区资源相对集中。“四荒拍卖”，指拍卖荒山、荒坡、荒沟、荒滩的使用权，这是继农村实行以家庭联产承包为主的责任制后土地制度建设的又一次深刻变革和重大突破。由此，也就在中国进入市场经济的 20 世纪 90 年代中后期，大多数集体林区完成了第二次林改——从分到合的过程。[116]

同时，在国有林区也开展了“抓大放小”的改革。1989 年，国务院办公厅在对林业部《关于向东北、内蒙古国有林区各林业局核发林权证问题的批复》（国办通〔1989〕36 号）中明确规定，经国务院同意，由林业部核发东北、内蒙古国有林区各林业局的林权证。实践证明，由林业部直接核发国有重点林区的林权证，是控制森林资源流失和破坏的有效措施，有必要上升为法律。因此，1998 年将《森林法》第 3 条第 2 款修改为：“国家所有的和集体所有的森林、林木和林地，个人所有的林木和使用的林地，由县级以上地方人民政府登记造册，核发证书，确认所有权或者使用权。经国务院批准确定的国家所有的重点林区的森林、林木和林地，由国务院林业主管部门登记造册，核发证书。”

在盘活林业经济的情况下，1998 年《森林法》还通过了一项重要制度，即森林生态效益补偿制度。关于森林生态效益补偿，是从行政规章、行政法规上升到法律的又一范例。世界上许多国家，鉴于森林在改善自然生态平衡中的巨大作用和林业生产周期长、收益慢的特点，都制定了扶持和奖励的政策，从财政上大力

资助。我国发展林业主要靠政策、靠科学、靠亿万人民的劳动积累，但也必须随着国民经济的发展，逐步通过法律来保证林业有必要的资金来源。1992 年《国务院批转国家体改委关于 1992 年经济体制改革要点的通知》（国发〔1992〕12 号）要求："要建立林价制度和森林生态效益补偿制度，实行森林资源有偿使用。"1993 年《国务院关于进一步加强造林绿化工作的通知》（国发〔1993〕15 号）进一步要求："要改革造林绿化资金投入机制，逐步实行征收生态效益补偿费制度。"1996 年《中共中央 国务院关于"九五"时期和今年农村工作的主要任务和政策措施》（中发〔1996〕2 号）规定："按照林业分类经营原则，逐步建立森林生态效益补偿费制度和生态公益林建设投入机制，加快森林植被的恢复和发展。"据此，经商财政部同意，草案在《森林法》第 6 条中增加一项，作为第 6 项，规定："建立防护林和特种用途林生态效益补偿制度。"[117] 北京沙尘暴问题，引起了全国人民对恢复森林、草原的重视，1998 年大洪水过后，政府采取了一项断然措施，修改了《森林法》，增设生态效益补偿制度，对长江上游、黄河中上游的天然林实行了禁伐，把这两个流域的林业工人都由砍树人变成种树人。[118]而且，1998 年《森林法》对林业基金制度进行了修改，扩大育林费的征收范围，扶持集体和个人造林、育林，以及对木材的收购和销售实行保护性价格等，都做了原则性的规定。

三、第三次林改（2003 年至今）的立法决策

2003 年，《中共中央 国务院关于加快林业发展决定》颁布后，促进了以产权制度为核心的林业各项改革，这为森林立法决策指明了方向。2014 年 3 月第十二届全国人大第二次会议上，张德江委员长在人大常委会工作报告中指出："坚持把立法决策与改革决策更好结合起来，抓紧制定和修改同全面深化改革相关的法律，从法律制度上推动和落实改革举措，充分发挥立法在引领、推动和保障改革方面的重要作用。"这与习近平总书记在《中共中央关于全面推进依法治国若干重大问题的决定》强调的"凡属重大改革都要于法有据、先立后破、有序进行"是一脉相承的。据此，在 2014 年 3 月举行的第十二届全国人大第二次会议期间，全国人大代表提出关于修改《森林法》的议案。修改《森林法》已列入第十二届全国人大常委会立法规划和国务院 2014 年立法工作计划，由国家林业局负责起草。

2015 年按照全国人大常委会要求，全国人大农业与农村委员会提前介入相关

工作，农委全体会议听取了《森林法》修改工作情况汇报，并多次组织开展专题调研。农委建议，国务院有关部门认真研究代表议案提出的意见，抓紧完善《森林法》修改草案，适时提请全国人大常委会审议。目前，国家林业局已形成《森林法》修改草案征求意见稿，正在修改完善。[119]

国家林业局副局长张建龙介绍，林改之后农民营林造林的热情非常高涨，受到采伐限制的方面比较多，国家这次修改《森林法》，采伐限额指标等问题将得到解决。“为什么一方面限额指标用不完，另一方面林农感觉没有采伐限额指标？限额指标拿不到手，有两个方面的原因：第一个原因，采伐限额指标的分配不公平、不透明，急需要采伐的拿不到指标；第二个原因，我们申请采伐限额指标，程序太复杂，时间过长，一些老百姓也不愿意去申请。感觉大家有一些意见。当然我们也了解到个别的地方，通过家庭承包给到林农之后，可能对生态林业非常关心、非常重视，可能给的指标有的也不愿意往下放，这也是一个原因。林业局这些年搞了一些改革措施，比如竹林就放开了，非规划林地栽的林木到了采伐时自主采伐。修改《森林法》，因为这个采伐限额是《森林法》制定的一个非常重要的措施，这几年实施之后对森林保护起到了很重要的作用。《森林法》的修改，随着集体林权制度改革的深化，我们也在搞试点，进一步把短周期的工业原料林，甚至于分给老百姓的明确说是商品林这部分要放开，再也不要实行限额采伐，当然这是一个系统公开，放开后还有运输的问题，一整套的制度设计，我们现在也在做。”[120]

在国有林区，为全面贯彻党的十八大以来党的系列战略部署，深入贯彻习近平总书记系列重要讲话精神，2015 年 3 月中共中央、国务院印发《国有林场改革方案》和《国有林区改革指导意见》，进一步全面深化了林业改革，这就需要政策法律的支撑。因此，这些《森林法》修改的目的就是将公益林与经济林的管理分开，该管的要管好、不该管的要放开，加大对森林生态效益的保护力度，促进我国林业可持续健康发展。

第四节　美国森林立法决策模式

保护和发展森林资源是建设和改善人类生存环境的治本之策，而如何更好地保护森林资源，除构建和完善我国森林法律体系外，同时也应该借鉴他国的有益经验。众所周知，美国既是一个森林资源大国，也是一个森林法治体系比较健全的国家，其立法决策模式的一些经验教训可供我们参考。

一、美国《森林法》的渊源

预先通过立法决策来设定森林资源的管理体制，这是美国森林法治的显著特点；而对于不成文宪法的美国而言，因立法比较分散，有较多关于林业管理的规定散见于各个法律法规，因此整合各种森林法律渊源构成了美国重视立法决策的动因。

美国森林保护法治化的思想由来已久。美国森林资源的法治化保护和管理开始于1891年颁布的《森林保留地条例》(*The Forest Reserve Act*)，基于该法案哈里森总统划定了美国历史上第一处保留林——黄石国家森林公园，这也是美国森林资源的保护和管理工作正式走上法治轨道的开始。1897年威廉姆·麦金利总统签署了《杂项法》[后来称为《建制法》(*Forest Service Organic Administration Act*)]，规定建立这样保留林地的目的是涵养水源和木材的永续利用，但法案的适用范围是有限制的，更多的公共土地是用来开发。从哈里森到西奥多·罗斯福，历届总统都不断扩大美国森林保留地的面积，建立起了原始森林保护的基本法律框架。吉福德·平肖作为老罗斯福总统时期的林业部门负责人，在推进美国依法治林的决策模式形成过程中也发挥了重要作用。他致力于扩展国有林地面积，推广欧洲国家的林业管理经验，被誉为“美国现代林业之父”。在他和老罗斯福总统的共同努力下，美国西部的广袤森林得以保存。

美国森林法律体系的形成不是一蹴而就的，而是不断整合的结果，其立法目的也经过了一个从重视经济效益到生态效益的过程。在第二次世界大战期间，木材丰富加之由于经济建设的需要，美国对木材采取掠夺式的开发利用导致了后来出现“木材荒”。第二次世界大战后，美国逐渐意识到林业对于社会经济生活和生态保护的重要性。20世纪，美国相继制定和颁布了各类关于环境保护的法律，并更加注重对林业的可持续利用和法律保护。其中，比较为人熟知的有1960年颁布的《多用途可持续生产法案》(*the Multiple-Use Sustained Yield Act*)，扩大了国有林的功能利用范围，除原有的提供水源利用和木材功能外，还用于室外游憩、提供野生动物栖息地等功能，这是美国历史上森林经营思想发展的重要转折点，由原来的以生产木材为主的传统林业经营思想转变到如今的以经济、生态、社会多效益利用为一体的现代林业经营理念，这点在美国对《雷斯法案》（*Lacey Act 1900*）的修改上也有所体现。而1964年颁布的《野生动物保护法》则将大片的林地从国有林的采伐区内划出并保护起来，进一步将森林延伸到森林资源的保护，以发挥森林资源的生态效益。

二、美国的森林立法决策模式

美国从中央到地方有一套完整的林业管理体系，组织健全，体制稳定。但美国的森林立法决策模式并不是行政主导立法，而是通过议会立法授权行政主体来实施法律，也包括授权其制定一些行政规章制度。美国国会于1876年在农业部下设立林业代办处，后一步步升级到森林局，统管全国林业行政事务。美国林务局（U.S. Forest Service）成立于1905年，是管理美国森林与草地的联邦机构，它对森林资源的管理并不是主要通过采伐许可的行政强制手段，而是通过向美国国有或私有林业机构提供财政与技术支持的行政服务手段来实现的。林务局对森林资源的监测和管理主要通过制定、实施、评价和修订各级林业计划来实现，形成对国家林业的宏观调控与指导。美国林务局统筹着全国森林管理事务。林务局的主要任务是负责全国的国有林管理、林业科学研究、政策法规制定、人员培训及使用、木材生产、指导州和私有林经营、行政管理等业务。国有林系统实行联邦林务局、大林区、林管区和营林区四级管理。

正是由于在立法决策时就设定了行政部门的职责权限，美国制定的各种森林保护法律虽然立法目的不一样，管理机构也不一样，但部门利益冲突较少，基本上都能做到各司其职。1946年土地管理办公室和牧业局合并内政部土地管理局，是美国林地管理的主要政府部门之一，但内政部管辖的森林以国家森林公园和其他附着于国有土地上的公有林为主体，以保护生态环境、提供公共服务和游乐为主要目的。美国国家公园管理局（National Park Service）是美国内政部之下的一个联邦部门，此部门由美国国会在1916年8月25日通过法令《国家公园管理局组织法》（*National Park Service Organic Act*）而成立，负责管理为数众多且体系错综复杂的美国国家公园体系属地，包括美国国家公园、国家纪念区、国家纪念地、国家历史公园、国家历史地点、国家军史公园、国家战地、国家休闲区、国家河川、国家海岸、国家湖岸、国家景观步道、国家景观河川等。美国国家公园系统内外都有大量的科学家，对国家公园的设立、规划、保护、利用和管理进行了长期的研究。他们围绕着“为什么设立、设立范围”或“保护目标、范围、方法和措施”，进行了大量的研究论证，为国家公园各层级决策者提供了充分的科学依据。这些行政机关的管理职能不是独立的，而是相互配合进行综合决策，他们根据《多用途可持续生产法案》和《国家森林管理法》等法律授权协调执法。由于林业局与环保局的协调立法决策，美国的健康森林制度也在不断地发展完善。由当初的单纯获取木材到关注森林的可持续发展，由如何从森林中获取最大的经济效益，到最后关注森林的生态功能、精神文化价值，挖掘、欣赏自然之美。例如，美国的塞拉俱乐部积极呼吁对荒野的保护以及宣布人类有欣赏自然美的权利，为美国《荒野法》的制定、环境保护和人类环境权益的保障起到了非常重要的作用。

1976年的《国家森林管理法》（*National Forest Management Act*）是美国森林立法决策体制的综合体现，这不是一部单独完整的法案，而是将有关森林管理的《森林草地及可更新资源计划法》《多用途持续生产法》等多部法律条文中关于国家森林管理的条款进行修改和补充以后进行整合而成的。《国家森林管理法》对森林资源的管理并没有制定具体的规则，只是制定了森林生态管理的目标，即要求农业部对林业管理要遵循多功能综合利用和永续利用原则，而具体管理计划的制定和实施细则由林业局根据这些原则和有关的林业法律规定进行。除此之外，《国家森林管理法》还创设了森林管理的程序以及实体性的规定，确立了国家森林管理体制，即美国用材林的所有权形式基本上分为公有林和私有林两大类。公有林中包括联邦农业部林务局所管辖的国有林和其他联邦、州政府部门所管辖的森林，私有林中包括私营企业所管辖的森林及小私有林所有者的林地。联邦农业部林务局所管辖的国有林和州政府部门所管辖的森林、其他联邦属于公有林的范畴，小私有林所有者的林地和私营企业所管辖的森林属于私有林的范畴。美国私有林主和森林公司作为市场主体，在遵守采伐要求前提下，自主决定采伐活动。

三、美国森林立法决策模式的特点

美国的森林立法决策体制有一个重要的特点，就是社会立法频繁。所谓社会立法，也称民间立法，是民间团体通过契约形成的一些规范制度。美国超过一半的土地为私人所有，在私人土地上存在着许多民间组织根据“保护契约”形成的保护地役权。保护地役权是指为了实现诸如野生动植物栖息地、自然景观或农地保护等特定的保护目标，而在土地所有者和地役权获得者之间签订的具有法律约束力的协议，土地所有者因地役权而承担义务，而地役权获得者则有权限制土地所有者从事不利于实现保护目的的活动。它是通过合约的形式规定土地使用者采用有利于生物多样性保护的土地利用方式，或放弃土地开发的权利。它可以是任何个人、组织或政府机构与土地所有者之间签订的合同。而这种保护地役权还可以通过捐赠等形式转让。购买保护地役权，是购买土地的部分权利，主要是放弃未来开发的机会成本。在参与社会立法的民间团体中，大自然保护协会（TNC）是其中的典型代表。TNC 是除美国联邦政府外，最大的私有土地所有组织。美国积极鼓励民间团体力量加入林业管理当中，因而非政府组织的参与为美国健康森林的发展做出了突出贡献。1955 年，TNC 第一个私有保护区在美国纽约与康涅狄格州的 Mianus 峡谷正式建立。至今，TNC 在美国已建立了庞大的私有保护区 6 万平方千米。此外，通过“保护协议”的方式，TNC 在美国保护了超过 2 万平方千米的私有土地，在拉丁美洲、加拿大、加勒比海地区、澳大利亚和太平洋地区保护了 1.2 万平方千米的私有土地。

与美国的森林管理体制不同，我国由于历史文化等原因造成森林立法决策模式中行政部门的作用较大，而社会立法不够。新中国成立初期，我国成立了林垦部，把林业与土地的管理归于一体，在 1970 年又将农业、林业和水资源的管理重新整合，成立农林部。直到 1997 年才把国家林业局改为国务院的直属机构，负责全国林业及其生态建设的监督管理。在森林行政主管部门的管理下，我国的森林资源得到了较好的保护和培育，但公众参与还不够，没有形成社会立法的保护体制。我国在森林行政管理机构设置方面与美国有较大的不同，美国采用分层管理的方式，联邦和州之间的机构不属于行政隶属关系。而我国森林管理机构从中央到地方属于上下级的行政隶属关系，同时兼有其他相关林业管理机构辅助管理工作。这种模式设置有利于决策的执行和加强各林业部门之间的联系交流，但是也同时暴露出了专业的林业管理人才和技术过于集中在上层，下层管理机构人员冗杂，人才和技术缺失的问题，不利于林业的民间管理和社会立法。而美国林业管理体制中除政府机构外，一些非政府机构也发挥重要的作用，例如，美国林业、美国州际林业协会和美国林场协会，这种政府与民间组织相结合的管理方式值得我国借鉴。由于美国的公有林所占比例较小，在美国主要以私有林为主，所以美国法案的提出很多是民间力量推动的。美国植树节是由新闻工作者 J Sterling Morton 于 1872 年在内布拉斯加州创立的。1872 年 1 月，在州园林协会举行的会议上，Morton 提出了制定“植树节”的倡议，当时州农业局通过决议采纳了这一建议。于是，1872 年 4 月 10 日开始了内布拉斯加州的第一个植树节。当时只是内布拉斯加州的一个植树活动，后来发展成了全国广大民众植树造林、美化家园的节日。

第五节　影响立法决策模式的因素

一般来说，影响决策的因素主要有社会环境、组织文化、决策者的个人因素以及时间因素。因此，任何一种决策模式的形成，都不是纯粹理性思维的结果，而是受到决策系统之外的社会环境、组织文化、决策者的个人因素以及时间因素等影响的结果。我国目前的森林立法决策模式，与我国的自然资源产权制度、国家的林权改革政策和传统农耕文化的影响等因素密切相关。

在社会环境方面，我国传统社会的政治体制是单一性的国家结构体制，体现着国与家的同质性。当代社会也是多民族统一的单一制国家，森林等自然资源多为国家和集体所有，需要林业主管部门等行政主体发挥更大的公法职能；而西方国家传统社会以农林牧庄园经济为主，政治体制是在封建庄园主之间的契约联盟等基础上形成的，地方自治和立法权限较大，行政部门在森林立法决策体制中的权限受多方面约束。

在传统文化的影响方面，中国传统社会以农耕文化为主，关于森林功能的认识和立法保护着重点与许多西方国家不同。中国的种植农业始终处于核心地位，林业经济是作为副业而存在的，牛、羊等牲畜是放养而不是圈养，林业主要是为了家庭男耕女织的经济需要而不是市场需求。在西方国家，森林资源开发很早就成为主业，狩猎一直是西方人喜欢的生活方式，对于没有开发的森林草原，则被作为“荒原”“无主物”予以占有。因此，西方国家的《森林法》作为公法是后期形成的，也就使他们注重通过法治来促进森林功能的转型。例如，美国1862年颁布《宅第法》，以及1869年第一条横贯美国大陆的铁路建成，加速了美国向西部的扩张。19世纪60年代以后，美国“西进运动”和“西部开发”掀起了一次新的高潮，西部大面积的土地被迅速开发和耕种。1860—1910年的半个世纪内，美国农场数目由200万个增至600万个，期间，新增耕地5亿英亩[①]以上，这些新增农场和耕地约有一半位于美国密西西比河以西的中西部地区。农场与耕地的扩展和增加是以森林与草原的收缩和减少为代价的，并且，该时期美国的农牧业大多为粗放经营方式，造成地力耗竭、水土流失和沙化等生态问题。在19世纪末和20世纪初，美国工业和城市化急速发展，资源和环境受到巨大压力。城市污染情况严重，有了一些来自城市居民对回归自然的向往，倡导建立保护地（尤其是荒野保护区）。包括罗斯福总统，也扩充了原本只从事历史保护的国家纪念地的定义，把有出众环境特质的自然地区也纳入了国家纪念地范畴。对于西部开发的不良影响，也被越来越多的人注意，某些学者开始倡导建立荒野保护区，保证国家有一些土地永不受人类开发和干扰。这一时期是美国保护地发展的第一个高潮，国家公园系统、国家森林局及国家森林系统的建立都在这一时期。

由于森林生态保护法滋生的社会环境与文化背景不同，我国森林立法决策模式与美国是有所不同的。由于法律移植是一种便宜的立法决策模式，因此在森林立法决策理论上，产生了“法律移植肯定说”和“法律移植否定说”两种针锋相对的见解。

“法律移植肯定说”认为，法律作为普遍性的“自然法”是可以移植的。20世纪70年代末80年代初以来，中国在制定法律的过程中广泛地参考了外国法和国际惯例。从中国生态文明法治建设的历史进程来看，生态保护方面的法律大多是移植西方法律制度的结果，如环境影响评价制度、国家公园制度等。在全国人大及其常委会和国务院立法的过程中，都要求起草法律和行政法规的部门在提出

---

① 1英亩=4 046.86平方米。

立法动议时必须将我国现行立法情况、外国调整同一问题的法律文件以及目前所存在的问题一并向立法的工作部门人大法工委和国务院法制办上报，这实际已经成为我国立法程序中的重要一环。[121]森林环境资源法律规范很多是科学技术规范，其可移植性更是不言而喻。《森林法》中的国家公园制度、森林病虫害防疫制度都是移植国外森林保护法律制度的结果。实践证明，这些制度能够发挥很好的作用。而“法律移植否定说”认为法律作为一种民族文化其移植是否可行却是存在疑问的。早在18世纪中叶，法国启蒙学者孟德斯鸠在《法的精神》中指出法律与生态环境、文化样态等因素密切相关，一个国家和民族的法律能适合另外一个国家或民族是非常凑巧的事。萨维尼更是从法是一种民族精神的角度阐述了法律不具有可移植性。与萨维尼等“法律移植否定说”的观点一样，我国学者夏勤说：“据吾人之所信，所谓法治，必须自然而成长，决不能望移植以成就。换言之，必其基础建筑于全国民众之上，庶几可以根深蒂固，不畏破坏，历百年而不弊也。”拉德布鲁赫（Gustav Radbruch）是德国20世纪最伟大的、影响最深远的法哲学家之一，他反对古典自然法意义的“超国家的、超时代的永恒律令”，而主张法律是“一种内容可变的自然法”“在不同的时代针对不同的人而变化”。拉德布鲁赫虽然否定了普遍性“自然法”的存在，但并不否定法律的伦理学价值和科学性价值，主张应将二者联系起来，因此拉德布鲁赫认为法律具有可移植性，但应该结合当地政治、经济、文化等因素进行调整。

笔者认为，森林法律规范相对于立法决策体制具有一定的独立性，森林法律规范不仅是决策主体立法目的的确定，还具有一定的科学性，这是森林法律可以移植的原因。但是法律移植还会受到经济基础、历史文化、决策者的意识形态立场等因素制约。在中国，森林立法决策是随着党和国家经济、政治、文化、生态和社会发展政策的调整而逐步完善的，这种立法决策体制的形成，符合中国国情。中国坚持党委领导立法、科学立法、民主立法等原则，这不是对法律移植的否定，而是反对简单照搬，希望通过科学民主立法决策体制创构符合中国实际、具有中国特色、体现社会发展规律的森林法律规范。

正处于高速发展阶段的中国需要借鉴西方国家的发展经验，但也要吸取其中的生态破坏教训。美国作为以国家森林公园的形式发展生态旅游的先驱者，在森林法观念改变的方面取得了比较大的成功，同时也引起许多国家的争相效仿，纷纷建立国家森林公园，中国也是其中之一。我国同样有着丰富的森林资源，在全国的大多数省份进行划定自然保护区建立国家森林公园以实现对森林资源的管理和保护。我国第一座国家森林公园为 1982 年建立的张家界国家森林公园，至今为止我国已经批准建立的国家森林公园多达 765 处，遍布各个省份地区。与美国森林法观念不同，我国国家森林公园的成立最初是作为自然保护区的一种，虽然也兼顾经济效益，发展生态旅游，但却是作为发展经济的附加产业之一。这主要是因为我国人口众多，基本上没有美国那样的“荒原”。因此，法律移植不是照抄照搬，而是以中国特色社会主义法治理论为指导对国外法律进行扬弃。美国在建国之初只有沿海的 13 个州，后来通过土地购买等手段使美国的国土面积不断扩张，达到如今的规模。美国的国民主要来自移民，随着人口的不断增加，对土地的需求也在增加，毁林开荒也成了必然，毁林开荒随之而来的是森林资源的锐减，环境的恶化，水土流失严重，由生态系统遭到破坏而引起的各种次生灾害频繁。后来美国虽然出台了《国家公园法》《荒原法》《国家环境政策法》，但美国国家公园的建立主要是动用种种暴行强行迫使美洲印第安人迁居而制造出来的“荒原”。在中国，就不可能有这样的“荒原”。中国几千年的历史文化演变，形成了人与自然和谐相处的丰富多样的农耕文化与土地资源保护制度、森林文化与森林保护制度、草原文化与草原保护制度、海洋文化与海洋保护制度等；形成了视土地、森林、草原为家园的村落、族群等社会组织，国家与这些社会组织在土地、森林等自然资源的保护和利用方面利益是共同的。土地、森林等自然资源虽然属于国家和集体所有，但也是人们眼中的家园。因此，中国森林立法的决策过程，始终关注的是国计民生问题，不是自然主义的荒原思想，由此我国森林立法决策模式的形成，割裂不开这种历史文化和国情的影响。

综上所述，作为普遍性的生态保护法律规范是可以移植的，但由于各地生态环境和文化本土资源的不同，法治建设的模式是多样化的。终结生态文明法治建设制度设计的简单移植，开启生态文明法治建设的历史文化反思，追求生态保护法律的真、善、美，这是我们通向理想法治的必由之路。

第六章　水安全立法决策案例分析

水是由氢、氧两种元素组成的无机物，无毒。在常温常压下为无色无味的透明液体，被称为人类生命的源泉。水是地球上最常见的物质之一，是所有生命生存的重要资源，也是生物体最重要的组成部分。水安全一词最早出现在2000年斯德哥尔摩举行的水讨论会上。这是一个全新的概念，属于非传统安全的范畴。对水安全一词至今无普遍公认定义，一个比较准确的诠释为，在一定流域或区域内，以可预见的技术、经济和社会发展水平为依据，以可持续发展为原则，水资源和水环境能够持续支撑经济社会发展规模、能够维护生态系统良性发展的状态即为水安全。水资源和水环境的有机统一构成水安全体系，二者是一个问题的两个方面，相互联系、相互作用，形成了复杂、时变的水安全系统。

第一节　《水法》的立法过程

我国水法，在学理上被分成广义水法和狭义水法两层含义。从现行立法情况来看，狭义上的水法就是专指于1988年颁布、2002年修订的《中华人民共和国水法》（以下简称《水法》），而广义上的水法则是涵盖了各种涉水法律法规以及地方性法规，包括狭义《水法》在内。除此之外，还有全国人大常委会出台的《水污染防治法》、《水土保持法》以及《防洪法》等三部法律；国务院相应出台的系列行政法规：《水污染防治法实施细则》、《水土保持法实施条例》以及《防汛条例》等；各省、自治区、直辖市结合本地实际情况制定的地方性法规，如《水法》、《水污染防治法》、《水土保持法》和《防洪法》等法律的实施办法。本节这里所指的水法为狭义的概念。

一、1988 年《水法》的立法过程

水是重要的自然资源，又是构成环境的要素，人类生活和一切生产活动都离不开水。随着人口的增长和经济的发展，水安全问题日益为世界各国所重视。我国水资源总量不少，但按人均占有量计算却大大低于世界平均水平，加之水资源时空分布极不均衡，因此历史上水旱灾频繁，治水问题成为历代治国安邦的大事。新中国成立以来，在党中央和国务院的领导下，全国人民艰苦奋斗，进行了大规模防治水害和开发利用水资源的建设，取得了巨大成就。但是，由于国民经济的发展对防治水害和开发利用水资源提出了更高的要求，同时由于多年来重建轻管，对客观规律认识不足，因此，在水资源开发利用和保护管理方面，还存在不少问题。1987 年 11 月 17 日在第六届全国人民代表大会常务委员会上水利电力部部长钱正英作关于《中华人民共和国水法（草案）》的说明时讲到我国当时所面临的水安全问题有：北方水资源严重不足，影响人民生活和经济发展；水污染日趋严重，对人民健康和生产建设造成损害；河道内设障阻水，湖泊盲目围垦，影响许多河流的泄洪、蓄洪能力；对水资源的综合利用不够，出现影响航运、竹木流放和鱼类洄游以及生态环境等问题；有些城市和地区地下水过量开采，造成水源枯竭、地面沉陷，甚至导致海水入侵；水费标准过低，使越来越多的水工程缺少维修和运行资金，出现工程效能衰减、难以为继的局面；许多地方破坏、损坏水工程设施，干扰、阻碍水工程管理人员正常执行职务等现象不断发生；地区之间、部门之间水事纠纷时有发生，矛盾尖锐的地方严重影响着社会的安定团结等。[122]为了解决上述水安全问题，历届全国人大代表提出过不少提案，社会各界也多次呼吁，要求国家尽快制定水法，依法治水。所以，制定《水法》是十分必要的和非常迫切的。

中国共产党高度重视水利法制事业，1949 年 10 月新中国中央人民政府就设立了水利部，并制定了一些水利方面的条令、规章，促进了水利事业的发展。但是由于“大跃进”“文革”时期缺乏法治意识，新中国的水利建设也走了一些弯路。改革开放后，从 1978 年起，水电部在国家计委的大力支持下，开始《水法》的起草工作，水电部在水法起草中发挥着重要作用。1984 年 11 月，经国务院批准，成立水资源协调小组，由水利电力部部长钱正英为组长，国家计委、交通部、地

矿部、建设部、农牧渔业部和中国科学院的负责人参加。1984 年 11 月全国水资源协调小组第一次会议决定，成立由水电部、国家计委、交通部、地矿部、建设部、农牧渔业部、中国科学院等部门参加的水法起草小组。起草工作分《水法起草大纲》和《水法草案》两个步骤进行。在《水法起草大纲》的基础上，根据协调小组第二次会议的审议意见和各省、自治区、直辖市以及国务院有关部门的意见，水法起草小组经过充分讨论和多次修改，于 1985 年 12 月拟订了《中华人民共和国水法（审议稿）》，经协调小组第三次会议审议修改，提出了《中华人民共和国水法（送审稿）》，1986 年 2 月呈报国务院。经国务院法制局的审查，形成了报国务院常务会议讨论的《中华人民共和国水法（草案）》。这个草案于 1987 年 9 月 25 日经国务院常务会议原则通过。根据会议精神，会后又对草案进行了必要的修改，形成现在报请全国人民代表大会常务委员会审议的《中华人民共和国水法（草案）》。在协调小组审议时，大家认为从立法体系来说，亟须有个统管全局的水的基本法，以调整水资源的开发利用和防治水害等有关活动。这个基本法的内容应该全面一些、条文应该原则一些。经征求各地意见，大家都同意这个基本法应叫“水法”。[122]

1988 年的《水法》是新中国第一部水利法律。针对开发利用水资源、防治水害，以及各项水事活动中主要问题，规定了一系列的行为规范。例如，针对河道设障严重、水域管理薄弱的问题，规定了在江河、湖泊、水库、渠道内，不得置弃、堆放行洪、航运的物体，不得种植行洪的林木和高秆作物；未经有关部门批准，不得在河床、河滩上修建建筑物。针对湖泊盲目围垦的问题，《水法》规定了禁止围垦的内容。针对过去对综合利用不够、闸坝碍航的问题，《水法》规定了在航道修建拦河闸坝必须同时修建过船设施。[123]

二、2002 年《水法》

1988 年第六届全国人大常委会第二十四次会议审议通过的《中华人民共和国水法》，是新中国第一部管理水事活动的基本法，标志着我国水利建设与管理步入了法制轨道。但是，随着社会经济的发展，我国水资源问题的日益突出，原《水法》存在的问题和局限性也充分显现出来。2001 年时任水利部部长汪恕诚对《中华人民共和国水法（修订草案）》作说明时指出：“现行《水法》的一些规定已经不能适应实际需要，主要表现在水资源开发、利用中重开源、轻节流和保护，重经济效益、轻生态与环境保护，在一定程度上导致许多地方水源枯竭，污染严重，生态环境破坏。水资源实行统一管理与分级、分部门管理相结合的管理体制，但对流域管理未作规定，水资源管理地区分割的现象依然存在，造成了水资源的不合理利用，是导致黄河、塔里木河、黑河等出现断流的重要原因，影响了水资源的合理配置和综合效益的发挥等。”[124]

为实现水资源的可持续利用，改善生态环境提供法律保障。2002 年《中华人民共和国水法》强化水资源的统一管理，加强水资源开发、利用中对生态环境的保护。针对水污染未能得到有效控制，河流污染严重，湖泊富营养化日益突出，地下水超采严重，一些河流枯竭，生态环境恶化，水质与水量管理、水污染防治与水资源综合开发、利用衔接不够等问题，在水资源保护方面，除保留并强化了原《水法》有关水量保护的有关规定外，新《水法》特别强调了水质管理，确立了相应的法律制度。一是确立了江河、湖泊的水功能区划制度；二是规定国家建立饮用水水源保护区制度；三是规定在江河、湖泊新建、改建或者扩大排污口，应当经过有管辖权的水行政主管部门或者流域管理机构同意。

第二节　《水污染防治法》的立法过程

由于解决的问题与立法目的不同，我国实施的是水质与水量保护分开立法模式，由此形成了不同的立法决策主体与行政管理体制。从立法对象来看，我国《水法》解决“水多、水少、用水”问题；《水污染防治法》解决“水脏”问题。

一、1984 年《水污染防治法》

改革开放以来，水污染是我国环境保护中的一个突出问题。随着工业生产的增长和城市的发展，排向江河、湖泊的污水量不断增加，造成了水体污染，破坏了生态平衡。

《中华人民共和国水污染防治法》是由原国务院环境保护领导小组提议，后经国务院批准列入经济立法规划组织起草的。1980 年 6 月，由国务院环境保护领导小组会同水利部、地质部，并请北京市环境保护局、中国社会科学院法学研究所、北京政法学院、北京大学的专家参加，成立了《中华人民共和国水污染防治法》起草小组。起草小组在收集国内外水污染防治法规资料，调查我国水污染及其防治状况的基础上，根据《中华人民共和国环境保护法（试行）》的原则，起草了初稿。以后多次征求国务院有关部门和各省、直辖市、自治区的意见，并请有关方面的专家和从事实际管理工作的同志进行审查，先后多次修改，形成了初次送审稿。1982 年 2 月后，国务院办公厅又将初次送审稿发给各省、直辖市、自治区人民政府和国务院各有关部门征求意见。国务院经济法规研究中心先后多次组织各有关部门和专家对初次送审稿作了审查和修改，形成了《水污染防治法（草案）》。[125]1984 年 5 月 11 日，全国人大常委会审议通过《水污染防治法》，这是我国第一部有关污染防治方面的法律。

二、1996 年《水污染防治法》

1984 年的《水污染防治法》主要适用于工业污染源的防治，但之后随着流域污染、城市生活污水污染和非点源污染的问题越来越严重，仅仅控制工业污染源已经不够了。随着水污染物排放量的迅速增加和水污染由城市向乡村广大区域的蔓延，出现了许多生活饮用水水源安全、流域及区域水质保护等问题及纠纷。在一些类似淮河的重污染水体和重点保护区域的水体，需要实施水污染物排放总量控制及排污许可证制度，以保证该水域环境质量达到规定的水质标准；在类似太湖流域的农用化肥和农药等非点源污染较严重的地区，有必要采取控制化肥和农药流失等措施。为了提高防治水污染的效果，使有限的污染防治资金最大限度地发挥作用，需要从原来的末端治理、点源治理和浓度控制，向源削减（即在生产过程中削减污染）、污染集中控制和总量控制的方向转变。

例如，1994 年 7 月，淮河上游因突降暴雨而采取开闸泄洪的方式，将一个冬春积蓄于上游的 2 亿立方米水放下来。水流之处河水浑浊，河面泡沫密布，大量鱼虾死亡。下游一些地方的居民饮用了虽经自来水厂处理但仍未能达到饮用标准的河水后，出现恶心、腹泻、呕吐等症状。经取样检验证实，上游来水水质恶化，沿河各自来水厂被迫停止供水达 54 天之久，百万淮河民众饮水告急。一系列污染案件说明，水污染从总体上继续呈恶化的趋势，由点源小范围污染发展成为较大区域范围的污染，由个别河段和岸边带污染发展到流域污染，一些地区和流域污染已经十分严重，直接危及工农业生产，危害人民群众的健康。因此，强化对生活饮用水水源地的保护，已成为事关公众健康和工农业生产的突出问题，修改1984年《水污染防治法》是十分必要的。

1992年“社会主义市场经济”概念入宪后，1993年下半年全国人大环资委就开始进行《水污染防治法》的修改准备。1994年年初，全国人大大环资委委托有关机构起草《水污染防治法（修改草案）》。1995年2月，全国人大环资委召开全体会议，对这个“修改草案”的初稿进行了审议。会后，全国人大环资委的修订小组多次赴地方调查，同各有关部门交换意见，经反复讨论修改后提出了《水污染防治法（修订征求意见稿）》，发往国务院各部委、各地方人大和一些大学及研究机构征求意见。在根据各部委、各地方意见做出修改后，形成了“修正案（草案）”，再次同各主要工业部门、农业部门、各综合经济主管部门和有关的监督管理部门开会研究，意见已基本一致。又向国务院有关领导同志通报情况，进行研究。在此基础上，全国人大环资委全体会议再次进行审议，经修改后，形成了《〈水污染防治法〉修正案（草案）》。[126]1996年5月15日第八届全国人民代表大会常务委员会第十九次会议通过了《水污染防治法》。

三、2008年《水污染防治法》

2008年《水污染防治法》又进行了修订。1996年《水污染防治法》确立的水污染防治规划、环境影响评价、排污收费、重点水体总量控制、饮用水地表水水源保护区、限期治理等基本制度，对防治水污染起到了积极的推动作用。但是，与水污染防治和水环境保护面临的新形势、新要求相比，有些制度还需要进一步修改、补充和完善。例如，地方人民政府的环境保护责任比较原则，需要进一步具体和细化；水环境监测网络不完善，水环境状况信息发布不统一，需要进一步整合和规范；饮用水安全保障措施不够具体，需要进一步补充和细化；排污许可制度、排污总量控制制度的实施仅限于重点水体，需要全面推行；船舶污染内河水域的监管手段较弱，需要进一步强化；水污染应急反应能力不足，需要进一步增强等。

2005年“松花江水污染事故”发生后，1996年《水污染防治法》的不足就显现出来了。为了适应经济发展过程中环境保护新情况、新形势发展的需要，有效解决上述问题，完善有关水污染防治制度，国家环保总局在总结《水污染防治法》

实施经验的基础上，起草了《中华人民共和国水污染防治法修正案（送审稿）》，提请国务院审议。国务院法制办收到此件后，即征求了中央编办、国家发展改革委、水利部、建设部、交通部、农业部等有关部门和各省、自治区、直辖市人民政府以及中石化、中国钢铁工业协会、清华大学等企业、协会和研究单位的意见。经反复研究、修改，形成了《中华人民共和国水污染防治法修正案（征求意见稿）》，再次征求了有关部门和地方人民政府的意见。国务院法制办会同环保总局总结并汲取此次水污染事故应急处理的经验和教训，对有关条文又做了修改和完善，并第三次发送有关部门征求意见，同时，赴江苏等地进一步听取了意见。在充分吸收各方面意见的基础上，形成了《中华人民共和国水污染防治法（修订草案）》。该修订草案已经国务院常务会议讨论通过。[127]中华人民共和国第十届全国人民代表大会常务委员会第三十二次会议于2008年2月28日通过了修订的《水污染防治法》。为了进一步增强水污染应急反应能力，减少水污染事故对环境造成的危害，2008年的《中华人民共和国水污染防治法》增强水污染应急反应能力，加强了对水污染事故应急的组织领导，完善了水污染事故报告制度，加大了处罚力度，完善了法律责任。

四、2017年《水污染防治法》

2017年新修订的《水污染防治法》坚持问题导向、目标导向，将生态文明建设新要求和“水十条”提出的新措施予以规范化、法制化，将“保护和改善环境”放在首位，并加入了“保障水生态”“推进生态文明建设”“保障基本生态用水”的规定。其亮点和创新之处主要有如下几点：

（1）建立河长制。要求建立省、市、县、乡四级河长制，规定未达到水环境质量改善目标的地方，制定限期达标规划并向社会公开。

（2）实施排污许可制度。第二十一条明确：直接或者间接向水体排放工业废水和医疗污水以及其他按照规定应当取得排污许可证方可排放的废水、污水的企业事业单位和其他生产经营者，应当取得排污许可证；城镇污水集中处理设施的运营单位，也应当取得排污许可证。排污许可证应当明确排放水污染物的种类、浓度、总量和排放去向等要求。排污许可的具体办法由国务院规定。禁止企业事业单位和其他生产经营者无排污许可证或者违反排污许可证的规定向水体排放前款规定的废水、污水。

（3）加强农业、农村水污染治理。对处于薄弱环节的农业农村水污染防治，也修订了多项条款予以加强，明确了要对农村的污水和垃圾进行集中处理。地方政府负责规划建设农村污水和垃圾的集中处理设施，并保障其正常运行。国家支持农村污水、垃圾处理设施建设，推广测土配方施肥，禁止向农田灌溉渠道排放工业废水或者医疗污水。在制定农药、化肥的质量标准和使用标准时，应适应水环境保护要求；农业部门要指导农业生产者科学、合理地施用化肥，推广测土配方施肥和高效低毒农药；明确在散养密集区所在地的县、乡级政府对畜禽粪便污水进行分户收集、集中处理利用。

（4）加强饮用水的管理。对饮用水进行全过程的安全保障是本次修订的一个重点。按照规定，县级以上地方人民政府应当组织相关部门对饮用水水源保护区、地下水饮用水水源补给区及供水单位周边区域的环境情况和污染风险进行评估，单一水源供水城市的人民政府应当建设应急水源或备用水源，有条件地区可开展区域联网供水。

（5）加大对违法行为的处罚力度。本次修订加大了违法排污的处罚力度。对无证或不按证排放、超标或超总量排放等违法行为，将责令改正或者责令限制生产、停产整治，情节严重的将面临10万元以上100万元以下的罚款。

第三节　部门立法的问题分析

我国在经过多年的水法建设后，形成了如今以水利部起草形成的《水法》、环保部起草形成的《水污染防治法》等多部单行法律以及其他行政法规共存的水安全法律体系。这些立法，在过去的很长一段时间内，乃至当下都为我国水资源开发和利用、防治与保护等综合管理方面发挥了重要的作用。但近年来，随着水资源供应紧缺、水污染严重等矛盾现象的加剧，这些立法也开始暴露出各种各样的问题，比如《水法》不能很好地实现水资源的优化配置以缓解供应紧缺的问题，《水污染防治法》也没有在水污染防治方面取得很好的效果，部门立法模式的弊端逐步显现出来。

一、部门立法的概念

我国现有的水法体系，实际上是“部门立法”的产物。所谓部门立法，指法律起草受到各个行政主管部门垄断的情况。法律起草是立法决策实施的主要环节。所谓法律起草，指享有法律提案权的立法主体或接受委托的起草组织按照立法规划所确定的立法项目，进行某个规范性法律文件草案的拟订活动。从理论上来讲，起草法律的一方在起草法律时能够更好地考虑部门利益，这就容易造成部门立法。我国现行的《水法》《水污染防治法》主要是通过行政机关来起草的，这不仅是因为我国长期以来主要依靠行政手段来配置水资源的事实所决定，也是因为我国立法起草工作大多交由相关行政部门拟制的事实。

部门立法与行政立法不同。行政立法是行政主体在法律授予的立法权限内的立法，而部门立法则是行政主体在法律起草中考虑部门利益的现象。可在实际立法过程中，由于我国大多数法律制定都由行政主管部门主持起草，这就直接导致行政立法与法律制定的混同。立法过程中，行政主管部门把关注的重点放在涉及部门权力、利益的“核心”条款、“干货”条款上，而对制度设计的必要性、可行性、可操作性等的总体研究把握没有给予足够重视。而我国人大及其常委会因人员较多的缘故，所以每年开会都不易，会期也比较短，但往往要处理的事情又比较多，以及兼职较多而立法专业知识培训不够等原因，于是把立法起草权交由了相关行政机关，所以不仅出现了行政立法部门化倾向，还出现了法律制定部门化的倾向。

二、部门立法的问题

目前我国大多数水行政立法主要是由水利部或是环保部先行起草。人们普遍认为这些部门因有着丰富的管理经验且比较了解现实存在什么样的问题，所以起草的内容往往就更有针对性和可操作性，于是起草的重任就落到了行政主管部门身上。但是不同的行政主管部门，由于职责权限不同，对同一事物观察的角度不同，所立的法律难免有不协调之处。例如，从水安全立法的法律问题来看，水利部门侧重对干旱、洪涝问题解决的关注，由水利部牵头起草的《水法》难免考虑水资源利用的问题多些。而对环保部而言，则主要考虑水质问题，其牵头起草的《水污染防治法》也就更多地关注环境影响评价。

2002年全国人大常委会修订《水法》时，确立了流域管理与区域管理相结合的管理体制；而现行的《水污染防治法》仍然是行政区划的管理体制，这必然引起法律实施过程中的冲突，影响人们对立法质量的评估。《水污染防治法》的修改列入了第十二届全国人大常委会立法规划，这将是《水污染防治法》继1984年颁布以后的第3次修改，可两大涉水法律部门之间能否协调，仍是一个立法难题。水利部原部长汪恕诚说："原来的流域开发规划，基于当时我国的经济发展阶段，比较侧重于水资源的开发利用，注意生态保护不够。为适应当今经济社会发展的需要，现正在对每条河做补充规划，重点是考虑生态。当然，有些生态问题被过分渲染了。最明显的一个例子，比如说水库的温室气体排放比火电还厉害，这个观点在西方一些论文里面确实出现过，但它是有背景原因的。例如，南美洲热带雨林本来全是原始森林，一旦修建水坝就会淹没大片森林，林木腐烂产生沼气，自然会排出大量温室气体。但是，中国水电站，多建在高山峡谷里，蓄水前都会进行严格的清库，该砍的树都砍掉了，也没有大片原始森林。在这个问题上，中国与西方根本就是两回事。"[128]环境法学者吕忠梅也认为："水质与水量是水生态安全保障问题的两个制约性因素，它们的联系并不会因为'部门立法''部门分工负责'而自动分离。这就需要认真考虑协调水质与水量管理之间、环保与水利等部门之间的关系，建立水生态安全保障的协调、协同机制。《水污染防治法》的修订必须打破'行政管理法'的思维定式，建立政府、社会、公众等多方参与的水环境治理体系。"[129]

三、人大在解决部门立法问题中的作用

"政府部门主导立法"其实并非新话题。目前超过一半的法律、草案都是由政府部门起草。政府部门熟悉情况，由他们起草是现实的选择。可行政部门主导法律起草，容易造成"部门立法"的不良现象。人大主导立法就是要解决部门立法模式的问题，保障立法的协调性。中国法学会立法学研究会会长张春生说，"人大制定一些法律，大部分时间往往花在如何协调不同部门的利益。在常委会审议现场，有时委员们还没吵起来，列席会议的政府有关部门领导已经吵得不可开交。"陈斯喜说，"部门利益一旦写进条文，要拿下来确实困难，所以要扩大公众参与来平衡部门对立法的影响。"[130]在2012年3月11日举行的全国人大北京团全体会

议上，全国人大代表、北京市人大常委会主任杜德印从人大立法、监督、制度完善等多方面进行了阐述。他提到一点引发媒体关注："下一步立法工作是保障公民基本权利，规范国家权力运行，维护社会公平正义的立法要大大加强起来，这就要适当调整由政府部门主导立法的工作程序。"党的十八届四中全会提出，明确立法权力边界，从体制机制和工作程序上有效防止部门利益和地方保护主义法律化。这为立法工作指明了方向。

水是一种极为重要的资源，开发和利用的情况如何，不仅关系农业生产的发展，而且关系国民经济的发展。水质与水量保护应不可分割。尽管现行的《水法》和《水污染防治法》从法律条文上看没有矛盾，但部门立法这种模式本身就将隐含着矛盾冲突。例如，2016 年 7 月，长江中下流地区连续多日下暴雨，武汉、南京等多地发生内涝。2016 年中国环境资源法学研究会年会恰逢此时在武汉大学举行关于水污染防治立法问题。这次环境保护部发布的《水污染防治法（修订草案）》没有将湿地保护纳入之中，从我国江河湖泊的保护来看，湿地污染是大问题，武汉南湖、云南滇池、江苏太湖都是有名的污染湖泊，这次城市洪水进一步扩大了污染湖泊的范围，可湿地保护属于林业部门的权限，由环保部门牵头的水污染防治法如何将湿地纳入其中，就必须打破部门立法的困境。流水不腐、户枢不蠹，如何让湖泊湿地动起来，这是解决水污染防治的重要举措，可城市内湖泊湿地的改造、保护涉及水务部门、城乡建设部门的规划协调，因此将湖泊湿地纳入《水污染防治法》，就必须由人大来主导立法。美国的湿地立法、水污染防治的一些规定是从《清洁水法》开始的，而《清洁水法》是由联邦议会制定的，此经验值得借鉴。

第四节　美国《清洁水法》的立法体例

水是人类赖以生存以及发展的稀缺自然资源，世界上大多数国家都普遍采用制定各式法律，运用法律之权威和强制性的方法来管理水资源，形成了不同的立法体例。立法体例，不仅是法律规范的表现形式，也体现了不同的立法决策模式。在环境立法方面，美国是世界上环境法制比较先进的国家。其在各领域内都有着相对完善的立法，水法立法也不例外。因此，通过研究分析美国水法的立法之道，以此推进我国立法工作的完善就显得尤为需要与重要。

一、联邦与州分权立法模式

众所周知，美国是一个联邦制国家，因其联邦与州都有各自的立法权，所以在水法立法方面也毋庸置疑地形成了两个层次的水法律体系，分别是联邦水法与各州水法。从其立法情况来看，美国不存在一部名为《美利坚合众国水法》的全国性法律，所以对美国水法要进行广义上的理解。美国水法是指包括了所有规制关于水资源开发、利用、保护和管理等诸多方面的法律，其中既有联邦的，也有各州的。联邦的涉水法律主要有《清洁水法》《水资源规划法》《环境政策法》《安全饮用水法》《水资源保护法》等；至于州的涉水法律，其拥有 50 个州都具备水法立法权，如有《美国弗吉尼亚州水法》《美国俄勒冈州水法》等。联邦水法用以约束全国水事活动，各州水法用以约束各自州内水事活动，表现出一种联邦与州的二元立法模式。

美国作为联邦制国家，州政府在水资源管理方面有很大的立法决策权，所以很多时候美国各州立法能够带动联邦立法。美国联邦水安全立法模式的形成过程，在一定程度上就是州立法带动联邦立法的过程，体现了以州为法律实施主体的立法模式。这种“州带动联邦”的模式，为促进美国水安全立法提供了问题导向，使其立法具有明确的目的性和操作性。例如，水污染防治立法就是从州立法开始的。美国历史上主要的河流系统多被选为居住地，并建立社区，通过下水道输送生活废弃物直接排入附近的水体。19 世纪末，随着城市人口的增加，美国的主要河流系统经历了新的污染：工业和工厂的废物，包括盐酸、硫酸、纯碱、石灰、染料、木材纸浆、工业作坊的动物副产品污染东北部的水域。19 世纪 50 年代中期，芝加哥建立了美国第一个州立的废水处理系统。很快，美国其他许多城市跟进，联邦也介入公共河流的管理。19 世纪 80—90 年代，美国国会命令美国陆军工程兵团在全国的港口防止倾倒和填充。美国陆军工程兵团是美国主要水利机构之一，属陆军部管辖。其前身为西点军校工程班，后被国会授权承担民用土木工程建设，业务范围不断扩大。1824 年美国陆军工程兵团开始负担全国河道整治及港口建设。1893 年，美国陆军工程兵团勒令俄亥俄州社区建立一个焚烧炉燃烧垃圾，而不是把垃圾倾倒入河中阻碍航行。1898 年，河流和港口法通过，这是第一个真正解决水体污染的立法，主要关注保持水域通航和清除有可能造成危险的垃圾。该法禁止将任何除从街道和下水道以液体状态流入以外的其他东西排入水体。1936 年起美国陆军工程兵团开始负责防洪工程的建设，以后又管理内河航运规划并结合开发水电。1979 年起承担全国水坝安全检查，主要负责水利工程的规划、设计、施工管理及运用维护。

二、联邦水安全立法权的扩张

美国的水资源管理主要是以州为单位进行，故在绝大多数时候的绝大多领域都是由州自行立法，但 20 世纪 60 年代以后，联邦关于水安全的立法权逐步扩张起来。例如，联邦制定的《港口与河流法》虽然有一些水污染防治方面的规定，但起初联邦政府的作用主要是为了维护州际的通航、水工程建设和水域安全。1948 年冬天，底特律和胭脂河因工业油的污染导致了大量水生动植物的死亡，这一事件导致联邦加强环境立法介入各州公共事务管理，标志着联邦水污染防治立法权限扩张的开始。《清洁水法案》（CWA），或《联邦水污染控制法》，是在美国联邦管理地表水污染的主要法律，建立了美国水域的污染物排放规范的基本结构和地表水的质量标准。该法最初制定于 1948 年，特地为州和地方政府提供技术帮助资金来解决水污染的问题，包括科研。水污染被看作主要是州和地方的问题，因此，联邦政府没有规定目标、目的、限制，甚至指导方针。执法方面联邦严格限制在涉及州际的水域，只能在污染源起的州的同意的情况下。自 1956 年以来，联邦法律授权对市政污水处理设施的规划、设计和建设的补助。20 世纪 50 年代后半期到 60 年代，1948 年的《清洁水法》经历了 4 次修订。

1965 年的《水质法》使水质标准成为《清洁水法》的一部分，要求各州制定州际水域的标准，用来确定实际的污染水平。1969 年美国俄亥俄州凯霍加河的大火促使 1972 年的《联邦水污染控制法》（《清洁水法》）的产生。《清洁水法》这项立法要求联邦提供资金来改善各州污水处理厂，并设置行业和污水处理厂排放污水的限制。1970 年，美国国家环境保护局（EPA）开始运营，是独立的联邦机构，以协调旨在减少污染和保护环境的方案。至此，各州在立法时还要根据联邦法律和州内宪法因地制宜地制定出适合州发展的可操作性水法律，可以有制定严于联邦法律的规定但不得与其相抵触。由此可见联邦水法优于各州水法。目前《清洁水法》有 5 个主要元素：最低的国家的各行业的污水排放标准系统；水质标准；排放许可证项目，可以把标准转换成可执行的范围；对特殊问题的规定，如有毒化学品和漏油；为公共污水处理厂的建筑贷款计划（前身为补助计划），逐步明晰了联邦和州之间的权责范围。

除《清洁水法》外，还有其他一些法律和政策对美国水资源管理也具有重要影响。主要包括《安全饮用水法》等，美国国会于 1974 年通过该法律，后来分别在 1986 年和 1996 年进行了两次修正。其目的是要通过对全国饮用水供给进行管理来保证公众健康。该法授权美国国家环境保护局制定安全饮用水标准，以防止天然和人工污染物进入饮用水中。随着联邦水安全立法权的扩大，联邦和州之间还存在权力博弈现象。例如，2016 年美国密歇根州城市弗林特水源遭到铅污染，美国总统奥巴马宣布当地进入“紧急状态”。在进入“紧急状态”后，当地可获得联邦政府拨款 500 万美元经费作应急处理。稍早前，密歇根州长请求联邦政府提供 3 100 万美元协助。他说，弗林特全市 10 万人的需求已超过州政府的能力，因此寻求宣布弗林特为“灾区”。但奥巴马拒绝了该要求，因为他认为只有天然灾害才能宣布为“灾区”，他只能宣布进入“紧急状态”。

三、美国水安全立法的特色

美国水安全立法特别注重联合政府相关部门、环保协会、公众等多方力量，在政策、技术、资金等方面形成合力，有效地保障饮用水安全。目前美国现有水安全法立法几乎涵盖了水资源开发、利用、保护和管理的全过程，构建了相对系统完善的水资源开发利用、水资源保护、水污染防治、水体维护和恢复的法规框架。

（一）社会立法与国家立法司法的衔接

社会立法就是在社会自生自发习惯法基础上而形成的法秩序。例如，关于习惯法意义的水权制度的法律化，就体现了美国社会立法与国家立法司法的衔接。所谓水权制度，就是关乎水资源分配、使用的制度。可以说，美国早期的水权分配问题并不是通过国家立法来调整，而是靠民间形成的水权制度得以管理。比如在水资源充沛的美国东部，其主要就是依据滨岸权制度（也称河岸权制度）来解决水权分配，即表现为水权的获得与河道相毗邻的土地占有情况息息相关，占有土地的人自然就获得了对水的使用权。而西部各州则由于地处干旱区形成了占用优先权制度，即表现为优先占用并有益利用水资源者优先取得水权。那时的水权制度，还只是作为民间保护自身利益与协调内部矛盾的规则，并没有通过法律的形式存在。为了保障水权交易的有序进行，给予交易行为有力的法律保障，以明确交易双方主体的权利与义务以及水资源这一权利客体的性质等相关水权问题，一些州通过立法将这种制度法律化。例如，《加利福尼亚州水法典》就对先占优先权主体做出了规定，美国犹他州也通过正式法律条文的形式对相关水权制度做出了规定。

随着时代的发展，这些水权交易制度发展越发成熟，直至被法院广泛运用于处理水事纠纷案件，于是水权制度进一步以判例法的形式出现。比如位于美国西部的加利福尼亚州最高法院就通过案例对占用优先权予以了确认。此后西部的大多数州也在这些水权制度带来的巨大效用下，相继通过判例或立法的形式予以确定下来。

（二）联邦行政机构与州之间合作立法模式

美国联邦《清洁水法》的立法体例如下：第一章为“研究与项目”（research and related programs），议会宣示其目的和政策是恢复和维持国家水域的化学、物理和生物的完整性；第二章是污水处理设施的支助（grants for construction of treatment works）；第三章是水安全标准与执行（standards and enforcement）；第四章“许可证与执照”（permits and licenses）规定了排放任何污染物必须获得污染物排放削减许可证；第五章为一般性条款（general provisions）；第六章为州水污染控制周转资金（state water pollution control revolving punding）。其立法体例是一种做项目的思路，而不是简单的行政管理控制。

美国是一个市场经济发达的国家，在实现水资源的优化配置过程中，市场机制扮演了非常重要的角色。发挥市场机制对水资源进行优化配置，是促进联邦行政机构与州之间合作立法的动力机制。例如，美国水资源比较丰富的五大湖区的生态环境保护，就是联邦与州联合立法的典型案例，美国的《清洁水法》中有关于五大湖区的专门规定。通过市场的作用，实现水资源由需求较低的主体转给需求较高的主体，充分发挥水资源作为战略性经济资源的价值。市场经济也必然是法治经济，随之，接踵而至的市场交易秩序问题也需要立法进行规范。美国这种市场推动下的立法使得美国的行政立法具有很强的服务性而不是管理性，使美国国家环境保护局、州政府、地方自治机构具有一定的法律主体意识进行水安全治理。

第五节　综合立法决策体制的创新

美国经济学家约瑟夫·熊彼特于1912年首次提出了“管理创新”（management innovation）的概念。创新是指以独特的方式综合各种思想或在各种思想之间建立起独特的联系这样一种能力，管理创新能激发创造力的组织，可以不断地开发出做事的新方式以及解决问题的新办法。制度创新（institutional innovation）是管理创新的重要内容之一，指在一定制度框架内对选择集或规范系统进行革新和创造的过程。所有创新活动都有赖于制度创新的积淀和持续激励，通过制度创新得以固化，并以制度化的方式持续发挥作用，这是制度创新的积极意义所在。

一、美国水安全立法制度创新的案例

美国以州作为法律实施主体的制度是美国的传统环境保护法律制度，但随着形势的变化，立法出现了许多创新之处，出现了联邦环境立法权的扩张，联邦与州、州与州之间协商立法的综合立法决策模式。

俄亥俄州内凯霍加河（Cuyahoga River）是一条流入伊利湖的河流，源自克利夫兰以东伊利湖南24千米处。19世纪，克利夫兰地区仰仗濒临大湖区的地理优势，工业化发展迅速，钢铁、炼油等成为这里的支柱产业，带来巨大的经济利益和大量就业机会，但这条河在19—20世纪也受到了严重污染。当时美国已制定了关于排污的城市卫生方面的法律，但是没有考虑河流污染问题，如1890年克利夫兰关于凯霍加河的排污法，仅仅规定废物排放不得“影响和阻碍航运”。1948年美国国会通过了《联邦水污染控制法》（*Federal Water Pollution Control Act*），开始注意到了河流污染问题，但是该法只授权联邦对跨州的河流湖泊等水体制定法规，其他的水域污染控制标准由各州自行制定，联邦法律所起到的作用非常有限。就在国会通过法律后不久，1952年凯霍加河在克利夫兰的杰斐逊街桥下发生大火，造成150万美元的经济损失。1969年6月22日凯霍加河再次发生大火，造

成的经济损失虽然不超过10万美元，但当时《纽约时报》和《国家地理》等媒体大量报道这个事件。知名摇滚乐手兰迪·纽曼（Randy Newman）还专门为此创作歌曲《燃烧吧》（*Burn On*），风靡全美，其他流行乐手也纷纷跟进。国会在巨大的社会压力下，于1972年对1948年的法律进行大幅修正，产生了一部更具执行力度的法律——《清洁水法》（*Clean Water Act*），使凯霍加河等各条受到严重污染的河流走上了治理正轨。

美国联邦环境立法权的扩张改变了各州自主立法的传统模式，促进了联邦与州、州与州之间的协同立法新立法决策体制的产生。因水资源的流动性特点，美国有些河道是跨州的，各州之间围绕这些州际水源的水资源分配问题签署的分配协议，就是一种州与州之间协同立法的模式，为了使其具有更强的法律效力，这些协议还通常交由联邦国会批准，形成了联邦与州之间的合作立法模式。为了对水资源综合管理，美国还创新性地制定了《田纳西河流域管理局法》。田纳西河流域管理局（Tennessee Valley Authority）成立于1933年5月，是“大萧条”时代罗斯福总统规划专责解决田纳西河谷一切问题的机构。田纳西河位于美国东南部，是密西西比河的二级支流，是俄亥俄河的一级支流，长1 050千米，流域面积10.5万平方千米，地跨弗吉尼亚、北卡罗来纳、佐治亚、亚拉巴马、密西西比、田纳西和肯塔基等7个州。历史上田纳西河流域是美国最贫穷落后的地区之一，由于森林遭到破坏，水土流失严重，经常暴雨成灾，洪水为患。1933年4月10日，罗斯福向国会提出综合治理田纳西河流域的田纳西河流域管理局法案，并于同年5月18日签署颁布。该法案授权田纳西河流域管理局整体规划7个州之间的水土保持、粮食生产、水库、发电、交通等，是美国历史上第一次巧妙地安排一整个流域及其居民命运的有组织尝试。各州也有成员在田纳西河流域管理局中的“地区资源管理理事会”中工作，这是联邦与州、州与州之间协同立法的典型范例。

二、我国水安全综合立法决策模式的形成条件

综合立法决策需要将环境保护的任务不是单纯的赋予环境保护法，而是在发展规划和其他法律中都要考虑环境保护义务的设定；即便针对不同的环境要素或污染物性质分别立法的水法、水污染法等，也需要立法起草部门之间的沟通与协调，建立综合集成立法决策支持系统，增强立法决策主体的信息采集、识别和处理

能力，实现高质量民主基础上的科学立法，多目标决策基础上提高立法质量。适应生态文明建设的新形势、新要求，我国水安全综合立法决策需要做到如下几点。

（一）党委和政府高度重视

我国是一个水资源短缺的国家。近年来，随着城市化进程的加快以及水质污染现象的持续加重，水资源供需紧张的矛盾日益突出。以致长期以来，不仅是人民生活就连社会经济发展都深受水资源不足问题的困扰。如何实现水资源的优质供给以及促进水资源的可持续利用，已成为我国水安全立法工作的首要任务。换言之，要想更好地实现这些水资源管理，就需完善我国相关水安全立法。现行《水污染防治法》自 2008 年 6 月 1 日起施行以来，在标准规划、监督管理、工业和城镇水污染防治、饮用水水源安全保障等方面，进一步完善了制度措施，深化了水污染防治工作，取得了积极进展。但是，一些地区水环境质量差、水生态受损重、环境隐患多等问题仍然突出，与人民群众的期盼还有较大差距。党的十八大以来，中央提出了关于生态文明建设的新思想、新举措，出台了《关于加快推进生态文明建设的意见》《生态文明体制改革总体方案》《生态环境监测网络建设方案》《水十条》等系列配套文件，提出了“坚持质量核心、强化源头预防、优化监管体系、落实各方责任、运用多种手段”等要求，这为包括《水污染防治法》《水法》在内的相关法律立改废释提供了新的重要指引。《水污染防治法（修订草案）》2016 年 6 月起向社会公开征集意见，征求意见稿中有不少新提法，比如建立兼顾流域和行政区划特点的水环境质量目标管理体系，建立生态流量保障制度，提出对废水或污水集中处理设施及其排入废水的管理要求，增加农村水污染防治规定等。[131]这些思路体现了党委和政府综合立法决策的战略部署，而不是仅仅局限于水污染的末端治理。

（二）从关门立法到开门立法

所谓“开门立法”，即在立法过程中坚持走协商民主路线，让各有关利益群体、公众积极参与，实现立法民主化。具体而言，就是采用人大主导立法、公开征求立法建议、立法听证等方式，提高立法的透明度，拓宽人民群众参与立法的渠道，使立法能够反映各方面的利益，符合民心。[132]开门立法是体现综合立法决策的一种方式，有利于打破部门立法这种关门立法的局面。也就是说，人大主导立法并不是不要行政部门的参与，开门立法就意味着更需要行政部门参与立法决策，而且实际上行政部门本身就是立法决策主体的重要组成成员，只是立法工程中的分工职责不同于党委、人大。例如，《水污染防治法》是生态文明制度体系的重要组成部分，是加快生态文明制度建设的重要着力点之一。为从制度上更有效地应对水污染防治的新任务、新要求，《水污染防治法》的修改已列入第十二届全国人大常委会五年立法规划。2015 年全国人大将《水污染防治法》修订列入立法计划，2016 年 6 月 12 日，环保部网站发布《水污染防治法（修订草案）》（征求意见稿）及其编制说明，这是开门立法的一种表现。但是，由环保部主持起草《水污染防治法》修订工作，还是较难做到综合治理、统筹协调，系统考虑水资源、水环境和水生态等问题。为了进一步完善开门立法方式，还需要形成人大主导下的开门立法制度。

三、综合立法决策的目标模式

由于环境法律制定专业性很强，如何确立人大主导的综合立法决策模式，任务很重。笔者认为，需要建立如下的目标模式。

（一）行政部门之间的立法会商制度

我国"行政推动立法"相较于美国"市场推动立法"的一大区别是政府机制在我国水资源管理中起主导性作用。这种模式下的立法，最大的优点是政府部门作为水资源管理的主力军能够更了解需要什么样的立法。而不足之处就是因水资源管理涉及多个部门，所以部门之间会出现职能交叉、职责不清等现象进而导致立法交叉与冲突；且因我国立法起草工作由相关行政部门负责的特点，也会出现立法部门化，导致立法质量下降。

在水安全立法方面，打破部门立法、形成综合立法决策模式的最行之有效的方法是要加强政府法制机构的建设，由政府法制机构协调水利部、环保部、林业部等行政部门协商起草综合性较强的《水法》《水污染防治法》等，突出政府法制机构的组织作用和协调各方利益的作用，而不是由行政主管部门先行起草。即便考虑到相关行政主管部门的管理经验优势，政府法制机构也完全可以通过与各部门进行沟通从而制定出具有操作性的法规。例如，采用听取水利部、环保部等部门意见的方式，或是在立法过程中进行专项调研、开展座谈会方式，邀请水利、环保部等发表部门意见。如有需要，还可以将这些部门意见交由公众讨论。总之，相比这些行政主管部门，政府法制机构是相对中立的，且也是专业性更强的，所以《水污染防治法》等综合性较强的水安全立法可以交由政府法制机构组织起草，这样可以在一定程度上抑制立法部门化，通过协商民主的形式提高立法质量。2018年国家机构改革后，国务院法制办与司法部联合组建新的司法部，负责协调、审理各法律草案，以向人大提出议案。我国机构改革后司法部的职能与德国司法部较相似。德国联邦司法部除行使司法行政职能外，还是一个立法和咨询部门，在其主管的任务范围内拟定法律和法规草案，主要涉及民法、经济法、刑法和诉讼法。德国联邦司法部还参与其他部门的法律、法规的草案起草工作，并在总体上注意使这些草案与宪法和其他法律无冲突，形式基本统一，法律语言尽可能明确。当然，我国行政部门的立法会商程序也可在人大主导下进行。在法案提交全国人大后，全国人大也可以根据需要邀请水利部、环保部等部门参与论证，主持这些行政部门之间的会商程序。

（二）立法与司法之间衔接的立法会商制度

法律规范要具有操作性，其特征之一就是要具有可司法性。立法决策主体在决定制定水安全方面的时候，可以邀请司法部门工作人员参加，看看司法实践中有哪些法律问题需要解决，法律依据是否充足，然后有针对性地明晰相关法律规范。我国是成文法系国家，司法工作需要有法可依，因此，做好立法决策中的法律规范的可司法性评估很有意义。否则，法律就可能成为纸面上条文，而不是行动中的规范。

回顾我国这么多年来的法律制定历程，除全国人大及其常委会把相当一部分的水安全立法起草权交由行政机关外，司法机关的司法解释其实也在一定程度上起到了代为立法机关立法的作用。因此，在立法决策过程中吸纳司法机构的参与，不仅有座谈会、论证会等面对面的调研方式，还可以收集整理司法机关审理水安全方面的判例，要利用司法机关对现有法律所做的解释以及有价值的判例来指导立法决策。司法机关可以根据立法目的对现有法律进行“释有”和“释无”的解释，这也是立法决策活动在司法过程中的延续，是一种补充立法的行为。但是，我国毕竟是成文法国家，“释无”的司法解释法律效力有限。但立法机构可以把“释无”的司法解释运用到立法决策中，然后再由立法机关制定为法律，这已然成为我国立法体制和立法实践的一大特色。所以我国要加快对“立法与司法衔接”的立法会商模式的建构，切实发挥司法活动对立法的推动作用，而不能一味地只依靠立法来带动司法。

我国目前关于跨界水污染治理的立法不仅较为分散，而且可操作性较差。国家环保局于 1991 年 11 月 26 日向全国人大法工委发出了《关于如何正确理解和执行〈环境保护法〉第 41 条第 2 款的请示》，认为该类环境污染纠纷的处理性质上属于行政机关居间对当事人民事争议的调解处理，如当事人不服应提起民事诉讼，而不应以环保部门为被告提起行政诉讼。1992 年 1 月 31 日，全国人大常委会法工委办公厅批复同意了国家环保局的请示，认为当事人应就原污染赔偿纠纷提起民事诉讼，人民法院也不应将其作为行政案件受理和审判。发达国家也曾出现了流域水污染问题，但很快意识到水资源的重要性，很早就开始探索对于跨界水污染的治理。从发达国家的跨界水污染治理经验看，相对成功的模式都趋向于设置拥有一定权限和法律地位的专门流域管理机构，如美国的田纳西河流域管理局，并与多个部门合作治理相结合。在跨界水污染治理中，流域管理机构可以充分运用法律、行政、经济等各种手段进行综合治理，下游地区有请求赔偿的权利。

（三）条块结合的协商立法制度

我国中央与地方多层次立法模式和美国联邦与各州分别立法模式有异曲同工之妙，都是为了通过层级立法以细化法律规定，使水安全立法更具可操作性。但不同的是，我国的水安全立法以中央为主，地方只享有部分立法权；而美国给予州更大的水安全立法权，各州在不违背联邦法律的情况下都可以制定符合各州实际情况的水法。美国水法有联邦层面的立法也有州层面的立法，但总体来说，后者立法偏多。虽然由各州进行立法能充分发挥各州在水资源管理中的主体作用，但这种立法模式也暴露出美国在水安全立法上“权力集中在州，联邦权力分散”的现象。

我国的新《立法法》将环境立法权下放，这为改善环境立法决策体制提供了机会，地方政府应积极参与，谋求在国家法律框架下理清地方立法与中央立法的衔接关系，这就需要建立条块结合的协商立法模式。在“块块”的水安全立法决策中，地方政府需要规划地方经济、政治、社会、生态和文化发展的全局，所以可以通过地方立法将《水法》和《水污染防治法》整合起来，建立地方性甚至是区域性的整体性“清洁水法”。例如，根据我国《水法》第56条规定，不同行政区域之间发生水事纠纷的，应当协商处理；协商不成的，由上一级人民政府裁决，有关各方必须遵照执行。本条规定协商不成的，由上一级人民政府裁决，没有规定可以向人民法院起诉。这是因为，不同行政区域间的水事纠纷，往往涉及水资源的调配、江河的治理、水利规划和水利建设等，有的还需要采取行政措施和工程措施，有的需要巨额的资金投入，所有这些都需要人民政府和水行政主管部门按照统筹兼顾、标本兼治、综合利用的原则实施，而且也只有人民政府和水行政主管部门才能胜任这项工作。在“条条”的水安全立法决策中，水利部、环保部等中央部委需要通过行政立法来落实国家层面的法律，加强对地方政府的监督。但是，“块块”的地方立法有可能与“条条”的行政立法相冲突。因此，水安全综合立法决策机制的改善需要理顺国家水利部门、环境保护主管部门与地方政府的“条条”与“块块”的关系。例如，长江流域川黔边界骑龙河（福宝河）水事纠纷、鄂渝老龙洞（千丈岩）省际水事纠纷，在长江委科学调处与地方政府的合作下，妥善解决了这些水事纠纷，维护了流域省际边界地区的水事稳定。在水污染防治方面，“条条”与“块块”的环保权责也应通过法律明确，“条条”立法应该以建立环保执法监督制度为主，“块块”立法应该以保障环保执法协调制度为主。2016年9月22日中共中央办公厅、国务院办公厅印发的《关于省以下环保机构监测监察执法垂直管理制度改革试点工作的指导意见》，集中体现了党中央、国务院对省以下环保机构监测监察执法垂直管理制度改革工作的导向和要求，明确了地方党委、政府对生态环境负总责的要求，强化了地方党委和政府生态环境主体责任，并通过条上的垂改来“倒逼”地方党委和政府将环境综合立法决策制度化、机制化、长效化，这种制度有利于促进条块结合协商立法模式的形成。

第七章　大气污染防治立法决策案例分析

大气是包围地球的一层气体，是空气、水汽和微尘的混合物，也是我国法律保护的一种环境因素。1987 年 9 月 5 日由第六届全国人大常委会第二十二次会议通过《中华人民共和国大气污染防治法》，是又一项环境保护方面的重要法律，并分别于 1995 年、2000 年和 2015 年进行了修订。从制定《大气污染防治法》到连续的修改，说明了大气立法对中国环境的保护和改善是具有重要意义的。

第一节　大气污染防治问题分析

人类在地球上的繁衍生息离不开空气。空气是指地球大气层中的气体混合，属于混合物，它主要由氮气、氧气、稀有气体（氦、氖、氩、氪、氙、氡）、二氧化碳以及其他物质（如水蒸气、杂质等）组合而成。空气的成分不是固定的，随着高度的改变、气压的改变，空气的组成比例也会改变。但是长期以来人们一直认为空气是一种单一的物质，直到后来由“近代化学之父”——法国科学家拉瓦锡通过实验首先得出了空气是由氧气和氮气组成的结论。19 世纪末，科学家们又通过大量的实验发现，空气里还有氦、氩、氙等稀有气体。空气中的氧气对于所有需氧生物来说是必需的。所有动物都需要呼吸氧气，绿色植物的呼吸作用也需要氧气。此外，绿色植物利用空气中的二氧化碳进行光合作用，不仅可以净化空气，还可以提高空气的含氧量。

而空气污染不仅影响我们的身心健康，也会对地球造成严重危害。空气污染物是指空气中固体和气体污染物质，主要有：二氧化硫（SO_2）、一氧化碳（CO）、氮氧化物（NO_x）、碳氢化合物（HC）、硫氧化物和颗粒物（PM）等。英国是最早进行工业革命的，也是最早出现煤炭燃烧产生污染物问题的。伦敦工厂的烟囱密密麻麻，昼夜不停地燃烧煤炭，带来了海量的粉尘和有毒气体，使得一年中有1/4的日子大雾笼罩，从而被称为“雾都”。1891年英国议会开始立法治理大气污染，颁布了《公共健康（伦敦）法案》，要求非家用烟囱的用火和火炉在条件许可的情况下尽力燃烧自己产生的所有烟气，“任何排放黑色烟气的烟囱可能会被视为妨害”。1926年见证了英国“公共健康（烟气减排）议案”的通过。这一法案删去了“黑色”这个词，并把证实确实采用了实际可能的最佳手段（Best Practicable Means）的责任放到了污染者的肩上。1952年的伦敦大雾霾发生后，1956年英国颁布了《清洁空气法案》，主要立足点在减少煤炭用量。为此，英国政府大规模改造城市居民的传统炉灶，并在冬季采取集中供暖，将烧煤大户发电厂和重工企业迁往郊区。他们同时还颁布法令，要求工厂按照更高的标准建立烟囱。

同样的情形也在美国发生过。1943年7月26日晨，洛杉矶市区突然笼罩在一片刺鼻的烟雾之中，数千人出现咳嗽、流泪、打喷嚏的症状，严重者眼睛刺痛、呼吸不适，甚至头晕恶心。当时洛杉矶城谣言疯传：这是日本人针对洛杉矶的“毒气攻击”。经过大概10年的摸索，由加州理工学院斯米特教授率先发现机动车与工业尾气的光化学反应产物是污染的肇因，之后的控制都是围绕这个科学结论展开。1947年，洛杉矶郡通过《空气污染控制法案》，依照法案成立大气污染控制局（Los Angeles County Air Pollution Control District），这在美国还是首次。该机构最大的创制是引入一套空气污染许可制度：任何主要工业污染源都必须达到一定污染控制标准，一旦违反，大气污染控制局可吊销该污染源的许可，直到达标之前，污染源都不能再次运营。1959年，加州机动车污染控制局成立，该机构握有测试机动车排放和控制排放的权力。

周恩来总理曾经担忧北京成为伦敦那样的“雾都”，可近年来不仅北京，还有河北、天津等大城市地区空气重污染事件频发。[133]而且，由于大气具有很强的流动性，我国现在的大气污染不再仅局限于单个城市，而是一片区域。因此，区域性特征是当前我国大气污染呈现出来的主要特征。以经济发达、工业与人口密集的京津冀地区为例，这些城市的大气污染变化趋于同步，除区域内北京、天津、石家庄、保定等城市之间相互影响外，由于受气象条件等其他因素的影响，有时京津冀地区的大气污染会扩散到周边城市，而有时周边城市的大气污染也会扩散到京津冀地区。而我国传统的大气污染防治是以行政区划为基础的“属地主义”“各自为政”的治理模式，在这样一种大气污染治理模式之下，各城市之间没有合作协议，在大气污染防治方面单独行动，就很容易出现地方政府为地区经济发展的考虑而放松对本地重污染企业的管理，导致即使另一地区投入大量人力、财力对大气污染进行治理，但仍然无法取得区域大气质量的有效改善。因此，在区域性大气污染日益严重的今天，继续采取这样一种传统的大气污染治理模式，仅仅依靠地方政府单独的力量对区域性大气污染进行防治，是无法取得良好效果的。同时，国内外的成功经验也警示我们，进行区域大气污染治理就必须跳出行政区划的限制，形成一个整体。所以，解决我国区域性大气污染问题的核心在于突破行政区划的限制，整合区域力量，共同治理大气污染。为了改善区域空气质量，解决我国目前面临的区域性大气污染问题，核心问题就是进行区域联防联控。

第二节　大气污染防治立法过程

如果以 1979 年我国《环境保护法（试行）》为起点，我国关于大气污染的治理从没有停止过，但空气污染却一直是我国最突出的环境问题。

一、1987 年《大气污染防治法》

20 世纪 80 年代，我国的大气污染在局部地区已相当严重，相当于发达国家五六十年代大气污染最严重的程度。除粉尘和二氧化硫等主要大气污染物质外，还排放含有氟、氯、汞、砷、铅和硫化氢等有毒物质的废气，这些物质毒性较大，对人民群众的生产、生活和身体健康危害严重。所以，大气污染是我国环境保护中的一个突出问题。为加强大气环境管理，防治大气污染，保护和改善环境，保障人体健康，促进社会主义现代化建设的顺利发展，1980 年由原国务院环境保护领导小组牵头，国务院有关部委、部分地方环保局的同志和有关科研单位、大专院校的专家参加，组成了《大气污染防治法（草案）》起草小组。经广泛征求意见，反复研究，拟订了《中华人民共和国大气污染防治法（草案）》。这个草案于 1987 年 2 月 10 日经国务院常务会议原则通过。根据会议精神，会后又进行了必要的修改，形成了1987年报请全国人民代表大会常务委员会审议的《中华人民共和国大气污染防治法（草案）》。[134]1987年9月5日第六届全国人大常委会第二十二次会议审议通过了《中华人民共和国大气污染防治法》。

1987年，《大气污染防治法》把防治煤烟型污染作为主要内容，同时也对防治工业尾气、粉尘、恶臭和机动车船废气污染的措施做了规定。规定向大气排放污染物的单位，只是在超过国家和地方规定排放标准的情况下，缴纳超标准排污费，这与《水污染防治法》中凡向水体排放污染物的企事业单位都要缴纳排污费的规定，有所区别。同时，将限期治理的决定权规定由人民政府行使，原因主要是一些地方和部门担心，在没有必要的法律约束机制的情况下，如果由环保部门行使限期治理决定权，很可能导致权力的滥用。

二、1995年修正版

自1988年6月1日起实施的《大气污染防治法》，7年来对防治我国的大气污染，保护和改善生活环境和生态环境，保障人体健康，促进社会与经济的持续发展，发挥了重要作用。但是，在我国经济持续高速增长和经济体制改革不断深化的新形势下，1987年的《大气污染防治法》逐渐暴露出自身存在的问题和不足，需要做出修改和补充。

全国人大常委会十分重视《大气污染防治法》的修订工作，1993年全国人大环境保护委员会（后更名为全国人民代表大会环境与资源保护委员会）成立不久，就开始着手《大气污染防治法》的修改准备工作，并将其列入第八届全国人大的立法计划。在1994年10月21日在第八届全国人民代表大会常务委员会第十次会议上，全国人民代表大会环境与资源保护委员会副主任委员林宗棠受全国人民代表大会环境与资源保护委员会的委托，就《中华人民共和国大气污染防治法（修改草案）》修改大气污染防治法的必要性作说明：“现行的大气法在强化各级政府保护公共环境利益的职责方面，与实际需要相比还有很大差距。目前，各级政府既没有足够的法律和行政手段迫使造成污染者遵守国家和地方制定的环境标准，也没有有效的筹集和分配资金的机制，以引导社会各方控制污染。一些综合经济效益很好的公共环境工程因缺乏资金而‘上不了马’，从而不能切实保护人民健康，维护公共利益。近几年我国用于污染防治的投资约占国民生产总值的0.7%，其中来自中央和地方各级政府的资金很少。我国在建立社会主义市场经济法律体系的过程中，应当把保护公共的环境利益确立为政府的重要职能之一，并建立相应的法律制度和经济机制。”而且，在1987年的《大气污染防治法》中，原则性的规定过多，难以操作实施，致使《大气污染防治法》在很大程度上成了国家的政策宣言。自《大气污染防治法》实施后，我国又相继参加了《保护臭氧层维也纳公约》《关于消耗臭氧层物质的蒙特利尔议定书》以及《气候变化框架公约》等保护全球大气环境的国际条约。在1992年召开的联合国环境与发展大会上，中国政府提出了环境保护与经济发展并重的主张，并承诺愿为此而积极努力。国际社会要求我国采取行动的压力也在不断加大，因此有必要修改完善《大气污染防治法》。1995年《大气污染防治法》的修改，规定和细化了排污许可证制度、排污收费、总量控制、限期治理、城市大气环境质量的分级分区控制等法律制度，增强了法律的可操作性。

三、2000年修订版

我国是燃煤大国，燃煤是大气污染的主要来源。为了清洁有效地利用能源，减少污染物的排放，需要在煤炭开采、洗选加工和燃烧利用等环节采取相应的措施。我国二氧化硫排放量逐年递增，由此而产生的酸雨危害相当严重。同时，我国城市的二氧化硫污染也日趋严重。可是，1995 年《大气污染防治法（草案）》对控制燃煤产生的二氧化硫问题遭到了工业部门的强烈抵制，当时的国务院法制局汇集了21条来自各个部门的意见，几乎都是反对草案中具有约束力的条款，例如，反对建设脱硫装置，反对城市订立空气质量达标目标和达标期限。1998年第九届全国人大常委会成立，面对沙尘暴频繁袭击我国的问题，修订《大气污染防治》又被提到议事日程。

2000年修订时重点加强了对二氧化硫的排放控制，对防治煤烟型污染发挥了重要作用。例如，首次提出要对机动车进行排放标准管理，这使得我国的机动车必须达到排放标准才能进行销售。修订后的《大气污染防治法》根据我国大气污染的现状，在以下6个领域做出了一系列新的规定：划定大气污染防治重点城市，并要求限期达标；控制燃煤污染，在污染严重的城区禁止使用高污染的燃料，推广清洁能源；对机动车制造、使用、维修、燃油质量的监督检查做出规定；对消耗臭氧层物质的生产、进口实现配额管理，逐步减少直至停止其生产、使用；加强建筑施工管理，防止扬尘污染；鼓励和支持环保产业，推广大气污染治理新技术。[135]为了有效推动大气污染防治，修订后的《大气污染防治法》还就禁止超标排放、强化法律责任等加大了执法力度。例如，2001 年，北京“申奥”成功，为了适应北京作为首都、国际城市、文化名城和宜居地市的功能定位，满足举办 2008 年奥运会对环境的要求，促进我国钢铁企业布局和产业优化升级，经国务院批准，中国首钢集团决定将涉钢产业迁出北京，在河北迁安、曹妃甸建设现代化钢铁基地。

四、2015 年修订版

《大气污染防治法》2015 年修订和 2000 年修订相比，形势有大不同，主要在于污染形态已不同，污染物种类由二氧化硫、氮氧化物、颗粒物扩展到挥发性有机物、氨等大气污染物，点源污染已发展成区域污染，工业污染已发展成工业、生活、交通和农业污染叠加的污染。雾霾的问题现在已经成为中国一些城市标志性的难题，而且范围还在扩大，立法必须直面解决。2015 年修订《大气污染防治法》，就是为治理雾霾提供法律保障。[136]

时任环境保护部部长周生贤就《中华人民共和国大气污染防治法(修改草案)》作如下说明：“随着经济社会快速发展，特别是机动车保有量急剧增加，我国大气污染正向煤烟与机动车尾气复合型过渡，区域性大气环境问题日益突出，雾霾等重污染天气频发，现行法已经不能适应新形势的需要：一是源头治理薄弱，管控对象单一。现行法缺乏能源结构、产业结构和布局等前端源头治理方面的要求，也没有对氮氧化物、挥发性有机物、颗粒物等多种污染物实施协同控制。二是总量控制范围较小，重点难点针对不够。根据现行法规定实行总量控制和排污许可的‘酸雨控制区和二氧化硫控制区’（以下称‘两控区’）不能适应全国总量减排的需要。同时，针对燃煤、工业、机动车、扬尘等重点领域的污染防治措施不够完善，污染严重的重点区域缺乏联合防治机制，重污染天气应对机制也不够健全。三是问责机制不严，处罚力度不够。对地方政府的责任规定较为原则，需要加强责任考核，完善对不达标地区的约束性措施；同时，企业违法成本低的问题突出，需要强化法律责任。”[137] 中华人民共和国第十二届全国人民代表大会常务委员会第十六次会议于 2015 年 8 月 29 日修订通过《大气污染防治法》，亮点之一是推行区域大气污染联合防治，要求对颗粒物、二氧化硫、氮氧化物、挥发性有机物、氨等大气污染物和温室气体实施协同控制，对建立重污染天气监测预警体系等做出明确规定。

第三节 我国大气污染区域联防联控机制

近年来，我国雾霾天气长时间、大范围的出现使大气污染治理成为一项亟待解决的民生问题。当前我国的大气污染表现出日益明显的区域性特征，传统的以行政区划为基础的属地主义、各自为政的大气污染治理模式已不能解决我国日益严重的区域性大气污染问题，因此要解决这一问题，改善区域空气质量，核心问题就是进行区域联防联控，走出行政区划的限制，整合区域力量，共同治理大气污染。为此，我国 2015 年新修订的《大气污染防治法》专门增加了“重点区域大气污染联合防治”一章。下面，笔者简要介绍一下该制度法律化的探索过程。

一、政策探索阶段

为改善区域空气质量，解决区域大气污染问题，我国开始了区域联防联控的探索之路。在 2008 年北京奥运会这一国家大型活动的举办期间，京津冀地区对协作治理大气污染的区域联控制度进行了首次尝试，共同对区域内大气环境质量变化进行监测和预报，取得了很好的效果；此后，长三角地区在上海世博会期间、珠三角地区在亚运会期间也建立了大气污染防治协作机制。这些成功的经验表明区域联防联控在改善区域空气质量方面有着很大的作用，也为解决我国当今面临的区域性大气污染问题奠定了坚实基础。但是，该期间的区域联防联控没有法律的保障，还只是处于政策探索阶段，具有如下特征：

首先，当时的重点区域大气污染联防联控是中央“命令—控制”式的联防联控，由国务院环境保护主管部门划定国家大气污染防治重点区域，然后下达命令，地方政府根据中央划定的区域及命令进行联防联控，这样一种中央“划圈式”联控会导致中央狠抓区域联控时区域大气污染治理成效显著，而狠抓一过，区域内各地方政府会基于本地区经济发展或其他因素的考虑放松对区域大气污染的防治，不利于我国区域性大气污染防治工作的进行，影响公民的健康和经济的可持续发展。

其次，地方政府缺乏主动进行区域联防联控的积极性。在大气污染防治方面，法律规定地方政府只需要对本地区的空气质量负责，这样的模式下地方政府只会注重本地区的大气污染治理状况而不会主动去与周边地区合作进行区域联控，即使是中央下达命令进行区域联控，中央狠抓一过，地方政府还是会继续在区域大气污染治理方面各自为政。然而大气污染是具有扩散性的，地区与地区之间的大气污染互相影响，仅靠地方政府单独的力量是无法获得空气质量的改善。

最后，缺乏有效的市场机制来促进区域联防联控减排任务的实现。在区域联防联控运行机制中，命令控制手段和市场机制手段缺一不可。虽说我国大气污染物排污权交易试点到现在已有20多年的历史，但我国目前的排污权交易还不是真正的市场机制，主要体现在政府对排污权交易的过度干预，而且在我国目前跨区域的排污权交易也不完善，导致无法形成一个有效的市场机制来促进区域联防联控减排任务的实现。

二、重点区域大气污染联合防治入法

为了应对越来越严重的区域性雾霾，构建一个完整的区域大气污染联防联控机制，让好的实践经验有法律的保障，需要将区域联防联控制度化、法律化。2013年国务院颁布的《大气污染防治行动计划》（简称《大气十条》），规定了提高油品质量、控制煤炭消耗总量、加强大气监测和公布等措施。为了使党和政府的政策转化为法律，全国人大加快了区域联防联控入法的步骤。

全国人大法律委员会副主任委员孙宝树2015年8月24日在第十二届全国人民代表大会常务委员会第十六次会议上作了全国人民代表大会法律委员会关于《中华人民共和国大气污染防治法（修订草案）》审议结果的报告："常委会第十五次会议对《大气污染防治法（修订草案）》进行了再次审议。修订草案二次审议稿第五章对重点区域大气污染联合防治作了规定。有些常委会组成人员提出，要发挥重点区域大气污染联防联控机制作用，修订草案二次审议稿的规定过于原则，要进一步细化和明确，并对建设项目环境影响评价会商等做出规定。法律委员会经研究认为，应当总结近年来我国一些地方开展区域大气污染联合防治好的经验，发挥重点区域内有关地方人民政府的作用，形成有效工作机制，落实大气污染防治目标责任。据此，建议增加规定：一是重点区域内有关省、自治区、直辖市人民政府应当确定牵头的地方人民政府，定期召开联席会议，按照统一规划、统一标准、统一监测、统一的防治措施的要求，开展大气污染联合防治，落实大气污染防治目标责任。国务院环境保护主管部门应当加强指导、督促。二是重点区域内有关省、自治区、直辖市建设可能对相邻省、自治区、直辖市大气环境质量产生重大影响的项目，应当及时通报有关信息，进行会商。会商意见及其采纳情况作为环境影响评价文件审查或者审批的重要依据。[138]

修订草案三次审议稿按上述意见作了修改后，法律委员会建议将草案提请第十二届全国人民代表大会常务委员会第十六次会议审议并获得通过。2015 年通过的《大气污染防治法》除了在总则第 2 条第 2 款规定“加强对燃煤、工业、机动车船、扬尘、农业等大气污染的综合防治，推行区域大气污染联合防治，对颗粒物、二氧化硫、氮氧化物、挥发性有机物、氨等大气污染物”外，还专门设立“重点区域大气污染联合防治”一章，予以专门规范。

三、区域联防联控存在的问题

目前，我国新《大气污染防治法》已经将区域联防联控从政策上升到法律，这对构建一个长效性、稳定性的区域联防联控具有极大的意义，但我国的区域联防联控制度仍然存在一些不足。

我国 2015 年新修订的《大气污染防治法》把区域联防联控这一行之有效的经验上升为法律。这意味着我国大气污染治理模式将由过去的属地主义治理向区域合作、协同治理的转变，也意味着区域联防联控成为我国治理重点区域大气污染的新常态。但如何使区域联防联控制度落到实处，还需要有具体的操作规程和行动方案，创新区域协同立法体制等配套设施。国务院发展研究中心资源与环境政策研究所副所长、研究员常纪文说：“《大气污染防治法》的一审和二审修订稿发布后，学界出现一些质疑声，主要的质问在于主线和思路不清晰、质量与总量的逻辑关系错误、区域联合防治可操作性不强。在京的很多环境法学者甚至提出希望重新回炉，起草新的稿子。学者们着急，主要是因为立法资源有限，一部法律的修订往往需要等待七八年甚至十几年的时间，怕匆匆通过，发挥不了应有的作用。但在三审前，全国人大法律委敢于面对社会质疑，召开多次座谈会，亲自听取各部门意见，一一梳理专家观点，对修订草案作了大幅修改，值得充分肯定。

我们认为，在立法过程中，因为各方期望和利益不同，有争议很正常。立法需要全国人大常委会投票表决，需要政治、经济和社会博弈，也难以满足所有人的期望。从这点来看，《大气污染防治法（修订案）》虽然令各方不一定满意，但其中性的博弈结果也可以为各方所接受。客观地说，《环境保护法》的制定是一个历史飞跃，专项环保立法短期内想超越《环境保护法》，难度很大。立法修订到此程度，已经不易。雾霾污染防治不等人，防治雾霾急需法律手段和工具，基于这一点，我们认为，《大气污染防治法》的修订成果还是有相当的积极意义的，它是一部符合实际需要的专项环境法律。我们希望该法能够发挥预期作用，满足社会的期待。”[139]

第四节　美国大气污染区域联防联控机制

法治就是限制权力的专断。在防治大气污染的历程中，美国最具有创新与借鉴意义的做法就是通过联邦与州的分权、州与州之间协同立法，以及市场推动立法的模式来促进大气污染防治区域联防联控法治化措施的落实。

一、美国大气污染区域联防联控制度概况

早在 1851 年，芝加哥和辛辛那提市就开始了保护空气质量的立法尝试。就联邦层次的立法而言，美国从 1955 年的《空气污染控制法》到 1963 年的《清洁空气法》，1967 年的《空气质量控制法》，再到 1970 年的《清洁空气法》以及后来的 1977 年修正案、1990 年修正案等多次修正而逐步完善，建立起了一个完整的法律规范体系。美国在防治区域大气污染的过程中，最为重要的经验之一就是建立一种联合行动的区域大气污染合作治理模式，并且美国通过建立一种联邦与州分权、州与州之间合作的区域联防联控，取得了区域空气质量的改善。

在联邦与州政府间，美国国家环境保护局根据地理和社会经济区域进行划分，划分出 10 个大的地理区域并下设 10 个区域办公室，分别负责划定区域的大气污染防治工作。在区域大气环境问题的治理过程中，美国国家环境保护局负责统筹规划，区域办公室负责执行这些规划并有权根据区域具体情况制定相应的措施来对本区域大气环境问题进行管理，具有很大的灵活性。同时，虽然联邦下设了 10

个区域办公室负责管理划定区域的大气污染防治工作，但根据州独立实施原则，州政府仍然可以针对每一种大气污染物制定自己的具体管理计划，也有在自己的辖区内根据需要设立空气质量控制区的自由。

在州与州的合作方面，美国宪法第 1 条第 10 款第 3 项规定："任何一州，未经国会同意……不得与他州或外国缔结协定或联盟。"该"协定条款"以默示的方式授权各州之间缔结协定的权力。在大气污染防治方面，1990 年的《清洁空气法》有一个"好邻居条款"（Good Neighbor Provision），来促进州与州主动合作共同防治区域性大气污染问题。该条款不容许位于上风向的州扩散对下风口的州而言"显著导致"不达标或者"干扰保持"空气质量标准的空气污染。这一规定说明了上风向的州对于下风向的州也有一个保证空气质量的责任。为遵守"好邻居条款"，避免位于上风向的州产生的大气污染随风扩散到下风向的州，州政府在美国国家环境保护局通过设立区域办公室和利用区域机制取得区域空气质量的改善的实践经验中发现了区域联控制度的价值，于是州与州之间自愿组成了区域协会，共同协商如何进行区域性大气污染防治。州政府彼此之间自愿组成的区域协会以提升空气质量政策的制定为工作重心之一，通过对区域内大气污染情况进行评估与研究，并根据研究数据提出对改善区域大气质量有利的区域大气质量管理策略和立法建议，促进了区域间协同立法应对大气污染的联防联控机制的运转。

二、美国区域联防联控的市场机制

美国是一个市场经济高度发达的国家，因此十分注重运用市场机制来实现区域联防联控制度的减排工作。为了实现 1990 年《清洁空气法》修正案提出的"酸雨计划"目标，美国引入总量控制市场交易模式（Cap and Trade，CAT）；1994 年，美国各州为了达到空气质量标准，减少区域大气污染物的排放量，开始采用市场交易计划。并且在运用总量控制交易模式控制区域大气污染排放总量时，也十分注重协调市场与政府之间的关系，限制政府权力对市场机制的干预。同时，美国的实践经验也表明，一个设计良好的排污权交易市场机制对治理区域或大规模的大气污染问题，不仅具有灵活性，而且还能节约社会成本。

美国的排污权交易分为一级市场和二级市场。在排污权交易的一级市场，联邦政府根据区域环境容量评估的最大排放总量，对重点大气污染物 SO_2 和 NO_x 等进行一个年度排放量限额设定，并将设定好的限额分成若干小份进行初始分配。初始分配主要有无偿分配、拍卖和奖励三种形式，美国是以无偿分配为主，以拍卖和奖励为辅的。具体地讲，首先以无偿分配模式为主进行初始分配，同时，为了防止部分企业基于自身发展的考量而不愿意将自己剩余的排污权进行交易及确保现有和新建企业能够买到排污许可，美国国家环境保护局还会每年举办一次关于排污配额的拍卖会，拍卖会得到的拍卖额和剩下的没有出售的配额，将会继续用于分配。除此之外，美国还会留出一定的排污许可用于奖励企业的某些主动采用清洁能源和可再生能源的减排行为。

在排污权交易的二级市场，美国将涉及交易自身的事务完全交由市场自身去解决。如在排污权交易价格的制定方面，价格完全由交易主体根据市场因素决定。此外，在构建二级市场规则时还十分注重协调市场与政府的关系，规定政府的行政权力只有在出现违约制裁和环境违法行为时才可以介入企业间的排污权交易。而且美国的排污权交易不仅是局限在一个州的辖区范围内进行交易，而且还可以跳出州范围在全国性交易市场进行跨区域的交易。如美国在“酸雨控制计划”中，对 SO_2 的交易就采用了跨区域模式，从而建立起全国性的交易市场。美国通过建立一个跨区域的排污权交易，控制一个区域的大气污染物排放总量，甚至还可以控制全国的排放总量。总量控制交易模式这一市场机制与联邦政府“命令—控制”行政手段相结合，促进了州与州之间的联防联控，带动了美国联邦与州、州与州之间协同立法机制的建构，形成了一种新的立法决策模式。

三、我国区域联防联控制度法治化的缺失

在大气污染防治的问题上，我国以政府“命令—控制”手段为主，主要靠政府推动区域大气污染防治。借鉴美国大气污染防治法治化的成功经验，我国也开始注重地方政府的主体责任制度构建，以及运用市场经济手段来推动区域大气污染联防联控。但在区域协同立法决策体制的建构中，仍然存在一些不足之处。

首先，地方政府的主体责任制度缺失。我国 2015 年新修订的《大气污染防治法》第 3 条第 2 款规定地方政府要对本行政区域的空气质量负责，这在一定程度上强化了地方政府在大气污染防治方面的主体责任。但对于某一地区大气污染物扩散到另一地区，影响到另一地区的空气质量时，该地区地方政府是否应承担责

任，应该承担什么样的责任却没有规定。以广西桂林市为例，作为旅游城市，当地工业较少，但在冬季时污染指数却高于工业与人口较为密集的南宁市，环保专家解释这一现象时明确指出桂林市的大气污染除本土原因外，很大程度上都是通过风向从北方输送而来的，那么当北方地区的污染扩散到桂林影响桂林旅游业的发展时，北方地区是否要承担责任法律却没有规定。由于我国法律对本地区大气污染影响到另一地区是否要承担责任规定不足，地方政府就不会主动与其他地区合作进行区域联防联控，而且导致很多时候即使是在防治本地区大气污染时也采取等待一场风吹散本地区大气污染物的方式。

其次，市场机制的缺失。我国的大气污染物排污权交易从 1994 年国家环保局以太原、柳州等 6 个城市作为试点探索大气污染物排污权交易政策的实施，至今已经有 20 多年的历史，但仍然没有建立起一个真正意义上的排污权交易市场机制，存在政府对于排污权交易过度干预的现象。从目前试点情况来看，各地方排污权交易大都是在地方政府的干预之下进行的。如 2009 年成立的武汉光谷联合交易所的十几笔交易都是在地方政府的安排下完成的，而且在这十几笔交易中企业都没有作为一个真正的市场交易主体来参与交易。市场经济应该是法治经济，地方政府如何介入排污权交易市场，其主体角色如何定位还需要法律规制。例如，在排污权有偿使用价格上，由于缺乏全国性统一指导，有偿使用价格多采用地方政府指导价，各地价格和有效时限差异巨大。没有一个统一的排污权有偿使用价格，造成了跨区域排污权交易的不公平，不利于跨区域排污权交易的进行。

这些问题反映了我国区域联防联控法治化的缺失和协同立法机制的滞后，导致我国区域联防联控发展与落实缓慢，不利于我国区域空气质量的改善。

第五节　区域协同立法体制的创新

2015 年修订通过的《大气污染防治法》增加了很多内容，如区域污染联防联控等，体现了党中央、国务院关于生态文明建设的新要求，顺应了公众对改善环境质量的新期待，但是规定太过原则，可实施性不足；如何使区域联合防治具有可操作性，还需要法律进一步完善。环保部原副部长潘岳谈新修订的《大气污染防治法》说，立法要对执法真正够用、管用。新《大气污染防治法》已较好地体现了我国经济社会发展的现状，秉持积极稳妥、突出重点、解决现实问题的原则，合理构建了大气污染防治的制度体系。但从长远的角度看，制定中国特色的“清洁空气法”是未来的发展方向。[140]

一、区域协同立法的问题分析

在我国现行的立法体制下，协同立法还存在如下问题。

（一）地方政府主体责任的缺失问题

我国的区域大气污染防治工作主要以政府为中心进行推动，政府对区域大气污染治理能否取得良好成效起着至关重要的作用。可是，目前我国法律在大气污染地方政府主体责任规定上不完善，地方政府仅需要对本行政区域的空气质量负责，但我国当前区域性大气污染严重，仅仅规定地方政府要对本行政区域的大气环境质量负责，是无法保证地方政府在中央不狠抓区域联控时还能积极参与区域大气污染防治的。例如，按照现行《大气污染防治法》的规定，对严重排污单位的限期治理，由人民政府做出决定。然而在实践中，这一规定暴露出许多问题，我国现在的大气污染源在很大程度上是量大面广的中小污染源，对这些中小污染源的限期治理，完全由人民政府一一及时做出决定，显然是十分困难的，为此，需要改善立法强化对地方政府的考核和监督，促使城市人民政府对本辖区的大气环境质量负责。因此，未来的立法目标要将地方政府的责任扩大到联控区域上，要求地方政府不仅要对本行政区域的大气环境质量负责，还要对联控区域的大气环境质量负责，确保地方政府在中央不狠抓区域联防联控时，联控区域内地方政府也会积极主动地去落实区域联防联控。

（二）现有法律的可操作性不强问题

此次《大气污染防治法》修订还是存在一些遗憾。“空制度”型的宣誓性规定还是很多，导致法律的可实施性打了折扣。例如，“国家逐步推行重点大气污染物排污权交易”，没有时间表和路线图的要求，既无大错，也无大用。如果政府或者部门不实施应当制定的计划，不制定应当制定的措施，法律上并无处罚或者制约措施，社会也无相应的法律制约措施，最后导致法律主要还是监管行政管理相对人的法律，与法治的要求即既管行政管理相对人也管政府的要求不相适应。例如，我国新修订的《大气污染防治法》规定省级以上人民政府环境主管部门可以会同有关部门对超总量排放和未完成空气质量改善目标地区的政府主要负责人进行约谈，这对我国大气污染防治地方政府责任追究来说无疑是一项创新性的举措。但环保约谈制度本是上级环保部门对下级政府的“柔性”内部行政行为，主要起警示和诫勉的作用。这就会导致部分地方政府只是把约谈当作一种提醒教育，对存在的问题仍然放任而不是积极主动地去整改。因此，防治大气污染不能仅仅限于约谈，还要建立政府问责机制，对在被约谈后仍然无动于衷的地方政府负责人，及时追究他们的责任同时还要对他们进行严厉的惩罚，以确保约谈后地方政府负责人能积极地去采取措施解决存在的问题。

二、区域协同立法模式创新的必然性

动力机制创新是创新的动力来源和作用方式，是能够推动创新实现优质、高效运行并为达到预定目标提供激励的一种机制。对于地方政府来说，目前区域协同立法的动力主要来源于中央的压力，而不是市场驱动。

（一）政策推动的外在动力机制

生态环境保护，在经济发展水平较高的地区已有共识，但在落后地区仍面临先要经济增长还是先要环境保护的选择，既要让落后地区获得与发达地区合拍的经济发展节奏，又要让区域内生态环境保护获得长期稳定的行政、经济、民心资源支持，需要更高水平的协调。这种协调光靠行政力量无法实现。行政力量能够协调的是区域协同发展的总体方向、总体资源分配比例，而具体到每一个子项目，哪一个企业的搬迁、哪一类群体的转移能实现要素配置优化，还需要尊重市场的配置作用和法治的保障作用。把握好政府这只“有形的手”对排污权交易市场的干预度。例如，2015 年 3 月 23 日，中央财经领导小组第九次会议审议研究了《京津冀协同发展规划纲要》。中共中央政治局 2015 年 4 月 30 日召开会议，审议通过《京津冀协同发展规划纲要》，这就使京津冀地区建立区域协同立法具有了外在压力。

（二）行政协定的内在动力机制

行政协定是地方政府之间签订的具有约束力的行政规划、服务性协议。按照我国现有的立法决策体制，地方政府不是立法主体，地方政府间的行政协定并没有法律效力。地方政府之间的行政协定须经地方人大同意和法律化后才能成为地方性法规。可见，地方人大在区域间协同立法过程中难以承担主动角色。因此，地方政府之间的行政协定实际上构成了我国区域间协同立法的内部动力机制。

例如，在跨省环境联动方面，长三角区域的江浙沪皖三省一市在2013年签订了跨界环境污染事件应急联动工作方案，主要从建立各级跨界环境污染纠纷处置和应急联动机制、开展联合执法监督和联合采样监测、协同处置应急事件、妥善协调处理纠纷、信息互通共享、加强预警、开展后督察工作等七个方面加强合作，在推进长三角生态环保一体化合作方面取得积极进展。

三、区域协同立法创新的目标模式

区域协同立法的目标模式应该是推行"好邻居法律条款"制度的落实。首先，应该通过国家层面的立法确定地方政府在区域协同立法决策中的主体地位和行政主体权责范围。空气的流动性决定防治大气污染不仅需要纵向上中央政府与地方政府的合作，还需要横向上地方政府的合作。唯有实现多省市之间的纵横合作、协同作战，才是治理好空气污染问题的根本之策。因此，除纵向上执行上级政府下达的命令外，还应加强横向政府间的合作。但我国目前地方政府主动合作进行区域联控的积极性不高，为了改变这个现象，可以借助美国的实践经验，推行"好邻居条款"，让地方政府认识到大气污染是具有扩散性的，意识到大气污染是会相互影响的，要改善本地区的空气质量除对本地区进行管控外，还要加强与周边地区的合作，这样才能获得空气质量的改善。其次，要将政府间大气污染联防联控协定转化为区域间的法律法规。地方政府间的协定还不是地方性法规，性质有点像地方政府联合颁布的地方性规章，要使其具有法律效力，还需要地方人大通过立法程序制定相应的地方性法规，或直接由地方政府制定地方性规章。如果要将区域间大气污染防治协定上升为法律，还必须通过全国人大常委会审批。

从上述美国协调州际立法的实践分析中可以看出，无论是统一州法全国委员会、建议性州立法委员会，还是州际协定，都侧重于事前的立法协作，尤其是州际协定实际上是以契约的方式进行联合立法，这种事前立法协作的机制对完善我国区域行政立法协作，具有一定的借鉴作用。在美国，州际协定经过州立法机关批准后，直接就纳入州的法典，具有州法的效力。但是我国法治传统、立法形式等均与美国有很大差异，而且我国《立法法》只承认国务院各部门之间的联合立法，没有肯定省与省、市与市之间的联合立法模式。因此，通过契约进行地方政府间联合立法，不能直接将契约纳入制定法。因此，区域协同立法可采取“共同立法，分头颁布，同步实施”的方式。[141]例如，在排污权交易价格法律的制定上，可以借鉴美国经验，允许地方政府在全国性统一指导下结合地区实际情况对排污权有偿使用价格在一个小范围内进行变动。对于跨区域的排污权交易，可以由地方政府出面协定。由于跨区域排污权交易涉及地区较多，会产生不同的利益纠葛，制定全国性的跨区域排污权交易法存在很大的困难，所以可以先在大气污染重点区域如京津冀、长三角地区进行跨区域交易，然后逐步扩大跨区域排污权交易范围，让更多的区域参与进来，通过市场带动立法的方式推动区域协同立法机制的良性运转。

SUMMARY A Short Course In Environmental Legislative Decision-making

Teaching Aims: understand institutions and system that effectuate and influence legislative decision-making in environmental governance.
Teaching Content: Discuss on the function of CPC's leadership, NPC, administrative agencies of the People's Republic of China, then point out the difference between legislative decision-making Authority and legislative bodies.
Teaching Important Points: to An effective mode of interagency cooperation for comprehensive environmental legislation in China, which has played an active role in promoting prevention and control of China's pollution and in improving environmental management ability.
Teaching Difficult Points: How to strengthen the enforcement of comprehensive environmental legislation in China.
Teaching Procedure:

CHAPTER 1 Essential Questions

1 Introduction

According to Henri Fayol, "to manage is to forecast and to plan, to organise, to command, to co-ordinate and to control." Management Decision Making is a spreadsheet-based introduction to the tools and techniques of modern managerial decision making. The book shows how to formulate models that can be used to analyze complex problems taken from all of the functional areas of management, including legislation decision-making. Throughout the book, the goal is to understand how legislative decisions are reached, what plans are made, and how outcomes depend on the legislative system.

In 1968, ecologist Garrett Hardin explored the tragedy of the commons in environmental issues. The commons dilemma stands as a model for a great variety of resource problems in society today, such as water, forests, fish, and non-renewable energy sources such as oil and coal. Hardin discussed problems that cannot be solved by technical means, as distinct from those with solutions that require "a change only in the techniques of the natural sciences, demanding little or nothing in the way of change in human values or ideas of morality" .Without protective legislation, lakes and rivers became unfit for fishing and swimming, the air in many areas became severely degraded, forests were destroyed, and valuable land was eroded.[142]

Laws from every stratum of the laws of the United States pertain to environmental issues. Congress has passed a number of landmark environmental regulatory regimes, but many other federal laws are equally important, if less comprehensive. Concurrently, the legislatures of the fifty states have passed innumerable comparable sets of laws. According to the Supremacy Clause (Article VI, Clause 2) of the United States Constitution, this Constitution, and the laws of the United States which shall be made in pursuance thereof; and all treaties made, or which shall be made, under the authority of the United States, shall be the supreme law of the land; and the judges in every state shall be bound thereby, anything in the Constitution or laws of any State to the contrary not with standing. In the law of the United States, federal preemption is the invalidation of a U.S. state law that conflicts with Federal law. As the Supreme Court stated in Altria Group v. Good, 555 U.S. 70 (2008), a federal law that conflicts with a state law will trump, or "preempt", that state law: Consistent with that command, we have long recognized that state laws that conflict with federal law are "without effect". Maryland v. Louisiana, 451 U.S. 725, 746 (1981). In Altria Group v. Good, the Court wrote: When the text of a pre-emption clause is susceptible of more than one plausible reading, courts ordinarily "accept the reading that disfavors pre-emption". Bates v. Dow Agrosciences LLC, 544 U.S. 431, 449 (2005).

The National Environmental Policy Act(NEPA) is a United States environmental law that established a U.S. national policy promoting the enhancement of the environment. Additionally, it established the President's Council on Environmental Quality (CEQ). The law was enacted on January 1, 1970. Its short title is the National Environmental Policy Act of 1969. NEPA is one of the most emulated statutes in the world and it is often referred to as the modern-day "environmental Magna Carta". NEPA's most significant accomplishment was setting up procedural requirements for all federal government agencies to prepare environmental assessments (EAs) and environmental impact statements (EISs). EAs and EISs contain statements about the environmental effects of proposed federal agency actions.

These states and federal systems are foliated with layer upon layer of administrative regulation. Meanwhile, the U.S. judicial system reviews not only the legislative enactments, but also the administrative decisions of the many agencies dealing with environmental issues. Where the statutes and regulations end, the common law begins. Gade v. National Solid Wastes Management Association, 505 U.S. 88 (1992), was a United States Supreme Court case in which the Court determined that federal Occupational Safety and Health Administration regulations preempted various Illinois provisions for licensing workers who handled hazardous waste materials. Our cases recognize federal pre-emption of state law in three variants: express pre-emption, field pre-emption, and conflict pre-emption. Express pre-emption requires "explicit pre-emptive language". Field pre-emption is wrought by a manifestation of congressional intent to occupy an entire field such that even without a federal rule on some particular matter within the field, state regulation on that matter is pre-empted, leaving it untouched by either state or federal law. 461 U.S. at 204. Finally, there is conflict pre-emption in either of two senses. The first is found when compliance with both state and federal law is impossible, ibid., the second when a state law "stands as an obstacle to the accomplishment and execution of the full purposes and objectives of

Congress".

In our country, the sources of environmental law varies in different counties and regions, but the legislative branch primarily creates laws and modern legislation decision-making plays an important role . After a survey of the various legislation decision-making procedures in our country, this book presents a reasonable summary of the environmental procedures: first, before the legislation, there should be legislation investigation, legislation public display, legislation audition and argumentation; second, after the decision-making, there will be corresponding explanations. Only with these basic and necessary procedures can a democratic and scientific legislation decision-making be done.

2 The rule of law needs the CPC's leadership while the CPC's rule depends on the rule of law

2.1 legislative Decision-making Authority

It is important for you to understand the legislative decision-making process by which Congress makes laws because Congress creates most environmental laws, and make sure the relation between the congress and Communist Party of China(CPC).The Fourth Plenary Session of the 18th CPC Central Committee deliberate on a decision of the CPC Central Committee on "major issues concerning comprehensively advancing rule of law," and tasks include improving the socialist system of laws with Chinese characteristics, in which the Constitution is taken as the core, strengthening the implementation of the Constitution, and promoting administration by law.[143]This is the first time a plenary session of the CPC Central Committee has taken rule of law as its central theme.

Amid the country's drive to advance and the legislative decision-making process, the rule of law the leadership of the Communist Party of China(CPC)must be ensured. With the leader of CPC, China wrote rule of law into its Constitution in the 1990s. The 15th National Congress of the CPC in 1997 decided to make "the rule of law" a basic strategy and "building a socialist country under the rule of law" an important goal for socialist modernization. Therefore, the phrase "exercises the rule of law, building a socialist country governed according to law" was added to the Constitution in 1999.

2.2 Environmental legislative bodies

The National People's Congress (NPC) is the national legislature of the People's Republic of China. Under China's current Constitution, the NPC is structured as a unicameral legislature, with the power to legislate, the power to oversee the operations of the government, and the power to elect the major officers of state. The NPC and the National Committee of the People's Political Consultative Conference (CPPCC), a consultative body whose members represent various social groups, are the main deliberative bodies of China, and are often referred to as the Lianghui (Two Assemblies).

The Standing Committee of the National People's Congress (NPCSC) is also an environmental legislative body, which is convened between plenary sessions of the NPC. It has the constitutional authority to modify legislation within limits set by the NPC, and thus acts as a de facto legislative body. On April 24 in 2014, The Standing Committee of China's National People's Congress (NPC), the country's top legislature, on Thursday voted to adopt revisions to the Environmental Protection Law. With 70 articles compared with 47 in the original law, the revised Environmental Protection Law, the first change to the legislation in 25 years, sets environmental protection as the country's basic policy. The country's Environmental Protection Law has not been revised since it took effect in 1989. The amendment was adopted after four readings. It is rare in China for a law or amendment to go through three readings and not be passed, highlighting the importance of the legislation in the country's pursuit of sustainable development.[144]

2.3 Rule-making by administrative agencies

Congress creates most administrative agencies through statutes called enabling legislation, which contain broad delegations of congressional legislative power to agencies for the purpose of serving the "public interest, convenience, and necessity." Using this mandate, a particular agency issues rules that control the behavior of individuals and business. In environmental administrative law, rule-making is the process that executive and independent agencies use to create, or promulgate, regulations. In general, legislatures first set broad policy mandates by passing statutes, then agencies create more detailed regulations through rulemaking.

3 Public Participation

Public participation is a political principle or practice, and may also be recognised as a right (right to public participation). Generally public participation seeks and facilitates the involvement of those potentially affected by or interested in a decision. This can be in relation to individuals, governments, institutions, companies or any other entities that affect public interests. The principle of public participation holds that those who are affected by a decision have a right to be involved in the decision-making process. Public participation implies that the public's contribution will influence the decision.

For example, by the 1950s decades of damming, development and diversion had taken their toll on American rivers. During the 1960s the country began to recognize the damage they were inflicting on wildlife, the landscape, their drinking water and their legacy. Recognition of this fact finally led to action by Congress to preserve the beauty and free-flowing nature of some of their most precious waterways.Proposed by such environmental legends as John and Frank Craighead and Olaus Murie, and championed through Congress by the likes of Senators Frank Church and Walter Mondale, the National Wild and Scenic Rivers System was created by Congress in 1968 (Public Law 90-542; 16 U.S.C. 1271 et seq.) to preserve certain rivers with outstanding natural, cultural and recreational values in a free-flowing condition for the enjoyment of present and future generations.[145]

In recent years public participation has become to be seen as a vital part of addressing environmental problems and bringing about sustainable development. It is important that public participation allows governments to adopt policies and enact laws that are relevant to communities and take into account their needs, so Public participation is recognised as an environmental principle, and has been enshrined in the Rio Declaration.The Measures for Public Participation in Environmental Protection, as adopted at the executive meeting of the Ministry of Environmental Protection in China on July 2，2015，are hereby issued，and shall come into force on September 1，2015.

CHAPTER 2 Essential Theory Category of Environmental Legislative decision-making

Category theory is a mathematical theory that deals in an abstract way with mathematical structures and relationships between them. Steps in the environmental legislative decision-making process has essential theory categories as following.

1 the need for legislation

Environmental protection has become a hot topic，receiving increasingly more attention on the part of the whole nation. Environmental issues are harmful trouble effects of human activity on the biophysical environment. Silent Spring（1962）is an environmental science book written by Rachel Carson who is American writer and which brought environmental concerns to the American public. Silent Spring was met with fierce opposition by chemical companies，but it spurred a reversal in national pesticide policy，led to a nationwide ban on DDT for agricultural uses，and inspired an environmental movement that led to the creation of The National Environmental Policy Act of 1969.[146] NEPA was one of the first laws ever written that establishes the broad national framework for protecting American environment. NEPA's basic policy is to assure that all branches of government give proper consideration to the environment prior to undertaking any major federal action that significantly affects the environment. NEPA requirements are invoked when airports，buildings，military complexes，highways，parkland purchases，and other federal activities are proposed. Environmental Assessments（EAs）and Environmental Impact Statements（EISs），which are assessments of the likelihood of impacts from alternative courses of action，are required from all Federal agencies and are the most visible NEPA requirements.[147]

The environment is essential to the further development of the world. If we do not protect the environment properly，further development cannot be guaranteed. The 1972

Stockholm Declaration on the Human Environment Principle 1 proclaims：man has the fundamental right to freedom，equality，and adequate conditions of life，in an environment of a quality that permits a life of dignity and well-being，and that he bears a solemn responsibility to protect and improve the environment for present and future generations.

2 Legislative goals must first be established

Legislative intent refers to what lawmakers had in mind in passing an act or statute. Judges，attorneys，historians，and others study intent for guidance in interpreting a statute. In the environmental legislative decision-making process，Legislative goals must first be established and then the plan may sometimes be considered by the legislative bodies when drafting the law .

For example，When the UN General Assembly decided to convene the 1972 Stockholm Conference，at the initiative of the Government of Sweden to host it，UN Secretary-General U Thant invited Maurice Strong to lead it as Secretary-General of the Conference，as the Canadian diplomat（under Pierre Trudeau）had initiated and already worked for over two years on the project.[148] Sweden first suggested to ECOSOC in 1968 the idea of having a UN conference to focus on human interactions with the environment. ECOSOC passed resolution 1 346 supporting the idea. General Assembly Resolution 2 398 in 1969 decided to convene a conference in 1972 and mandated a set of reports from the UN secretary-general suggesting that the conference focus on "stimulating and providing guidelines for action by national government and international organizations" facing environmental issues.[149] The meeting agreed upon a Declaration containing 26 principles concerning the environment and development；an Action Plan with 109 recommendations，and a Resolution.[150]

Superfund or Comprehensive Environmental Response，Compensation，and Liability Act of 1980 （CERCLA） is a United States federal law designed to clean up sites contaminated with hazardous substances as well as broadly defined "pollutants or contaminants" . CERCLA was enacted by Congress in 1980 in response to the threat of hazardous waste sites, typified by the Love Canal disaster in New York, and the Valley of the Drums in Kentucky. Love Canal is a neighborhood within Niagara Falls, New York. Originally intended as a model planned community, Love Canal served as a residential area before being purchased by Hooker Chemical Company, now, Occidental Chemical Corporation. After its sale, under threat of eminent domain, to the local school district, Love Canal attracted national attention for the public health problem originated from the massive dumping of toxic waste on the grounds. This event displaced numerous families, leaving them with long-standing health issues and symptoms of high white blood cell counts and leukemia. Subsequently, the federal government passed the Superfund law.

3 Legislative plan

A legislative programme (plan) is a list of bills which the the legislative body intends to introduce to congress during a the legislative obsession, and concluding government's plans for legislative and key non-legislative action in next year.

The Legislative Affairs Office(hereinafter referred to as LAO), is a working body to the State Council, that is the Central People's Government of the People's Republic of China, assisting the Premier in handling legislative affairs and other legal affairs. One of functions and competence about LAO is taking the whole situation into account and making the overall planning accordingly on the legislation work of the State Council, working out the annual legislation programme, and organizing, facilitating and guiding the implementation there of after approval by the leaders of the State Council.

The Standing Committee of the National People's Congress has the power to interpret the laws of the PRC, including its constitution. The legislative plan is the starting point of entering the legislative process. In the legislative plan, there shall be some bills arranged for submission for deliberation. For example, at the fourth session of the 12th CPPCC National Committee, Hubei and Shanghai CPPCC National Committee members are to make a joint proposal suggesting upgrading Yangtze River Water Environmental Protection as a national strategy. The most stringent measures are raised to protect the Yangtze River and some relevant laws and regulations should be made as soon as possible.

4 Selective search for evidence

Selective search for evidence（also known as confirmation bias）means people tend to be willing to gather facts that support certain conclusions but disregard other facts that support different conclusions.

One of the most examples is legislature of Yellowstone National Park.In 1870, some explorers gathered around a campfire at the junction of two pristine rivers, overshadowed by the towering cliffs of the Madison Plateau. They discussed what they had seen during their exploration and realized that this land of fire and ice and wild animals needed to be preserved. Thus, the legend goes, the idea of Yellowstone National Park was born. Though it is a myth, the explorers were real and their crowning achievement was helping to save Yellowstone from private development. They promoted a park bill in Washington in late 1871 and early 1872 that drew upon the precedent of the Yosemite Act of 1864, which reserved Yosemite Valley from settlement and entrusted it to the care of the state of California. To permanently close to settlement an expanse of the public domain the size of Yellowstone would depart from the established policy of transferring public lands to private ownership. But the wonders of Yellowstone—shown through Jackson's photographs, Moran's paintings, and Elliot's sketches—had caught the imagination of Congress. Thanks to their continued reports and the work of explorers and artists who followed, the United States Congress established Yellowstone National Park in 1872. On March 1, 1872, President Ulysses S. Grant signed the Yellowstone National Park Protection Act into law. The world's first national park was born. The Yellowstone National Park Protection Act says "the headwaters of the Yellowstone River ... is hereby reserved and withdrawn from settlement, occupancy, or sale ... and dedicated and set apart as a public park or pleasuring-ground for the benefit and enjoyment of the people." In an era of expansion, the federal government had the foresight to set aside land deemed too valuable to develop.[151]

5 Evaluation and analysis of past act

Evaluation and analysis of past decisions is complementary to decision-making. Policy analysis is a technique used in public administration to enable civil servants to examine and evaluate the available options to implement the goals of elected officials. It has been defined as the process of "determining which of various policies will achieve a given set of goals in light of the relations between the policies and the goals."

For example, according to an agreement signed in 1998, the World Bank was helping Guilin to improve institutional and financial capacity for environmental protection, environmental services, and water resource management, but the World Bank reports our old "Environmental Protection Law" is not clearly defined system of accountability of local government and their environmental objectives, and financial authority and powers of local governments are dislocation, which resulting in the functions of environmental protection of local government are often "not right" and environmental management is relatively weak. Therefore in 2009 China's central government selected Guilin city to pilot approaches towards an international tourism city, and then endowed local government must match their financial rights and powers to strengthen the dominant position of their environmental functions, and finally achieve environmental protection and economic development a win-win situation.

The Chinese government has released an environmental protection plan covering the Yangtze River Economic Belt, the latest move to protect the country's longest river from pollution. The plan was jointly released by the Ministry of Environmental Protection, the National Development and Reform Commission and the Ministry of Water Resources. It places an upper limit on the usage of water resources along the belt and an ecological "red line" will be put in place to protect and restore the environment of key areas.

CHAPTER 3 Environmental Legislative Decision-making System[152]

1 Introduction

Located in the northern part of the Guangxi Zhuang Autonomous Region，Guilin has long been known for its natural beauty and historical culture. Relying on the scenery，Guilin tourism as an important pillar industry is booming. Meanwhile，further development of the industry will result in environmental pollution and ecological damage，with a negative impact on the social and cultural aspects of people's lives. [153]Under the guidance of environmental policies worldwide，Sustainable tourism has drawn worldwide attention. The tourism industry，should ensure that local cultural traditions，the ecological environment and biodiversity remain unharmed，otherwise there will be no business left. In 2009，the United Nations World Tourism Organization established the county tourism observation point in Yangshuo County of Guilin. It can be certain that the United Nations World Tourism Organization will continue to support sustainable tourism development in Guilin，Guangxi，and will summarize the successful experience of Tourism to the world States to be promoted. In order to make government conscientiously undertake its environmental duties and rule of law in the background of globalization，we must rationally localize and remold the local government's function.

2 The pressure of local government transforming functions under global environmental protection

2.1 The pressure under international environmental law

International Environmental Law（IEL）is a body of law created by nation-states to govern problems that arise between nation-states，Since 1979 China has signed a series of international environmental conventions and agreements，including the Convention on International Trade in Endangered Species of Wild Fauna and Flora，Basel Convention on Control of Transboundary Movements of Hazardous Wastes and Their Disposal，Montreal Protocol on Substances That Deplete the Ozone Layer（revised version），Framework Convention on Climate Change，Convention on

Biological Diversity, Convention on Combating Desertification. Especially Agenda 21, an outcome of the United Nations Conference on Environment and Development (UNCED) held in Rio de Janeiro, Brazil in 1992, is a comprehensive blueprint of action to be taken globally, nationally and locally by organizations of the UN.

China always conscientiously carries out its responsibilities for international environmental conventions and agreements which it has signed, approved or joined. According to Agenda 21, because so many of the environmental problems and solutions have their roots in local activities, the participation and cooperation of local authorities will be a determining factor in sustainable development. Local authorities construct, operate and maintain economic, social and environmental infrastructure, oversee planning processes, establish local environmental policies and regulations, and assist in implementing national and subnational environmental policies. As the level of governance closest to the people, they play a vital role in educating, mobilizing and responding to the public to promote sustainable development. [154]In 2005, the UN World Tourism Organization (UNWTO) and the UN Environment Programme (UNEP) combined their efforts to condense all aspects of the sustainability of tourism into a single publication, Making Tourism More Sustainable: a Guide for Policy Makers. The Guide is a basic reference book that aims to provide tourism decision makers with a framework for developing policies for more sustainable tourism. So local government, as a member of international communities, should take an active part in international environmental affairs, striven to promote international cooperation in the field of environmental protection, and earnestly fulfilled its international obligations.[155]

2.2 The pressure under domestic environmental law

It always maintains that the strengthening of international cooperation should be based on respecting national sovereignty, the protection of the environment and the spurring of development can not be done without peace and stability in the world, and both practical interests of various countries and long-term interests of the world should be considered in handling environmental problems. Some IELs can't be applied directly to domestic, but it can be applied indirectly by domestic law. The

Environmental Protection Law of the People's Republic of China is the cardinal law for environmental protection in China, which has established the basic principle for coordinated development between economic construction, social progress and environmental protection, and defined the rights and duties of governments at all levels, all units and individuals as regards environmental protection.

The nation-states, as represented by their governmental, play an important role in the global environmental protection. Therefore, to reinvent local government by law is an important strategic task. For instance, Guilin was identified as the State Council of China National Tourism comprehensive reform pilot area in 2009 from nearly 700 cities and some counties, undertaking comprehensive reforms to promote tourism to explore the development of new models of regional comprehensive task.That year, the State Environmental Protection Administration also recognized Guilin as a Model City in Environment Protection.[156] But it should be pointed out that strict environmental policy also put local government great pressure, and government function needs to be transformed. To implement International Environmental Law, and the state's environmental protection laws, the Environmental Protection Law are yet to be amended or revised, and further to strengthen local government power and responsibility.

3 The problem for assignment of local government function in the ecological environment regulation

3.1 The dilemma on the administrative subject for Law enforcement of local government

According to the Organic Law, a local people's government at or above the county level shall exercise the following functions and powers: to implement the plan for national economic and social development and the budget, and conduct administrative work concerning the economy, education, science, culture, public health, physical culture, protection of the environment and natural resources, urban and rural development, finance, civil affairs, public security, nationality affairs, judicial administration, supervision and family planning within its administrative area. It is widely agreed that the size of local governments is excessive, but local environmental management remains insufficient and of low quality. From the speaking point, this is because legal status of local government is not yet clearly orientated.

With vast number of land area, obvious geographical characteristics, regional environmental issue that unique from each other, local government plays a vital role in environmental protection . Due to the shortcoming associated with centralization, decentralization as an alternative has become more and more popular around the world in the past several decades. In China, the current framework of law local government are not yet clearly orientated as administrative subject, which prevents the cooperation between local governments in the development of regional economy and environmental protection, in the inter-regional environmental cooperation. Along with our country enter into UN, WTO these institutions. IEL encourages public participation in the environment issues and achieving environmental cooperation governance. If the law give greater powers to councils and give greater control to local communities, it will help set the foundations for the big society by radically transforming the relationships between central government, local government, communities and individuals. We want to achieve a position where strong, empowered local government is able to act in the best interests of its residents with the necessary support.

3.2 The dilemma on the relations of financial and administrative power between the central and local government

China's present-day central-local framework is the product of the tax system reform in 1994, which separated taxation into local and national taxes. The central government claimed the national taxes, which are the lion's share; local governments' revenues steeply declined, but their duties and responsibilities did not. Therefore, local government in environmental regulation encountered more difficulties. In Guilin, although tourism can bring enormous opportunities for employment, economic and social development, booming tourism also brings pressure to environmental protection.

At present, the Local Government Finance Directorate is responsible for maintaining and developing a framework for local government finance which meets HM Treasury macroeconomic and fiscal policy requirements, and supports local engagement and flexibility, and the delivery of shared government objectives. Local governments needed new sources of revenue. Now the land in some places the financial accounts for half of local financial revenues, so some government too much emphasis on the role of real estate on pulling the economy. Current waves of urban expansion, new development zones rapidly increase, this trend of local governments using the sale of land rights to prop up government revenues calls "land financing". In order to grantee the environmental function of local government, the existing rules should be improved.

3.3 The dilemma on fragmented responsibilities of local government

Under China's present-day framework of the law, local government is the practicer and agent of the central government . The Ministry of Environmental Protection of the People's Republic of China is the competent environmental protection administration agency under the State Council, who is empowered and required by law to implement environmental policies and enforce environmental laws. The people's governments at the provincial , city and county levels have also successively established environmental protection administration departments to carry out overall supervision and administration of the environmental protection work in their localities. Can such measures effectively improve local governance? Many expert observers believe that such measures will not work well because non-leading cadres are usually held responsible for fulfilling the soft target of the environment protection.

For example, the deteriorating water quality and inadequate water depth in the Lijiang and the Three Lakes (in the city), had serious impacts on Guilin's environment and its growing tourism industry. Regulating the flow in the Lijiang was not possible due to fragmented responsibilities for water resources management, which interrupted regular operation of tourist cruise vessels, especially during the dry months. If the Environmental protection organizations require local Government to apply more strict environmental laws and standards, local government should take responsibility to coordinate disparate department. According to article 39 of Environmental Protection Law, if an enterprise or institution that has failed to eliminate or control pollution, the competent department of environmental protection administration can only impose a fine, but an order for the suspension of operations or shut-down of an enterprise or institution shall be issued by the people's government. In order to avoid fragmented responsibilities, accountability of Local government may also be strengthened. These issues can not be settled overnight because it not only requires local government who holding the concept of scientific development-oriented and thoroughly changing the development concept and building a resource-saving and environment-friendly society, but also rational dividing its authority and responsibilities between local environmental and its department to establish and improve the mechanism of the environmental protection.

4 Set up the proper environmental administrative authority of local government

4.1 Rationally position the environmental management function of local government

It is true that environmental protection can provide environmental resources for sustainable development, but from a long term, to develop and to implement strict environmental laws and standards will inevitably bring adverse effects on development. The relationship between trade liberalization and environmental protection is multiple, a good environment provide the basis for sustainable development, and stringent environmental protection policies will bring a lot of obstacles to trade that between countries and regions . Owing to quite differences in level of economic development among members and varying degrees in which local government pay attention to environmental protection, there is an intensive contradiction among local government and consequently there are opposed attitudes on environmental management. During the course of reform and development of China, the government gradually realized that it can not resolve conflicts between economics and environment if it just patched up the existing rules, so a new approach must be found to green the law. China consistently holds that economic development should be coordinated with environmental protection. Because of economic development and ecological protection contradiction，so it is not suitable for large-scale development of traditional industries in Guilin. Therefore，to play a regional comparative advantage in Guilin，that means ecotourism is the only option.

4.2 Governance pattern should be service-oriented in the era of global environmental protection

Although the structure of IEL is very different from the domestic law, there are no police officers, no legislative body, no immediate consequences or actions for violation and no organized systematic procedure for monitoring compliance with IEL. All IELs are negotiated and are the product of international compromise. No nation-state is required to ratify or sign any treaty. Lacking of police and legislative bodies，How is IEL applied？ The primary actors in the international law system are intergovernmental agencies，as do nongovernmental organizations（NGOs）.[157] As China's accession to WTO，UN and other international institutes，transforming government functions is not only a need for promoting the change in China's economic development way，but also a need for realizing the transformation from the economic development-oriented government to the service-oriented government.

For example，The World Bank is one of the primary sources of funding for projects in developing countries. As such，it has the potential to play an extremely influential role in enviromental policies worldwide. From 1998 to 2007，the Project Guilin loans from the World Bank in support of Lijiang resource management contributed significantly to the improvement of the urban environment. The Guilin Municipal Government established the Office for Integrated Construction and Management of the Lijiang Scenic Area，with responsibility for coordinating the quantity and quality of water in the Lijiang during the dry season. Under this arrangement，the short-term objective of coordinating water uses, maintaining the necessary flow in the Lijiang, and replenishing the Three Lakes to maintain the minimum water depth required for boat traffic，was achieved. The longer-term objective of comprehensive water resources management in the Lijiang basin was yet to be achieved at Project closure. Our cases confirm that ambitious norms are more easily achieved in soft law institutions than in legally binding ones, but not primarily because they bypass domestic ratification or fail to raise concerns for compliance costs. More important is the greater flexibility offered by soft law instruments with respect to participation and sectoral emphasis. Second, ambitious soft law regimes put political pressure on laggards in negotiations over binding rules, but this effect is contingent on factors such as political saliency and reasonably consensual risk and option assessment.[158]

4.3 Enhancing global and regional environmental cooperation of local government

Protection of the environment is a common task for mankind, but the economically developed countries should take more responsibility in this respect. Nowadays, so many governmental officials and scholars from developing countries worry that once strict environmental laws and standards advocated by developed countries are affirmed by the WTO, they are likely to be amused by major trading powers and cause "green trade barriers", and as a result products from developing countries are unable to access to their domestic markets. Because there are no organs with experiences on this issue and no special agreement on the environment, a few major trading powers have been occupying leading positions in all kinds of negotiations of the WTO, so it is hard for developing countries to believe that an international organization like this would really implement the principle of " common but differentiated responsibility" set forth by the UN Conference on Environment and Development.

At the globalization era, Intergovernmental cooperation is the trend of public administration reform, and it is a hot topic in this field. As local authorities constituents of our entire administration system, some governance ideas are changing from old localism to multi-central governance. [159]We should pay high attention to roles of the UNEP and UN Commission on Sustainable Development and make full of their functions in this field because these institutions have advantages that the WTO is incomparable with. These institutions, esp. the UN Commission on Sustainable Development, are very experienced in dealing with relationship between trade and environment and their actions are more transparent and democratic than those of the WTO, they have adequate qualification and capability to discuss the issue of trade and environment. China supports local government to actively participate in the environmental activities launched by the UN organizations. Good cooperative relationships have been forged between China and the UN Development Program, the World Bank, the Asian Development Bank and other international organizations. For example, Guilin successfully hosted the first United Nations World Tourism Organization and the Pacific Asia Travel Association Conference on tourism trends in 2007, and achieve to held meeting every year in Guilin.The phenomenon indicates that local government has already entered the stage with the international cooperation, and then this reform and government functions transform becomes an important topic of power ability construction about local government.

5 Conclusion

The assignment of government function in public service worldwide has some characters, such as the enlargement of government responsibility public service, the coexistence of centralized and decentralized measures, the increasing coverage of social service and the overlapping of the function in public service. In order to establish rational and reasonable public service system, we need to clarify the assignment of intergovernmental responsibility in public service and establish reasonable transfer system based on the lessons and experiences drawing from International Environmental Law. .

CHAPTER 4 Environmental Legislative principles

This article focuses on the analysis for the necessity of scientific legislative principle, democratic legislative principle, operational legislative principle.

1 Scientific Legislative decision-making principle

In response to growing concern about environmental problems ecologists have engaged in a variety of "mission-oriented" efforts in which they claim to have taken into account the objective of helping to solve environmental problems in their research strategies or research programmes. The significance of these efforts is evaluated here in terms of both the theoretical development of the field of ecology and its orientation towards social objectives. Environmental law is an interdisciplinary academic field that integrates Environmental sciences to the study of the environment, and the solution of environmental problems. Environmental science emerged from the fields of natural history and medicine during the Enlightenment. Today it provides an integrated, quantitative, and interdisciplinary approach to the study of environmental systems.

Environmental law is a scientific law, which is a statement based on repeated experimental observations that describes some aspects of the universe. An experiment is a set of actions designed to test a hypothesis. Experimentation is the key step in the Scientific Method because it provides tangible proof that a hypothesis is(probably)true or false. Should we pursue a Global Marshall Plan, as Al Gore argued in Earth in the Balance? Or should we restructure society along the lines of what Natural Capitalism, by Hawken, Lovins, and Lovins, suggested? Or perhaps we should listen to those promoting sustainable development? Or what about Lester Brown's Eco-Economy, or Maurice Strong's Where on Earth Are We Going? Or Only One Earth: The care and maintenance of a small planet, by Barbara Ward and Rene Dubos? Which course is the one we should take? We can't take them all, because they differ. Faced with an endless multitude of competing solutions like those listed above, what should we do? The right process, true analysis, and heavy experimentation lie at the heart of all efforts to solve extremely difficult problems. As promising as they may appear to be, they will never amount to much until they go through the Scientific Method's cycle of hypothesis, experimentation, and refinement of the hypothesis.[160] Like theories and hypotheses, laws make predictions(specifically, they predict that new observations will conform to the law), and can be falsified if they are found in contradiction with new data.

2 Democratic decision-making principle

There are many ways that decisions are made. One of the more popular ways is through the democratic decision-making style or process. This type of process is also referred to as a "leadership style". What does this mean? In order for a process to be democratic，it must be conducted with equality and fairness in mind. There are pre-existing rules and procedures that allow for a mainstream resolution to the issue. Also，there is not one person responsible for making a decision; rather，the decision is made by a group of people. Therefore，democratic decision-making is dependent on a group，instead of one leader. While the democratic decision-making style seems pretty straightforward，there is some complexity to the process. As you can imagine，getting a group of people together and hoping they all agree on an issue can be a pretty challenging situation! There are different forms of the democratic decision-making process that help move resolutions along，such as consensus and majority vote. Democratic decision-making comes with its benefits，as well as its challenges. To better understand the democratic decision-making style，let's talk about what consensus and majority vote mean. A consensus means that mostly everyone in the group is in agreement on the issue，there has been careful discussion and no stone has been left unturned. For example，if there was a group of 10 people，and the group needed to make a decision as to when to meet each month，each of the 10 people would have a say as to what day of the week would work for them. If everyone agrees that the first Wednesday of the month is a good day，then the consensus is that the first Wednesday of the month will be the monthly group meeting day. Generally，in a consensus，everyone is in agreement as to the resolution. Consensus works best with smaller groups as opposed to larger groups. The larger the group，the harder it is to gain agreement on an issue. If a consensus doesn't work and there is still conflict as to a resolution，then the group may decide to switch to majority vote or come back to the topic at a later date（known as tabling the topic）.[161]

3 Operational effectiveness principle

Clearly display operational goals，objectives and performance on the bill so everyone is aware of them and all activities are aligned to their improvement and the legislative goals . Ensure that all citizens are accountable and participate in the achievement of operational goals and objectives. The Stockholm and Rio Declarations are outputs of the first and second global environmental conferences，respectively， namely the United Nations Conference on the Human Environment in Stockholm, June 5-16, 1972, and the United Nations Conference on Environment and Development (UNCED) in Rio de Janeiro, June 3-14, 1992. But given the ineffective of these declarations, other policy or legal instruments that emerged from these conferences, such as the Action Plan for the Human Environment at Stockholm and Agenda 21 at Rio, are intimately linked to the two declarations, conceptually as well as politically. However, the declarations, in their own right, represent signal achievements. Adopted twenty years apart, they undeniably represent major milestones in the evolution of international environmental law, bracketing what has been called the "modern era" of international environmental law.

4 Principle on legislation according to law

As China's reforms navigate unchartered water, legislation has already become a tool to clear obstacles and lay the foundation for further reform. In view of modern history, it is common practice for nations to create consensus through establishing laws, thereby advancing reform and economic development, The Legislation Law, enacted in the year 2000, has been tabled for revisions twice - in August and December 2014. The Third Session of the 12th National People's Congress (NPC), China's top legislature is scheduled to convene on March 5 and consider a draft amendment to China's Legislation Law, which regulates the process of creating national laws, government regulations and local laws and defines legislative powers in the country. Basically, the current regulatory system and regulations are still mainly applied as a patchwork of separate, locally based regional legislation in China. Because the frequency and severity of the problem such as common environmental protection has worsened in the local government, joint regional collaborative legislation in key areas has become an urgent issue. Otherwise, Legal theory argument on regional collaborative legislation in China is not fully. On January 1, 2015, China's new Environmental Protection Law started to put JPCAP into force. In order to prevent and control environmental pollution for the key areas, it is required that local government should establish regional coordination mechanism and make overall arrangement for regional environmental treatment. Therefore, legitimacy of regional collaborative legislation is important theory.

CHAPTER 5 Case Study Sample for Forest Protection Legislation

A forest is a large area dominated by trees. Forests provide a diversity of ecosystem services including converting carbon dioxide into oxygen and biomass, acting as a carbon sink, aiding in regulating climate, purifying water, mitigating natural hazards such as floods, and serving as a genetic reserve. Forests also serve as a source of lumber and as recreational areas.

1 Legislative Purpose of Forestry Law

Forestry is the science and craft of creating, managing, using, conserving, and repairing forests and associated resources to meet desired goals, needs, and values for human and environment benefits.Forestry is practiced in plantations and natural stands. The science of forestry has elements that belong to the biological, physical, social, political and managerial sciences. Modern forestry generally embraces a broad range of concerns, in what is known as multiple-use management, including the provision of timber, fuel wood, wildlife habitat, natural water quality management, recreation, landscape and community protection, employment, aesthetically appealing landscapes, biodiversity management, watershed management, erosion control, and preserving forests as "sinks" for atmospheric carbon dioxide.

Forest ecosystems have come to be seen as the most important component of the biosphere, and forestry has emerged as a vital applied science, craft, and technology. Forestry is an important economic segment in various industrial countries. For example, in Germany, forests cover nearly a third of the land area, wood is the most important renewable resource, and forestry supports more than a million jobs and about billion in yearly turnover.[162]

Forestry laws govern activities in designated forest lands, most commonly with respect to forest management and timber harvesting. When laws are successfully enforced, they prevents "forest clearing, logging, hunting, and collecting vegetables" and usually helps the forests resources that are involved stay protected.

Sierra Club v. Morton, is a famous United States Supreme Court case on the issue of standing in environmental lawsuits. The key issue in the case was whether the permitted development would cause the Sierra Club sufficient injury to give them standing to sue to block the permit. The Supreme Court held that the Sierra Club, in its corporate capacity, lacked standing, but that it may sue on behalf of any of its members who had individual standing because the government action affected their aesthetic or recreational interests. Although the Sierra Club lost the case, as a practical matter they won the war. It is important to consider the forest from the viewpoint of ecological functions other than ownership rights. The forest as a property are discussed in the past case, but forest's aesthetic or recreational interests is taken into account in that case.[163] Futhermore, Granting legal capacity to the forest could solve this problem. That means that a forest is treated as the subject of rights rather than the object of rights, including ownership rights. Christopher D. Stone has expressed the idea that a forest like any other object of nature should have rights of its own. [164]

The National Forest Management Act in America (1976) requires the Secretary of Agriculture to assess forest lands, develop a management program based on multiple-use, sustained-yield principles, and implement a resource management plan for each unit of the National Forest System. It is the primary statute governing the administration of national forests. At the time NFMA was written there were conflicting interests in regards to proper forest management. The major player of national forest management at the time was the timber industry. Recreational forest use was also on the rise.[165] The Sierra Club and other conservation groups were also fighting for preservation of natural landscapes The 1982 NFMA Planning Regulations describe a planning process designed to integrate the many interests concerning the forest. In Integrated Public Lands Management, On October 13, 1999, President Clinton directed the U.S. Forest Service to begin an open and public dialogue about the future of inventoried roadless areas within the National Forest System.

2 Legislative Decision-making Model in China

Forestry laws govern activities in designated forest lands, most commonly with respect to forest management and timber harvesting. The ways in which people use and value forests are changing. A large portion of forestry legislation focuses on administrative requirements, fees, taxes, and property rights, rather than on how forests are really managed. [166]Adopted at the Seventh Meeting of the Standing Committee of the Sixth National People's Congress on September 20, 1984 and amended in accordance with the Decision on the Revision of the Forest Law of the People's Republic of China of the Second Meeting of the Standing Committee of the Ninth National People's Congress on April 29, 1998.

Forest management laws generally adopt management policies, such as multiple use and sustained yield, by which public forest resources are to be managed. Governmental agencies are generally responsible for planning and implementing forestry laws on public forest lands, and may be involved in forest inventory, planning, and conservation, and oversight of timber sales. The competent department of the State Council for forestry shall be in charge of the work in connection with forestry throughout the country. The competent departments for forestry of the people's governments at or above the county level shall be responsible for the work in connection with forestry in their respective areas. The people's governments at the township level shall have full-time or part-time persons for the forestry work.

When high rates of deforestation and degradation of woodlands continue, the local biodiversity will be under threat, and vice versa. In order to protect national parks and keep the ethnical people to develop, the good ethnic tradition knowledge should be fully recognized and protected. In this way, the natural reserve may survive under the all-sweeping impact of the modern civilization. Moreover, marketing mechanism might be introduced to transform the natural reserve to national parks. Ecosystem management of national park will strengthen the capacity of indigenous communities to protect and manage their natural and cultural resources. For example, as a result of the influence of Yunnan Guizhou plateau and mountain landforms, there are rich biodiversity resources with complicated structures and functions in natural forests in Yunnan Province. Xishuangbanna Tropical Rainforest National Park, located in Xishuangbanna Dai Autonomous Prefecture in Yunnan Province, has been approved to be an ecotourism area . Xishuangbanna is renowned as a huge natural zoo because its rain forest provides a habitat for many rare animal species, including wild elephant . The reason for the distinctive natural environment here has been survived is that more than ten different ethnic minorities in the region have created colorful culture. To the Dai people, the elephant is the symbol of good luck, might and longevity, so in Xishuangbanna, bananas, sugarcane, corn and dry rice have been planted over 200 hectares for wild elephants that roam the area. In modern society the human's acts have affected the regular operation of the ecosystem, therefore it is necessary to construct legal mechanism of eco-Compensation funds and other institutional civilization, which are fit for ecosystem management.

3 Legislative Decision-making Model in America

3.1 The Mutiple-Use Sustained Yield Act

The Multiple-Use Sustained Yield Act of 1960 (or MUSYA) (Public Law 86-517) is a federal law passed by the United States Congress on June 12, 1960. This law authorizes and directs the Secretary of Agriculture to develop and administer the renewable resources of timber, range, water, recreation and wildlife on the national forests for multiple use and sustained yield of the products and services.

This is the first law to have the five major uses of national forests contained in one law equally, with no use greater than any other. By the 1950s, the national forests no longer held enough resources to meet the growing needs of an increasing population and expanding economy. The U.S. Forest Service had operated within broad authorities since Gifford Pinchot's time as Chief Forester. Now, for the first time the agency had a specific congressional directive which stipulated that economic return was not in all cases to be the limiting factor.[167]

3.2 The National Forest Management Act of 1976

The National Forest Management Act (NFMA) of 1976 (Public Law 94-588) is a United States federal law that is the primary statute governing the administration of national forests and was an amendment to the Forest and Rangeland Renewable Resources Planning Act of 1974, which called for the management of renewable resources on national forest lands. The law was a response to lawsuits involving various practices in the national forest, including timber harvesting. The main objectives of NFMA are to require the U.S. Forest Service to develop plans for national forests, set standards for timber sales, and create policies to regulate timber harvesting. The purpose of these objectives is to protect national forests from permanent damages from excessive logging and clear cutting. Congress requires the Forest Service, in conjunction with other applicable agencies, to thoroughly assess, research, and plan for the nation's renewable resource use, the current demand, anticipated demands, and environmental and economic impacts.

3.3 Culture diversity and forestry law

Yellowstone National Park, established by the U.S. Congress and signed into law by President Ulysses S. Grant, as a national park on March 1, 1872. Before its establishment indigenous have lived in the Yellowstone region for at least 11 000 years. Native people have lived for centuries in areas contemporary Americans view as "wilderness", The U.S. Wilderness Act of 1964 defined wilderness as "untrammeled by man, where man himself is a visitor who does not remain." [168] The idea that people, with the exception of staff and visitors, do not belong in national parks is common in the United States, and many Americans are surprised to learn that people in other parts of the world reside inside parks and reserves, not just in buffer zones. This thinking is understandable. The United States did not consider national parks for aboriginal people until the Alaska Native Claims Settlement Act of 1971. In 1897, the acting superintendent of Yellowstone National Park quoted John Muir: "The smallest reserve, and the first ever heard of, was in the Garden of Eden, and though its boundaries were drawn by the Lord, and embraced only one tree, yet the rules were violated by the only two settlers that were permitted on suffrage to live in it" .[169] In any case, guidelines for human inhabitants, whether inside or outside gardens or reserves, are needed.[170] Houseal and others argue that historical land-use practiced by indigenous people in Central American tropical forests maintain biological diversity far more efficiently than any proposed alternatives.[171] In fact, American courts have refused to recognize indigenous environmental rights.

TVA v. HIL is particularly instructive in its explication of why courts refused to recognize such environmental rights. The strongest argument against the existence of the expansive right to environment is the evidentiary objection that the human right to environment " has not found express affirmation in any binding or effective international legal instrument" .[172] The lawsuit stated that the Tellico Reservoir, to be created by Tellico Dam, would alter the habitat of the river to the point of extirpating the snail darter. The NEPA lawsuits slowed the construction of the Tellico Dam but did not stop it MR. CHIEF JUSTICE BURGER delivered the opinion of the Court., by quoting this words: "The law, Roper, the law. I know what's legal, not what's right. And I'll stick to what's legal. ...I'm not God. The currents and eddies of right and wrong, which you find such plain-sailing, I can't navigate, I'm no voyager. But in the thickets of the law, oh there I'm a forester. ...What would you do? Cut a great road through the law to get after the Devil? ...And when the last law was down, and the Devil turned round on you - where would you hide, Roper, the laws all being flat? ... This country's planted thick with laws from coast to coast - Man's laws, not God's - and if you cut them down...do you really think you could stand upright in the winds that would blow them? ...Yes, I'd give the Devil benefit of law, for my own safety's sake." [173]

The Transplant of Law is feasible, but culture amalgamation is difficult especially based upon traditional culture, ethic, public, thinking much of personal loyalty and etc. Philippines' Constitution currently in effect was enacted in 1987, like American's the National Environmental Policy Act, entitled human beings to the full benefit, use, and enjoyment of the natural resource treasure that is the country's virgin tropical rainforests. Oposa v. Factoran case, is unique in that it is a class suit brought by 44 children, through their parents, claiming that they bring the case in the name of "their generation as well as those generations yet unborn." Aiming to stop deforestation, it was filed against the Secretary of the Department of Environment and Natural Resources, seeking to have him cancel all the timber license agreements (TLAs) in the country and to cease and desist from accepting and approving more timber license agreements. The children invoked their right to a balanced and healthful ecology and to protection by the State in its capacity. The petitioners claimed that the DENR Secretary's refusal to cancel the TLAs and to stop issuing them was "contrary to the highest law of humankind- the natural law- and violative of plaintiffs' right to self-preservation and perpetuation." The decision, penned by then Justice Hilario Davide, held that a group of minors had the right to sue on behalf of succeeding generations because every generation has a responsibility to the next to preserve nature. But the trial court finally concluded that the plaintiffs failed to allege with sufficient definiteness a specific legal right involved or a specific legal wrong committed.[174]

CHAPTER 6 Case Study Sample for Water Protection Legislation

Water pollution is the contamination of water bodies (e.g. lakes, rivers, oceans, aquifers and groundwater). This form of environmental degradation occurs when pollutants are directly or indirectly discharged into water bodies without adequate treatment to remove harmful compounds. Water pollution affects the entire biosphere - plants and organisms living in these bodies of water. In almost all cases the effect is damaging not only to individual species and population, but also to the natural biological communities.

1 Decision-making Authority of Water Legislation in America

The Clean Water Act (CWA) is the primary federal law in the United States governing water pollution. Its objective is to restore and maintain the chemical, physical, and biological integrity of the nation's waters by preventing point and non-point pollution sources, providing assistance to publicly owned treatment works for the improvement of wastewater treatment, and maintaining the integrity of wetlands.

It is one of the United States' first and most influential modern environmental laws. As with many other major U.S. federal environmental statutes, it is administered by the U.S. Environmental Protection Agency (EPA), in coordination with state governments. Its implementing regulations are codified at 40 C.F.R. Subchapters D, N, and O (Parts 100-140, 401-471, and 501-503).

The first FWPCA was enacted in 1948, but took on its modern form when completely rewritten in 1972 in an act entitled the Federal Water Pollution Control Act Amendments of 1972. Major changes have subsequently been introduced via amendatory legislation including the Clean Water Act of 1977 and the Water Quality Act of 1987. The Clean Water Act does not directly address groundwater contamination. Groundwater protection provisions are included in the Safe Drinking Water Act, Resource Conservation and Recovery Act, and the Superfund act.1.

June 22, 1969: The Cuyahoga River catches fire near Cleveland, Ohio. Unrestricted dumping of waste by local industries, leaving the river clotted with oil and other combustible effluent, is blamed. The fact is the Cuyahoga River was badly polluted and the factories and industries around Cleveland were the chief culprits. This incident played a significant role in the passage of the Clean Water Act and the establishment of the Environmental Protection Agency. Under section 309 of the Clean Water Act, EPA can issue administrative orders against violators, and seek civil or criminal penalties when necessary. For a first offense of criminal negligence, the minimum fine is $2 500, with a maximum of $25 000 fine per day of violation. A violator may also receive up to a year in jail. On a second offense, a maximum fine of $50 000 per day may be issued. For a knowing endangerment violation, i.e. placing another person in imminent danger of death or serious bodily injury, a fine may be issued up to $250 000 and/or imprisonment up to 15 years for an individual, or up to $1 000 000 for an organization.

A legislature can delegate its power to make rules and regulations to an administrative agency. Such power to delegate rule making power derives only from an authorizing or empowering statute. Regulatory power is not granted by the constitution, but only through delegation by the legislature. An agency's rule making power will be regulated by the statute conferring it. The delegated administrative agency can promulgate rules for the implementation of the law as it exists. It is the duty of an administrative agency to promulgate rules or regulations by preserving the legislative intend. An administrative agency cannot impose or substitute its judgments as that of the legislature without a valid statutory authority. It cannot promulgate a regulation that adds a requirement which does not exist under the statute. An agency cannot create, remove, or limit substantive rights granted in the enabling act. A delegated agency can only promulgate rules or regulations to facilitate the execution or performance of a statute.

When EPA first opened its doors in 1970, the agency had weak authority to protect U.S. waters, lacking the legal power to write effluent guidelines and possessing only general authority to require secondary treatment from industrial dischargers. Major changes have subsequently been introduced via amendatory legislation including the Clean Water Act of 1972 and the Water Quality Act of 1987. Rapanos v. United States, 547 U.S. 715 (2006), was a United States Supreme Court case challenging federal jurisdiction to regulate isolated wetlands under the Clean Water Act. It was the first major environmental case heard by the newly appointed Chief Justice, John Roberts and Associate Justice, Samuel Alito. The Supreme Court heard the case on February 21, 2006 and issued a decision on June 19, 2006. While five justices agreed to void rulings against the plaintiffs, who wanted to fill their wetlands to build a shopping mall and condos, the court was split over further details, with the four more conservative justices arguing in favor of a more restrictive reading of the term "navigable waters" than the four more liberal justices. Justice Kennedy did not fully join either position. The case was remanded to the lower court. Ultimately, Rapanos agreed to a nearly $1 000 000 settlement with the EPA while not admitting to any wrongdoing.

2 Comprehensive Water Legislation in China

The primary actors about the Clean Water Act in America are the intergovernmental agencies, as do nongovernmental organizations (NGOs). Good cooperative relationships have been forged among federal, state, local officials.

CASE STUDY: The Tennessee Valley Authority (TVA) is a federally owned corporation in the United States created by congressional charter on May 18, 1933 to provide navigation, flood control, electricity generation, fertilizer manufacturing, and economic development to the Tennessee Valley, a region particularly affected by the Great Depression. The enterprise was a result of the efforts of Senator George W. Norris of Nebraska. TVA was envisioned not only as a provider, but also as a regional economic development agency that would use federal experts and electricity to rapidly modernize the region's economy and society. T.V.A.'s service area covers most of Tennessee, portions of Alabama, Mississippi, and Kentucky, and small slices of Georgia, North Carolina, and Virginia. It was the first large regional planning agency of the federal government and remains the largest. Under the leadership of David Lilienthal ("Mr. T.V.A."), T.V.A. became a model for America's governmental efforts to seek in assisting the modernization of agrarian societies in the developing world. The 1970s saw the last and most controversial of the TVA's large dam-reservoir projects, Tellico Dam. The Tellico Dam project was initially delayed because of concern over the snail darter. A lawsuit was filed under the Endangered Species Act and the U.S. Supreme Court ruled in favor of protecting the snail darter in Tennessee Valley Authority v. Hill.[175]

China has a rich history assisting local governments for decision-making in regional environmental cooperation, developing and applying national environmental law, advancing national and regional implementation of environmental objectives, and bridging major groups and governments in policy development and implementation processes.

For example, before the period of 1990s in Guilin, the deteriorating water quality and inadequate water depth in the Lijiang and the Three Lakes(in the city), had serious impacts on Guilin's environment and its growing tourism industry. Regulating the flow in the Lijiang was not possible due to fragmented responsibilities for water resources management, which interrupted regular operation of tourist cruise vessels, especially during the dry months. From 1998 to 2007, the Project Guilin loans from the World Bank in support of Lijiang resource management contributed significantly to the improvement of the urban environment. The Guilin Municipal Government established the Office for Integrated Construction and Management of the Lijiang Scenic Area, with responsibility for coordinating the quantity and quality of water in the Lijiang during the dry season. Under this arrangement, the short-term objective of coordinating water uses, maintaining the necessary flow in the Lijiang, and replenishing the Three Lakes to maintain the minimum water depth required for boat traffic, was achieved. The longer-term objective of comprehensive water resources management in the Lijiang basin was yet to be achieved at Project closure.

3 Project in the future

16 April 2015, State Council issued the "Water Pollution Prevention and Control Action Plan" (or known as the "Water Ten Plan"). This new plan is the result of coordination & inputs from more than 12 ministries and government departments, including Ministry of Environment Protection, National Development & Reform Commission, Ministry of Science & Technology, Ministry of Industry & Information Technology, Ministry of Finance, Ministry of Land & Resources, Ministry of Housing & Urban-Rural Development, Ministry of Transport, Ministry of Water Resources, Ministry of Agriculture, National Health & Family Planning Commission and State Oceanic Administration. The plan sets out 10 general measures which can be broken down to 38 sub-measures with deadlines with responsible government departments identified for each action.[176]

For example, after a great deal of research, in the early 1990s, the Ministry of Water Resources and the Changjiang Water Resources Committee (CWRC) first proposed to enact law related to the Yangtze River. The Yangtze, which is 6 380 km (3 964 miles) long, is the longest river in Asia and the third-longest in the world. The river is the longest in the world to flow entirely within one country. It drains one-fifth of the land area of the People's Republic of China (PRC) and its river basin is home to nearly one-third of the country's population. For thousands of years, the river has been used for water, irrigation, sanitation, transportation, industry, boundary-marking and war. The Three Gorges Dam on the Yangtze River is the largest hydro-electric power station in the world. In mid-2014, the Chinese government announced it was building a multi-tier transport network, comprising railways, roads and airports, to create a new economic belt alongside the river. In recent years, the river has suffered from industrial pollution, agricultural run-off, siltation, and loss of wetland and lakes, which exacerbates seasonal flooding. Some sections of the river are now protected as nature reserves. The aim of the legislation is to regulate exploitation and protect the entire drainage basins of the Yangtze River through efforts by governments, enterprises and individuals. The expected law should set up a coordination and cooperation mechanism and construct a modern governance system for the drainage basins. The Tennessee Valley Authority of the U.S. and the Rhine and Seine in Europe set good models for us. Those rivers are all governed by a specific organization under the guidance of either a domestic or an international law. We can borrow their experience to design legislation for the Yangtze.

CHAPTER 7 Case Study Sample for Legislation on the Clean Air Act

Air pollution occurs when harmful substances including particulates and biological molecules are introduced into Earth's atmosphere. It may cause diseases, allergies or death in humans; it may also cause harm to other living organisms such as animals and food crops, and may damage the natural or built environment.

1 The Clean Air Act in America

The Clean Air Act is a United States federal law designed to control air pollution on a national level. It is one of the United States' first and most influential modern environmental laws, and one of the most comprehensive air quality laws in the world. As with many other major U.S. federal environmental statutes, it is administered by the U.S. Environmental Protection Agency (EPA), in coordination with state, local, and tribal governments. Its implementing regulations are codified at 40 C.F.R. Subchapter C，Parts 50-97.

The 1955 Air Pollution Control Act was the first U.S. federal legislation that pertained to air pollution；it also provided funds for federal government research of air pollution. The first federal legislation to actually pertain to "controlling" air pollution was the Clean Air Act of 1963. The 1963 act accomplished this by establishing a federal program within the U.S. Public Health Service and authorizing research into techniques for monitoring and controlling air pollution. In 1967，the Air Quality Act enabled the federal government to increase its activities to investigate enforcing interstate air pollution transport，and for the first time，to perform far-reaching ambient monitoring studies and stationary source inspections. The 1967 act also authorized expanded studies of air pollutant emission inventories，ambient monitoring techniques，and control techniques. Major amendments to the law，requiring regulatory controls for air pollution，passed in 1970，1977 and 1990. The 1970 amendments greatly expanded the federal mandate，requiring comprehensive federal and state regulations for both stationary（industrial）pollution sources and mobile sources. Also，the Environmental Protection Agency was established on December 2，1970 for the purpose of consolidating pertinent federal research，monitoring，standard-setting and enforcement activities into one agency that ensures environmental protection. The Clean Air Act of 1970，like other laws enacted by Congress，was incorporated into the United States Code as Title 42，Chapter 85. The House of Representatives maintains a current version of the U.S. Code，which includes Clean Air Act changes enacted since 1990. The 1990 amendments addressed acid rain，ozone depletion，and toxic air pollution，established a national permits program for stationary sources，and increased enforcement authority. Whitman v. American Trucking Associations，Inc.，531 U.S. 457（2001），was a case decided by the United States Supreme Court in which the Environmental Protection Agency's National Ambient Air Quality Standard（NAAQS）for regulating ozone and particulate matter was challenged by the American Trucking Association along with other private companies and the States of Michigan，Ohio，and West Virginia. The

Supreme Court faced the issues of whether the statute had impermissibly delegated legislative power to the agency, and whether the Administrator of the EPA, Christine Todd Whitman, could consider the costs of implementation in setting national ambient air quality standards.

The amendments also established "good neighbor" provision which requires EPA and states to address interstate transport of air pollution that affects downwind states' ability to attain and maintain National Ambient Air Quality Standards (NAAQS). Specifically, Clean Air Act section 110(a)(2)(D)(i)(I) requires each state in its State Implementation Plan (SIP) to prohibit emissions that will significantly contribute to non-attainment of a NAAQS, or interfere with maintenance of a NAAQS, in a downwind state. The Act requires EPA to backstop state actions by promulgating Federal Implementation Plans (FIPs) in the event that a state fails to submit or EPA disapproves good neighbor SIPs.

2 Joint Prevention and Control of Atmospheric Pollution in Key Areas

While environmental woes are many, there are three broad areas which are most relevant to regional cooperation: ①air, atmospheric and water pollution, especially those related to energy production and use; ②resource depletion and degradation; ③demographic shifts, including rural out-migration, food security and urbanization.

Basically, the current regulatory system and regulations are still mainly applied as a patchwork of separate, locally based pollution control regimes in China. Because the frequency and severity of the haze has worsened in the city, joint regional air pollution control in key areas has become an urgent issue. Observations from space were used to evaluate the effect of emission control measures on the changes of air pollutants in Beijing and its surroundings during the 2014 Asia-Pacific Economic Cooperation (APEC) Summit held in Beijing. APEC blue refers to the rare blue sky in Beijing. Although "APEC blue" lasted for a very short time, it is really a part of accomplishment made by the government, which reflected China's high attention paid to the issue and the great efforts made to solve it. China Daily reported that APEC blue was listed as one of the top 10 ecological accomplishments of 2014. Suggested policies that emerged from APEC blue include Joint Prevention and Control of Atmospheric Pollution in Key Areas.[177] In September 2014, the governments of Guangdong, Hong Kong and Macao jointly signed the "Cooperation Agreement on Regional Air Pollution Control and Prevention among Hong Kong, Guangdong and Macao" with a view to fostering regional co-operation on air pollution control and prevention.

3 Regional collaborative legislation in China

China adopted the Air Pollution Prevention and Control Law in 1987 and revised it in 1995, 2000, and 2015. Traditional methods of controlling pollution in developed countries take the form of direct regulation and rigorous technology standards, such as mandatory scrubbing of power-plant emissions and pollution-control standards for automobiles. On January 1, 2015, China's new Environmental Protection Law started to put JPCAP into force.

The law is formulated to prevent air pollution. When China's top legislature planning to amend the Air Pollution Control Law of 2000, smog has been a serious problem. In the first and second drafts of the law on air pollution control, there were stipulations that local governments had the right to impose restrictions on vehicle use due to severe air pollution, and release the details of the restrictions including the zones affected after hearing suggestions from experts and the public. But the third draft has removed that stipulation, amid concerns that it would affect social order and after many residents had expressed their concerns and disagreements.[178]

In the U.S. system, the EPA sets national air quality standards for the so-called criteria pollutants such as small particulates($PM_{2.5}$)and ozone(smog). A state or region that does not meet these federal standards must prepare and get EPA's approval for a plan to reach the standards by a certain date. The EPA has taken actions to facilitate implementing the provisions of the "good neighbor" provision, including the Final Cross-State Air Pollution Rule Update. Numerous state and local governments have enacted similar legislation, either implementing federal programs or filling in locally important gaps in federal programs. In China, it is the job of the State Council to establish national environmental quality standards (Article 15, China Environmental

Protection Law). Provincial governments may set stricter limits. Similar to US practice under the Clean Air Act, regions in China that have not met the national standards mist formulate an attainment plan showing how they will meet the standards by a certain date (Article 28).[179] In order to prevent and control air pollution for the key areas. It is required that local government should establish regional coordination mechanism and make overall arrangement for regional environmental treatment. For example, Beijing-Tianjin-Hebei Province and the Yangtze River Delta will establish regional coordination mechanism for air pollution control. The State Council will sign target responsibility letters with all provincial governments, conduct annual examination and strictly enforce accountability system.

参考文献

[1] 张文显. 法理学[M]. 北京：北京大学出版社，2012.

[2] 沈宗灵. 法理学[M]. 北京：高等教育出版社，1994.

[3] 张晋藩. 中国法律的传统与近代转型[M]. 北京：法律出版社，1997.

[4] 周旺生. 立法学[M]. 北京：法律出版社，2004.

[5] 张根大，方德明，祁九如. 立法学总论[M]. 北京：法律出版社，1991.

[6] 崔清新，赵超. 人大代表提出议案 468 件，461 件涉法律制定修改废止解释[N]. 法制日报，2014-03-13.

[7] 陈丽平. 代表建议修改水法，水利部认为应完善配套法规[N]. 法制日报，2014-03-01.

[8] 《彭真传》编写组. 彭真复出[J]. 中国人大，2013，12：49.

[9] 宋汝梦. 参加立法工作琐记[M]. 北京：中国法制出版社，1994.

[10] 刘莘. 行政立法研究[M]. 北京：法律出版社，2003.

[11] 陈丕显. 全国人民代表大会常务委员会工作报告（1985 年）[OL]. http：//www.npc.gov.cn/wxzl/wxzl/2000-12/26/content_1640.htm[1985-04-03].

[12] 郭道晖. 当代中国立法[M]. 北京：中国民主法制出版社，1998.

[13] 朱力宇，张曙光. 立法学[M]. 北京：中国人民大学出版社，2009.

[14] 朱景文. 关于党领导立法的几点思考[OL]. http：//study.ccln.gov.cn/gcjw/zz/220905-1.shtml[2015-08-19].

[15] 青岛市人大常委会法制工作室. 论加强和完善党对立法工作的领导[OL]. http：//www.npc.gov.cn/npc/lfzt/rlyw/2015-09/25/content_1947254.htm[2015-09-25].

[16] 蒋德海. 以政协参与立法深化协商民主[J]. 重庆社会主义学院学报，2016，6：33-41.

[17] 李重庵. 关于推进立法协商的思考与建议[OL]. http：//www.npc.gov.cn/npc/bmzz/ llyjh/2016-06/06/content_1991143.htm[2016-06-06].

[18] [美]诺内特，塞尔兹尼克. 转变中的法律与社会：迈向回应型法[M]. 张志铭，译. 北京：中国政法大学出版社，1994.

[19] 张文显. 20 世纪西方法哲学思潮研究[M]. 北京：法律出版社，1996.

[20] [美]布坎南. 自由、市场和国家：20 世纪 80 年代的政治经济学[M]. 吴良健，等译. 北京：经济学院出版社，1988.

[21] 季卫东. 转变中的法律与社会（代译序）[M]. 北京：中国政法大学出版社，1994.

[22] 陈丕显. 全国人民代表大会常务委员会工作报告（1984 年）[OL]. http：//www.npc.gov.cn/wxzl/wxzl/2000-12/26/content_1519.htm[2017-07-15].

[23] 董必武. 进一步加强人民民主法制，保障社会主义建设事业[A]//董必武法学文集. 北京：法律出版社，2001.

[24] 庄永廉. 回忆新中国法制主要奠基人彭真同志立法片断[N]. 检察日报，2012-10-22.

[25] 习近平. 在首都各界纪念现行宪法公布施行 30 周年大会上的讲话[OL]. http：//politics.people.com.cn/n/2012/1205/c1024-19793282.html[2012-12-05].

[26] 中共中央关于全面推进依法治国若干重大问题的决定[N]. 人民日报，2014-10-29.

[27] 毛泽东著作选读（下册）[M]. 北京：人民出版社，1986.

[28] 侯淑雯. 新编立法学[M]. 北京：中国社会科学出版社，2010.

[29] 彭真. 论新时期的社会主义民主与法制建设[M]. 北京：中央文献出版社，2011.

[30] 国民经济和社会发展第十一个五年规划纲要[OL]. http：//theory.people.com.cn/GB/41179/41232/4210880.html[2006-03-17].

[31] 孙佑海. 超越环境风暴——中国环境资源保护立法研究[M]. 北京：中国法制出版社，2008.

[32] 周珂. 环境与资源保护法[M]. 北京：中国人民大学出版社，2010.

[33] 蔡守秋. 环境与资源保护法学[M]. 长沙：湖南大学出版社，2011.

[34] 郭道晖. 当代中国立法（上）[M]. 北京：中国民主法制出版社，1998.

[35] 谭剑，周勉. “镉米”背后的危与机——从“鱼米乡”之觞看国内土壤污染之痛[OL]. http：//politics.people.com.cn/n/2013/0612/c70731-21818368.html[2013-06-12].

[36] 成希.专访王树义：土壤污染防治法预计 3 年内出台[N]. 南方日报，2013-05-24.

[37] 全国政协十一届五次会议第 0737 号关于加强企业环境信息公开的提案[OL]. http：//cppcc.people.com.cn/GB/34961/238520/240646/17384835.html[2012-03-13].

[38] 蒲晓磊. 改变环境与健康监管“被动应对”[N]. 法制日报，2016-06-14.

[39] 原小瑛. 第一代化工环保人士的创业史作者[N]. 中国化工报，2008-12-02.

[40] 谢先红，顾昂然. 立法实践中成长的法学家[J]. 中国人大，2011，14：49-51.

[41] 吴大英，任允正，李林. 比较立法制度[M]. 北京：群众出版社，1992.
[42] 朱力宇，叶传星. 立法学[M]. 北京：中国人民大学出版社，2015.
[43] 万其刚. 彭真话立法[J]. 中国人大，2011，15：52.
[44] 刘政，于友民，程湘清. 人民代表大会工作全书[M]. 北京：中国民主法制出版社，1999.
[45] 马兴宇. 依法治国的坚实脚步[N]. 光明日报，1998-03-02.
[46] 王万宾.关于第十二届全国人民代表大会第一次会议代表提出议案处理意见的报告[OL]. http：//www.npc.gov.cn/wxzl/gongbao/2013-07/18/content_1810908.htm[2013-03-13].
[47] 十二届全国人大常委会立法规划[OL]. http：//www.npc.gov.cn/npc/xinwen/2015-08/03/content_1942908.htm[2015-08-03].
[48] 全国人大常委会 2016 年立法工作计划[OL]. http：//www.npc.gov.cn/npc/xinwen/lfgz/lfdt/2016-04/22/content_1987519.htm[2016-04-22].
[49] 国务院办公厅. 国务院办公厅关于印发国务院 2017 年立法工作计划的通知（国办发〔2017〕23 号）[OL]. http：//www.gov.cn/zhengce/content/2017-03/20/content_5178909. htm[2017-03-20].
[50] 周旺生. 立法学（第二版）[M]. 北京：法律出版社，2009.
[51] 乔晓阳. 立法法讲话[M]. 北京：中国民主法制出版社，2000.
[52] 刘松山. 立法规划之淡化与反思[J]. 政治与法律，2014，12：86.
[53] 汪全胜. 立法论证探讨[J]. 政治与法律，2001，3：18.
[54] 马骧聪. 我所经历和了解的中国环境资源法学发展梗概[OL]. http：//www.cssn.cn/fx/fx_hjfx/201401/t20140114_943156.shtml[2014-01-14].
[55] 潘瑜. 中国环境法学创始人金瑞林[J]. 中国审判，2008，12.
[56] 沈宗灵. 法理学[M]. 北京：高等教育出版社，1994.
[57] 汪全胜. 立法后评估研究[M]. 北京：人民出版社，2012.
[58] 朱力宇，叶传星. 立法学[M]. 北京：中国人民大学出版社，2015.
[59] 王玮. 引入第三方评估开启立法新路[N]. 中国环境报，2014-11-26.
[60] 郭新磊. 法律清理：中国法律将迈向法典化[J]. 法治与社会，2010，10：12.
[61] 张鸣起. 新《环境保护法》的突破和亮点[N]. 北京日报，2014-11-10.
[62] 朱力宇，叶传星. 立法学[M]. 北京：中国人民大学出版社，2015.
[63] 于勇，李焱. 曲格平：周总理“逼”出了新中国第一代环保人[N]. 经济日报，2015-01-09.

[64] 汪恕诚. 关于《中华人民共和国水法(修订草案)》的说明[OL]. http://www.npc.gov.cn/wxzl/gongbao/2002-10/18/content_5300890.htm[2017-09-15].

[65] 李鹏. 立法与监督——李鹏人大日记[M]. 北京：新华出版社，中国民主法制出版社，2006.

[66] 郭薇. 国家环保机构沿革的亲历者曲格平访谈录[N]. 中国环境报，2008-03-18.

[67] 廖健，宋汝冰. 加强党对立法工作领导的路径分析[J]. 红旗文稿，2015，5：15.

[68] 童怀平，李成关. 邓小平八次南巡纪实（卷六）[M]. 北京：解放军文艺出版社，2004.

[69] 中共中央文献编辑委员会. 邓小平文选（第二卷）[M]. 北京：人民出版社，1994.

[70] 中共中央文献编辑委员会. 邓小平年谱（1975—1997）[M]. 北京：中央文献出版社，2004.

[71] 季卫东. 论法律试行的反思机制[A]//李楯. 法律社会学[M]. 北京：中国政法大学出版社，1999.

[72] 曲格平. 关于《中华人民共和国环境保护法（修改草案）》的说明[OL]. http://www.npc.gov.cn/wxzl/gongbao/2000-12/27/content_5002341.htm[2017-07-15].

[73] 汪光焘. 关于《中华人民共和国环境保护法修正案（草案）》的说明[OL]. http://www.npc.gov.cn/huiyi/lfzt/hjbhfxzaca/2012-08/31/content_1735795.htm[2012-08-27].

[74] 沈娟. 全国人大五位负责人就人大工作答记者问实录[OL]. http://www.npc.gov.cn/npc/sjb/2013-03/10/content_1773898.htm[2013-03-10].

[75] 张鸣起. 全国人民代表大会法律委员会关于《中华人民共和国环境保护法修正案（草案）》修改情况的汇报[OL]. http://www.npc.gov.cn/wxzl/gongbao/ 2014-06/23/content_ 1879668.htm[2013-06-26].

[76] 吴晓青. 环保部回应环保法修改：将在加强治污上有大突破[OL]. http://cppcc.people.com.cn/n/2014/0308/c376900-24574862.html[2014-03-08].

[77] 金成波. 信息与规制事务办公室：美国行政立法的看门人[J]. 国家行政学院学报，2016（5）：126-130.

[78] 汪全胜. 美国的行政立法听证制度探讨[J]. 行政法学研究，2001，3：78.

[79] Nancy K. Kubasek.environmental law（sixth edition）[M]. 北京：清华大学出版社，2008.

[80] 刘卫井. 美国西部大开发中的生态环境问题[N]. 光明日报，2000-05-19.

[81] 周珂. 环境保护法修改应具历史责任感[N]. 法制日报，2011-11-29.

[82] 王林. 环评法究竟该怎么改[N]. 中国青年报，2015-03-19.

[83] 郭薇. 全国人大常委会通过对环境影响评价法等六部法律的修订修改[N]. 中国环境报，

2016-07-04.

[84] 王锡锌. 行政过程中公众参与的制度实践[M]. 北京：中国法制出版社，2008.

[85] 蔡定剑. 公众参与风险社会的制度建设[M]. 北京：法律出版社，2009.

[86] [美]蕾切尔·卡逊. 寂静的春天[M]. 吕瑞兰，李长生，译. 上海：上海译文出版社，2011.

[87] 朱琳. 新环保法实施两年：配套立法建设亟待加强[N]. 法制日报，2017-05-02.

[88] 沈国明. 对“人大主导立法”的几点理解[OL]. http：//www.npc.gov.cn/npc/bmzz/llyjh/2016-06/06/content_1991142.htm[2016-06-06].

[89] 李飞. 全国人大环资委与环保部开展《环保法》修改调研[N]. 中国环境报，2011-04-18.

[90] 张德江. 在十二届全国人大三次会议上作的常委会工作报告（摘要）[N]. 经济日报，2015-03-09.

[91] 常纪文. 环境保护需党政同责[N]. 中国环境报，2013-12-06.

[92] 万其刚. 彭真话立法[J]. 中国人大，2011，15：48.

[93] 张晓彤. 包景岭代表：大气污染防治法需要修改[N]. 人民法院报，2015-03-11.

[94] 信春鹰：深入推进科学立法、民主立法[OL]. http：//www.npc.gov.cn/npc/xinwen/ 2014-11/05/content_1885586.htm[2017-05-01].

[95] 张璇. 潘岳首度回应遭遇沙尘暴事件[OL]. http：//www.ce.cn/xwzx/gnsz/gdxw/200705/12/t20070512_11331125.shtml[2007-05-12].

[96] 王玮，李成思. 大气污染防治法修改了什么？——访中国环境科学研究院副院长柴发合[N]. 中国矿业报，2014-10-14.

[97] 曹滢，蔡梦晓. 环保部部长陈吉宁感谢柴静拍摄雾霾纪录片[OL]. http：//news.xinhuanet.com/politics/2015-03/01/c_1114477764.htm[2017-05-06].

[98] 蒲晓磊. 新环保法施行一年“长出牙齿”——访全国政协社法委副主任吕忠梅[N]. 法制日报，2016-02-23.

[99] 梁慧星. 法律的规范性[OL]. http：//www.iolaw.org.cn/showNews.asp？id=4827[2017-05-01].

[100] 金煜. “康菲溢油”重大事故环境公益诉讼首立案[N]. 新京报，2015-07-26.

[101] [德]哈贝马斯. 交往与社会进化[M]. 重庆：重庆出版社，1989：188-189.

[102] 邹春霞. 党政机关约谈机制解析：谈后不改将被处理处分[N]. 北京青年报，2014-06-16.

[103] 民建北京市委法制委员会. 推动京津冀协同发展的法律合作建议[N]. 人民政协报，2017-02-07.

[104] 何渊. 论美国宪法“协定条款”的法律变迁及对中国区域法律治理的启示[J]. 比较法研究，2016（2）：155.

[105] 伍长南. 深入实施区域协调发展战略[N]. 福建日报，2017-10-30.

[106] 朱剑红. 我国重构国土空间开发格局[N]. 人民日报，2011-06-09.

[107] 张文显. 二十世纪西方法哲学思潮研究[M]. 北京：法律出版社，1998：145.

[108] [美]诺内特，塞尔兹尼克. 转变中的法律与社会：向回应型法迈进[M]. 张志铭，译. 北京：中国政法大学出版社，2004：53.

[109] 杨育才. 专家吁制订《长江法》遏制各地分割困局[N]. 新闻晨报，2007-04-18.

[110] 朱磊. 抓紧研究制定国土空间开发法[N]. 法制日报，2013-06-22.

[111] 林震，冯天. 邓小平生态治理思想探析[J]. 中国行政管理，2014，8：11.

[112] 李可. 中国森林立法史与《森林法》之修改 [J]. 浙江林学院学报，2005，1：115.

[113] 姚传法.《森林法》之重要性[J]. 林学，1944，3（1）.

[114] 东北物资调节委员会. 东北经济小丛书[M]. 北京：中国文化服务社，1948.

[115] 杨钟. 关于《中华人民共和国森林法（修改草案）》说明[OL]. http：//www.npc.gov.cn/wxzl/gongbao/2000-12/26/content_5001551.htm[2000-12-26].

[116] 温铁军. 我国集体林权制度三次改革解读[N]. 经济参考报，2009-08-13.

[117] 陈耀邦. 关于《中华人民共和国森林法修正案（草案）》的说明[OL]. http：//www.npc.gov.cn/wxzl/gongbao/2000-12/17/content_5003927.htm[2000-12-27].

[118] 丁伟，严冰，李忱. 曲格平等三位人大代表答中外记者问[N]. 人民日报，2001-03-10.

[119] 陈丽平. 代表建议修改森林法修改草案征求意见稿已形成[N]. 法制日报，2015-02-16.

[120] 国家林业局. 修改《森林法》解决采伐限额指标等问题[OL]. http：//energy.people.com.cn/n/2014/0225/c71890-24461015.html[2014-02-25].

[121] 朱景文. 当代中国立法中的法律移植[J]. 河南省政法管理干部学院学报，2006，4.

[122] 钱正英. 关于《中华人民共和国水法（草案）》的说明[OL]. http：//www.npc.gov.cn/wxzl/gongbao/1987-11/17/content_1481049.htm[2017-09-15].

[123] 水利部水政司. 中华人民共和国水法的制定与实施[A]//中国法律年鉴[M]. 北京：法律出版社，1989.

[124] 汪恕诚. 关于《中华人民共和国水法（修订草案）》的说明[OL]. http：//www.npc.gov.cn/wxzl/gongbao/2002-10/18/content_5300890.htm[2001-12-24].

[125] 李锡铭. 关于《中华人民共和国水污染防治法（草案）》的说明[OL]. http：//law.npc.gov.cn/FLFG/flfgByID.action？flfgID=151661&showDetailType=QW&zlsxid= 23 [2017-09-15].

[126] 秦仲达. 关于修改《中华人民共和国水污染防治法修正案（草案）》的说明[OL]. http：//www.npc.gov.cn/wxzl/gongbao/2000-12/06/content_5003543.htm[2017-09-15].

[127] 周生贤. 关于《中华人民共和国水污染防治法（修订草案）》的说明[OL]. http：//www.npc.gov.cn/npc/zt/2008-05/20/content_1494738.htm[2007-08-26].

[128] 吕宗恕. 水利部前部长眼中的水电是非[N]. 南方周末，2011-07-01.

[129] 童克难，王玮. 人大代表谈水污染防治法修改，水环境和水生态并重[N]. 中国环境报，2016-03-03.

[130] 陈斯喜. 开门立法成效很好，健全公众意见反馈机制[N]. 新京报，2012-06-19.

[131] 孙秀艳.《水污染防治法》修订草案公开征求意见[N]. 人民日报，2016-06-15.

[132] 彭波，张潇月. 立法岂能部门化[新视野 •关注立法法修改（下）][N]. 人民日报，2014-11-19.

[133] 汪韬. 曲格平：四十年环保“锥心之痛”[N]. 南方周末，2013-12-26.

[134] 叶如棠. 关于《中华人民共和国大气污染防治法（草案）》的说明[OL]. http：//www.npc.gov.cn/wxzl/gongbao/2000-12/26/content_5001973.htm[2017-09-10].

[135] 童卫东. 修订后的《大气污染防治法》新在哪儿[N]. 中国青年报，2000-09-02.

[136] 中新社. 人大拟修订大气污染防治法，为治理雾霾提供法律保障[OL]. http：//qh.people.com.cn/n/2014/0305/c346768-20701665.html[2014-03-05].

[137] 周生贤. 关于《中华人民共和国大气污染防治法（修订草案）》的说明[OL]. http：//www.npc.gov.cn/wxzl/gongbao/2015-11/10/content_1951867.htm[2017-05-10].

[138] 孙宝树. 全国人民代表大会法律委员会关于《中华人民共和国大气污染防治法（修订草案）》审议结果的报告[OL]. http：//www.npc.gov.cn/wxzl/gongbao/2015-11/10/ content_1951911.htm[2015-08-24].

[139] 常纪文.《大气污染防治法》修订存在不足，可实施性打折扣[OL]. http：//money. 163.com/15/0831/12/B2BM5K0M00253B0H.html[2015-08-31].

[140] 环境保护部. 努力留住美丽蓝天——环境保护部副部长潘岳谈新修订的《大气污染防治法》[OL]. 环境保护部，http：//www.mep.gov.cn/gkml/hbb/qt/201509/t20150906_309375.htm [2015-09-06].

[141] 饶常林，常健. 我国区域行政立法协作：现实问题与制度完善[J]. 行政法学研究，2009，

3：58.

[142] Nancy K Kubasek，Gary S Siverman. Environmental Law（Six Edition）[M]. 北京：清华大学出版社，2008.

[143] Gu Liping. Promoting rule of law needs CPC leadership：communique[OL]. http：//www.ecns.cn/voices/2014/10-24/139801.shtml[2014-10-24].

[144] Tracyliu. China's legislature adopts revised Environmental Protection Law[OL]. http：//www.npc.gov.cn/englishnpc/news/Legislation/2014-04/25/content_1861275.htm[2014-04-25].

[145] Wild & Scenic Rivers Act，October 2，1968[OL]. https：//www.rivers.gov/national-system.php [2017-09-15].

[146] Rachel Carson. Silent Spring [M]. London：Mariner Books，2002.

[147] EPA. Summary of the National Environmental Policy Act[OL]. https：//www.epa.gov/laws-regulations/summary-national-environmental-policy-act[2017-09-15].

[148] Strong Maurice. Where on Earth are We Going？[M]. Toronto：Knopf Canada，2001.

[149] Elizabeth R DeSombre. Global Environmental Institutions[M]. New York：Rutledge，2006.

[150] John Baylis，Steve Smith. The Globalization of World Politics [M]. 3rd. Oxford：Oxford University Press，2005.

[151] Yellowstone National Park.Birth of a National Park [OL]. https：//www.nps.gov/yell/learn/historyculture/yellowstoneestablishment.htm[2017-05-09].

[152] Yu Jun. The Transformation of Local Government Function in the Background of Global Environmental Protection —Taking Guilin as an Example[A] .2011 International Conference on Public Administration（7th ICPA），2011：115-120.

[153] UNEP Official.Development of Tourism must be Sustainable [OL]. http：//english.enorth.com.cn/ system/2002/11/19/000456735.shtml[2002-11-19].

[154] UNEP. Agenda 21，Section Ⅲ，Chapter 28，Article 1，1992[OL]. http：//www.un.org/esa/agenda21/natlinfo/countr/usa/natur.htm[2017-09-18].

[155] Yu Jun. Thailand's Sustainable Tourism Act and Its Revelation to China——Case Studies of Lijiang's Ecotourism[J]. Around Southeast Asia，2009（9）：70-72.

[156] Guang Cai. Guilin Promotes Further Tourism Growth [N]. China Daily，2006-10-30.

[157] Steven Ferry. Environmental Law：Examples and Explanations[M]. Citic Publishing House，

2003.

[158] Jon Birger Skjærseth，Olav Schram Stokke and Jørgen Wettestad. Soft Law，Hard Law，and Effective Implementation of International Environmental Norms[J]. MIT Press in its journal Global Environmental Politics，2006，6（3）：104-120.

[159] Wang Wei-quan. On Intergovernmental Cooperation Problem and its Solution[J]. Journal of Public Management，2005（3）：35-36.

[160] Jack Harich.What is the future of environmentalism？[OL]. http：//www.thwink.org/sustain/glossary/Experiment.htm[2016-12-26].

[161] Witold Pedrycz，Petr Ekel. Fuzzy Multicriteria Decision-Making：Models，Methods and Applications[M]. Peking：Wiley，2011.

[162] Radkau，Joachim. Nature and Power. A Global History of the Environment[M]. Cambridge University Press，2008.

[163] Sierra Club v. Morton，405 U.S. 727. 1972.

[164] C D Stone. Should Trees Have Standing？- Toward Legal Rights for Natural Objects[A]// R V Percival and D C Alevizatos. Law and the Environment[M]. USA，1997：307-308.

[165] The National Forest Management Act（NFMA） of 1976. http：//en.wikipedia.org/wiki/National_Forest_Management_Act_of_1976.

[166] Kaimowitz D. Forest law enforcement and rural livelihoods[J]. International Forestry Review，2003，5（3）：199-210.

[167] Godfrey，Anthony. The Ever-Changing View-A History of the National Forests in California[M]. USDA Forest Service Publishers，2005.

[168] Gomez-Pompa A and Kaus A. Taming the wilderness myth[J]. BioScience，1992，42：271-279.

[169] Genesis 2：15，cited in Dubos. 1972：45.

[170] Craig L. Shafer National park and reserve planning to protect biological diversity：some basic elements[OL]. http：//www.sciencedirect.com.

[171] Houseal B，MacFarland C，Archibold G，et al. Indigenous cultures and protected areas in Central America[J]. Cultural Survival，1985：10-19.

[172] U.S. Supreme Court，TVA v. HILL，437 U.S. 153（1978），437 U.S. 153.

[173] R Bolt. A Man for All Seasons，Act I，p. 147（Three Plays，Heinemann ed. 1967）.

[174] Oposa v Factoran，G R No. 101083. Retrieved July 30，1993 from http：//www.lawphil.net/judjuris/juri1993/jul1993/gr_101083_1993.html.

[175] Philippe Valentin Giffard.Tennessee Valley Authority V. Hill[M]. Duc Publisher，2012.

[176] Song Miou. China Headlines：Water pollution plan to bring long-term gain[OL]. http：//news.xinhuanet.com/english/2015-04/17/c_134160737.htm[2015-04-17].

[177] Fang Lifeng. Permanent APEC blue possible[OL]. http：//europe.chinadaily.com.cn/opinion/2014-11/26/content_18980804.htm[2014-11-26].

[178] ZHENG JINRAN. Air pollution law in line for legislators' approval[OL]. http：//www.chinadaily.com.cn/china/2015-08/25/content_21693678.htm[2015-08-25].

[179] David Pettit. China's New Environmental Law and the U.S. Clean Air Act[OL]. https：//www.nrdc.org/experts/david-pettit/chinas-new-environmental-law-and-us-clean-air-act[2014-07-07].

附录 1

《立法法》在民族自治地区适用的研究报告*

余　俊

改革开放以来，一些地方政府面对人口资源环境压力管理等亟待解决的问题，需要加强地方立法的规制。为此，2015 年 3 月我国修改《立法法》，将“城乡建设与管理、环境保护、历史文化保护等”地方立法权下放到所有设区的市。立法权下放后，对民族地方立法产生了什么影响，又面临哪些新情况需要解决？下面，笔者以广西壮族自治区的立法为例，阐述一下《立法法》在民族自治地区施行的相关问题及对策建议。

一、民族地区立法权下放后的立法滞涨问题

地方立法是以地方特定国家机关的名义进行的专门活动。地方国家机关是由许多不同职权、不同级别、不同层次的专门机关构成的一个体系，不是这个体系中的所有机关都有权立法，只有其中特定的机关才能立法。随着现代国家所需要管理的行政事务越来越多，相应的职权越分越细，仅靠国家中央机关的立法远远不能满足管理国家的需要，中央机关也无暇顾及各个方面，因此，世界各国都通过不同的方式授予地方一定的立法权限，以更好地管理地方事务，树立法律的权威。新《立法法》第 72 条将立法权下放给“区的市的人民代表大会及其常务委员会”，应该说是地方政府加强地方治理法治化的迫切需求，但从《立法法》下放后广西民族自治地方的施行情况来看，存在着立法权下放后的立法滞涨现象。新《立法法》修改后，广西壮族自治区第十二届人大常委会第十七次会议表决通过《广西壮族自治区人民代表大会常务委员会关于柳州、桂林、梧州、北海、钦州、玉林等地开始行使地方立法权的决定》，授予了柳州、桂林等 6 市地方立法权。加上南宁作为省会所在市，根据旧《立法法》已有地方立法权，这说明到 2015 年 8

* 本文发表于《地方立法研究》，2017 年第 1 期。

月为止，广西有 7 个设区的市获得了地方立法权。据此，有地方立法权的设区的市都开始制定一些地方性法规。例如，继 2016 年 3 月广西壮族自治区人大常委会批准了《桂林市地方性法规制定条例》后，桂林市第四届人大常委会第三十九次会议又审议通过了《桂林市石刻保护条例》（2016 年 8 月 31 日）这样一部地方性实体性法规。除此之外，《桂林市市容与环境卫生管理条例》《漓江风景名胜区管理条例》《桂林市乡村旅游条例》《桂林市地方戏曲保护条例》《桂林市出租汽车管理条例》《桂林市城市违法建筑（建设）治理办法（暂行）》等也列入了 2016 年的立法计划中的调研项目。与桂林一样，柳州等市也加快了地方立法的节奏。《柳州市立法条例》已由柳州市第十三届人民代表大会第八次会议于 2016 年 1 月 21 日通过，经广西壮族自治区第十二届人民代表大会常务委员会第二十二次会议于 2016 年 3 月 31 日批准，这是柳州市行使地方立法权后制定的首部地方性法规。《柳州市莲花山风景区生态环境保护条例（草案）》《柳江流域生态环境保护条例（草案）》《柳州市物业管理办法（草案）》都被纳入《柳州市人大常委会 2016 年立法计划》，目前已进入起草阶段。其中，《柳州市莲花山风景区生态环境保护条例（草案）》已准备提交柳州市人大审议，这将是柳州市的首部地方立法的实体法。2015 年 12 月 10 日下午，自治区第十二届人大常委会第二十次会议进一步将地方立法权下放范围扩大，决定：防城港、贵港、百色、贺州、河池、来宾、崇左市人民代表大会及其常务委员会自 2016 年 1 月 1 日起开始行使地方立法权，这意味着，从 2016 年元旦开始，广西 14 个设区的市将全部享有地方立法权。这些新设的“设区的市”目前也加快了地方立法的步伐，例如贺州市的《黄姚古镇保护条例》，也进入了起草论证阶段。

地方立法的权限扩容、数量增多，这种现象有好有坏。好的一方面说明地方政府对依法进行改革的理念得以确立；坏的一方面说明地方政府对立法需求、立法目的论证不够，片面追求立法数量而忽视立法质量的提高。一些地方政府之所以出台了这么多地方性法规，其立法目的不是为了保障“城乡建设与管理、环境保护、历史文化保护等”过程中的公民权利，而是为了行政管理方便的需要，立法偏重义务规制而忽视权利保障，因此出现了一些在老百姓看来完全没有特色、可操行性的法规，立法只是抄袭上位法的表面繁荣实质无制度公信力的立法滞涨问题。

二、民族自治地方双轨制立法体制的问题

从立法事项化分，环境保护、传统文化保护历来是民族地区立法变通权限范围，包括一些自治县、自治州都可以在这方面进行立法，可是为何民族地区的地方政府在《立法法》修改之前立法频率不快、数量不多，而《立法法》修改后，却出现了地方立法热潮。这就涉及民族自治地方的一个双轨制立法体制的问题。

在民族自治地方，存在双轨制立法体制问题。全国人大常委会副委员长李建国在《关于立法法修正案草案的说明》中说："根据民族区域自治法关于'自治州的自治机关行使下设区、县的市的地方国家机关的职权，同时行使自治权'的规定，在自治州人民代表大会可以依法制定自治条例、单行条例的基础上，建议相应赋予自治州人大及其常委会设区的市的地方立法权。"因此，根据《中华人民共和国民族区域自治法》第 4 条、《立法法》第 72 条的规定，民族自治地方的立法机关不仅可以制定自治条例、单行条例和对一些法律做出变通性的规定，而且自治区、自治州也具有一般的"设区的市"的立法权。但因自治区单行条例制定程序法律有特别要求，须报全国人大常委会批准后生效，这就"限制了"自治区、自治州制定单行条例的积极性。所以民族自治地区存在双轨制立法体制问题，他们常常弃置自治条例、单行条例和变通立法权不用而选择一般性的地方立法。

例如，2016 年 5 月 25 日广西壮族自治区第十二届人民代表大会常务委员会第二十三次会议第二次修订新修订的《广西壮族自治区环境保护条例》，而不是《广西壮族自治区环境保护单行条例》或《广西壮族自治区环境保护变通条例》。此外，2014 年 11 月 28 日广西壮族自治区第十二届人民代表大会常务委员会第十三次会议通过的《广西壮族自治区湿地保护条例》；2011 年 11 月 24 日广西壮族自治区第十一届人民代表大会常务委员会第二十五次会议通过的《广西壮族自治区漓江流域生态环境保护条例》；2010 年 1 月 24 日广西壮族自治区第十一届人民代表大会常务委员会第十三次会议通过的《广西北部湾经济区条例》，都是一般性的地方性法规而不是自治区的单行条例或变通立法。

从全国范围来看，也存在这种现象。虽然五大自治区近年来出台的地方立法较多，但其中主要是地方性法规。这主要是因为根据新《立法法》第 75 条的规定，民族自治地方的人民代表大会有权依照当地民族的政治、经济和文化的特点制定

的自治条例和单行条例需要“报全国人民代表大会常务委员会批准后生效”，自治州、自治县的自治条例和单行条例需要“报省、自治区、直辖市的人民代表大会常务委员会批准后生效。”而地方性法规较自治条例、单行条例在立法程序上较为宽松、立法主体上较为广泛、内容上也不必担心因变通而可能违宪或“违背法律或者行政法规的基本原则等”。正是由于这些原因，所以自治区地方政府倾向于制定地方性法规以满足本地区经济社会发展的需求，往往以地方性法规“代替”单行条例。因此，国家虽然授予了民族自治地方可以依照当地民族的特点行使自治立法权、变通立法权，自治区地方政府却由于立法程序审批的复杂而运用不多。

三、民族地区立法权下放后的 SWOT 分析

随着我国经济社会的发展和改革的不断深化，人民群众对加强和改进立法工作有许多新期盼。根据《中共中央关于全面推进依法治国若干重大问题的决定》提出了新要求，地方治理的法治化面临不少需要研究解决的新情况、新问题。为了适应地方立法权下放后民族地区立法工作的新形势新任务，推进国家治理体系和治理能力现代化，建设社会主义法治国家，民族地区要根据民族特点，应做好立法决策，以解决立法权下放后出现的问题。

SWOT 是一种分析方法，又称强弱机危综合分析法，是一种决策分析方法，通过评价立法决策的优势（Strengths）、劣势（Weaknesses）、竞争市场上的机会（Opportunities）和威胁（Threats）。这种方法运用在立法决策中，有利于我们提高地方立法的质量和效果。

（一）优势（Strengths）

我们国家的民族区域自治制度，是中国共产党结合中国国情建立的一种基本政治制度。1949 年《中国人民政治协商会议共同纲领》中明确规定：“各少数民族聚居的地区，实行民族区域自治，按照民族聚居的人口多少和区域大小，分别建立各种民族自治机关。”1952 年，民族区域自治实施纲要发布，民族区域自治开始全面推行。1954 年宪法以将其制度写入宪法，称为我国基本政治制度之一。由于“文革”影响，民族区域自治政策没有得到发展，反而遭到了破坏。1984 年，民族区域自治法颁布实施，进一步以法律的形式把民族区域自治政策固定了下来，

使民族区域自治进入法制化轨道。2001 年 2 月 28 日，第九届全国人民代表大会常委会修改通过了《中华人民共和国民族区域自治法》，修改和增加的内容主要是经济、环境和文化方面的内容，增加了含金量，突出了可操作性，充分体现了党和国家对少数民族地区的关怀和照顾，使我国的民族区域自治制度更加完善。《立法法》将“城乡建设与管理、环境保护、历史文化保护等”地方立法权下放，这对民族区域自治制度必然产生很大影响。因为在少数民族自治区，由于大多地方自然环境优雅美观，且少数民族文化丰富多样，新《立法法》将“城乡建设与管理、环境保护、历史文化保护等”地方立法权下放到民族自治地区，这就从立法权限补充了《民族区域自治法》关于民族地方立法权限的内涵，为民族区域自治地方进行生态环境保护、文化多样性保护等立法提供了新的契机。因此，立法权下放后，民族自治地方应把握这一立法优势，制定一些立法质量好、有民族特色的地方性法规。

（二）劣势（Weaknesses）

在我国许多民族地区，有着优美的自然环境和丰富的人文资源，因此许多地方被全国主体功能区域规划列为国家公园、民族特色村寨等生态保护区。但这些民族地区经济一般比较落后，这就产生了环境保护、传统文化传承与发展的法律价值冲突问题。资源是民族地区的优势，在民族地区设立生态保护区，涉及经济、政治、文化、生态和社会发展的关系协调。民族区域自治是我国一项重要的政治制度，随着“一带一路”战略部署的展开和国家主体功能区域的划分，这必将会给《民族区域自治法》注入新的内容，但也遇到了各种各样的新问题需要解决。由于生态环境、文化保护与城乡建设、经济发展之间还存在矛盾与冲突的一面。在市场经济条件下，如果民族地区只是对环境资源、传统文化传承进行立法保护而不将这种保护融入社会主义市场经济的发展潮流中去，必然不容易被普通老百姓接受。环境保护、传统文化保护与经济发展是有矛盾的，这就需要立法进行法益平衡。随着市场经济的发展，民族自治地区的环境保护、传统文化传承必然受到前所未有的冲击。特别是一些弱小民族的传统文化难以抵御外来、主流文化的强大冲击。在商业、建筑业、旅游业等获得空前发展的同时，原有的最具识别与相互认同的民族建筑，服装，生活、娱乐方式的存续将受到威胁。在一些民族自治地区，由于缺乏文化保护意识，为谋求高效益经济的发展，对文化遗迹的开发单纯追求旅游业的高利润，加上缺乏规划，管理混乱，一窝蜂地修建高速公路和娱乐设施，严重地破坏了自然景观和文化景观的协调性。如何根据民族自治地区的不同情况进行立法，在绿色发展中获得文化多样性和生态保护的多赢，任务还相当艰巨。因此，民族地区在立法决策中，面临着经济发展对生态环境、文化保护、城乡建设立法与市场经济体制的衔接问题。如果民族区域的地方立法不能协调好生态环境、文化保护、城乡建设与经济发展之间的关系，必然导致少数民族的生态环境、文化保护、城乡建设特色衰落问题。

（三）机会（Opportunities）

在“设区的市”没有立法权时，一些民族地区的“自治县”面临着城市化发展与民族文化保护立法的矛盾冲突。我国民族区域自治地方，随着经济的发展，城市化进程得到了迅速发展，出现了一大批以农垦、工矿业基地、铁路及公路交通枢纽为中心的新兴专业城市。城市化必将吸收更多农村劳动力，导致非农业户口人员的增加和原农村地区世居少数民族的流动，这是有利于民族团结、和谐发展，符合少数民族的根本利益。但是，民族地区城镇化的加快，也必然导致一些行政区划的变更，需要少数民族区域的自治州、自治县、民族乡改为市、镇，这必然带来城镇化对农村世居少数民族生存生活方式的冲击。将自治州、自治县（旗）、民族乡改为市、镇后，民族政策的执行就缺乏政策依据和法律支持。因此，有学者提出疑问，“撤销原来自治建制，也就撤销了自治地方自治权力，国家原来给予民族地区的诸如环境资源开发一些优惠政策如何保障，这是否有利于民族团结和谐发展？”例如，云南省丽江市。丽江市原为丽江地区，后根据国家政策建立了丽江纳西族自治县，现改为丽江市。而《民族区域自治法》第 2 条规定：“民族自治地方分为自治区、自治州、自治县。”那么丽江市是否为自治地方，丽江古城内世居民族的环境权利如何保障？另外一些学者则认为，随着经济的不断发展，人口不断增加，城镇化改革和民族融合是必然趋势。为此，国家才实施主体功能区域战略，该实施开发的地区（城镇化地区）就应该开发，应该进行生态保护的地区就不开发或限制开发。可这样一来，新问题也就产生了。国家建立国家公园或自然保护区制度，是希望运用法律手段来维护生物多样性和文化多样性。但是生态系统是一定区域经过长期历史形成的生态平衡关系，它不受区划的影响，尤其是人口流动是必然的，那么划分主体功能区后，他们的发展机会是否不一致？还有，从国家公园或自然保护区出来的世居少数民族，他们到城市安家后，这些人变为散居在城市里的个体，他们的传统民族文化如何保护。我们签署了《国际人权宣言》，包括保障这部分群体人权的制度，但相应的配套措施还比较缺乏。在自治县的体制下，一些民族文化可以通过自治立法得到保护，但一旦变为“市”后就没有了立法权，因此，在新《立法法》修改前，民族地区存在着自治县变化为设区的市的决策困境。如果自治县改市，虽然可以促进该区域全方位的发展调控力，可也会失去自治县所具有的立法权。地方立法权下放到所有设区的市，可以化解自治县改市的这一矛盾。

（四）威胁（Threats）

长期以来民族自治地方的自治立法权、立法变通权未得到充分发挥，主要原因是中央与地方立法分权的范围不明确。相比我国改革开放初期设立的经济特区的授权立法，民族地区的自治立法权、立法变通权承载更多的环境保护、民族文化保护等责任，他们不能与中央立法矛盾，只会紧密结合各地实际情况对中央立法进行细化。而经济特区的授权立法是一种特别授权立法，旨在鼓励自由竞争和建立经济秩序、发展市场经济和转变政府职能，发挥了“试验田”的作用。因此，广西在申请《北部湾开发区规划》及相应立法过程中，总想获得全国人大常委会特别授权的立法权，可由于国家对授权立法的紧缩和规范，广西并没有如愿。《北部湾开发区规划》作为国家批准的区域规划，可以对开发区授予一定权限的行政立法权，这是符合我国宪法和《立法法》等法律的，但这种权限极为有限，规格也不高，与经济特区所在地的省、市的人民代表大会及其常务委员会的授权立法不在同一个层次。少数民族自治区域与生态保护区域的功能定位是很相似的，在民族区域如何落实少数民族的自治权利和维护民族团结，这是一个事关全局政治稳定、经济社会全面发展的问题。同时，“城乡建设与管理、环境保护、历史文化保护等”不仅涉及民族区域的发展利益，还涉及民族区域的环境保护、民族文化保护的权利保障和社会责任承担问题。对于具有授权立法的开发地区而言，不能将这些社会责任全部转嫁给环境保护或传统文化保护区域，而应该通过生态补偿和资源产权等制度改善将开发区与生态、文化保护区的功能协调起来，解决地方立法权下放后的各区域的特色立法问题。因此，开发区的授权立法与民族区域的自治立法的功能定位是不同的，此次《立法法》将“城乡建设与管理、环境保护、历史文化保护等”立法权下放后，还需要进一步从理论和实践上理清开发区的授权立法与民族区域的自治立法的关系。

四、立法权下放后民族地区立法体制改革的建议

“完善和发展中国特色社会主义制度，推进国家治理体系和治理能力现代化”作为全面深化改革的总目标，是党的十八届三中全会《决定》的一大亮点，立法体制改革也要围绕这一总目标进行。

（一）地方立法的目的定位要注意平衡权力与权利的关系

地方立法应该以平衡权力与权利的关系为指导原则，避免地方立法权下放后的权力异化问题。德国著名的法哲学家耶林在《法的目的》一书的序言中指出，“目的是全部法律的创造者。每条法律规则的产生都源于一种目的，即一种实际的动机。”但他还有一本书，叫《为权利而斗争》，说明了立法是各种利益博弈的结果，每部法律的出台肯定有利益冲突，不理顺其中的利益关系必然造成法律实施的效果不佳。可是，从当前地方立法的文本来看，大多地方立法主要是加强了义务性法律规范。而对于城乡建设中的住宅权、公民环境权、文化权等问题，出台的法规不多。而且立法中缺乏契约精神和公众参与，老百姓的立法需求未纳入地方政府的立法目的中。例如，《广西壮族自治区环境保护条例》中对广场舞扰民行为的立法禁止，《广西北部湾经济区条例》草案中对行政主管部门先行先试的管理创新免责的条款，这些制度设计都是为了强化行政管理权力和公众的义务遵守，等等。

笔者还对《广西壮族自治区漓江流域生态环境保护条例》立法后的公众反馈进行调研，漓江生态区周边的居民大多认为立法中禁止性规范、义务性规范多，诸如禁止在一定范围内砍树、放鸭等，而生态补偿、生态移民、公众参与等权益缺乏保障。美国著名政治学家奥斯特·罗姆的著作《公共事务的治理之道》针对“公地悲剧”等理论模型进行分析和探讨，为可持续利用公共事务从而增进人类的

集体福利提供了多中心治理的制度基础。奥氏的研究证明："与政府强加各项规章以及纯粹的市场化方式相比，当地社区可以独自更好地管理森林、湖泊和渔场等公共资源。一群相互依赖的个体"有可能将自己组织起来，进行自主治理，从而能在所有人都面对搭便车、规避责任或其他机会主义行为诱惑的情况下，取得持续的共同收益"。因此，在地方立法过程中，我们不能过于迷信白纸黑字的法律权威，还要发挥公众参与的规范机制，激发广大人民参与"城乡建设与管理、环境保护、历史文化保护等"方面积极性。

党的十八届四中全会决定中指出："禁止地方制发带有立法性质的文件"，同时也提出行政机关不得法外设定权力，没有法律法规依据不得做出减损公民权利和增加公民义务的决定。党的十八届四中全会决定应该成为立法权下发后的指导思想，地方政府在立法决策过程中，要加强公众参与，立法要反映公众需求，以改善民生保障公民权利为指导思想，做好立法规划的前期论证工作，健全公众参与立法决策的评估机制，平衡立法过程中的权力与权利的关系。

（二）民族地区特色立法可从单行条例上进行突破

除了从权利保障原则上解决立法滞涨问题，地方立法还可以从"不抵触、有特色、可操作"的原则来解决这一现象。在民族自治地区，还可以从深化民族地区的立法体制机制改革方面，解决新《立法法》的二元立法体制问题来提高地方立法质量。为了使地方立法"不抵触、有特色、可操作"，民族自治地区不能一味按照一般性的地方性实务来策划地方立法，还应该考虑民族特色，从自治条例、单行条例方面来建构"城乡建设与管理、环境保护、历史文化保护等"方面的地方立法事项。目前，由于自治区一级的自治条例涉及的立法内容太广泛，立法面临的难点较多，民族自治地方可以从单行条例上进行突破，以建立具有民族特色的民族区域地方治理的法规规章体系。

笔者认为，民族地区立法不要求数量而应注重质量，不要怕程序复杂而应该把握好特色立法这一优势。既然新《立法法》将"城乡建设与管理、环境保护、历史文化保护等"方面立法权限下放给地方，这说明这些事项需要地方政府积极参与，而这恰好是民族区域自治特色立法的优势和加强地方治理法治化的机会所在，因此，民族地区可以制定城乡建设与管理、环境保护、历史文化保护等方面的单行条例。就广西壮族自治区而言，可以制定《广西壮族自治区环境保护单行条例》等，对我国的《环境保护法》《非物质文化遗产保护法》《环境影响评价法》等法律进行变通立法，以体现民族自治地方的特色。例如，我国现行的《环境保护法》将“环境”概念局限于自然环境，难免对民族文化这种人文生态有所忽视，单行条例可以对“环境”一词进行变通解释，将民族地区生态环境和民族文化联系起来进行保护。因为，我国民族地区拥有丰厚的传统文化底蕴和特色鲜明、样式众多的民族生态文化遗产和自然风光，而且这些传统文化与自然环境相互依托而生，如何保护这些传统文化和自然环境，我国现有的环境保护法、非物质文化遗产保护法还有许多不足之处。为此，民族地区可以变通我国的《环境保护法》和《环境影响评价法》中的“环境”概念，扩展生态保护区的内涵，将文化生态保护区与自然生态保护区结合起来整体性进行保护。

五、小结

总之，随着深化改革的进一步实施，民族区域地方立法要以习近平总书记阐述的五个发展理念作为指导思想，根据宪法至上、法制统一的原则，将物质文明、政治文明、精神文明、生态文明、社会文明的协调发展作为目标，丰富改善地方性法规规章体系，从地方立法层面将《立法法》与《民族区域自治法》等国家法律的实施落实下去，促进地方治理法治化，为民族团结、平等、共同发展提供制度保障。

附录 2

从部门立法到社会立法

——《广西壮族自治区漓江流域生态环境保护条例》评析

余 俊[1] 黄 坚[2]

（1. 桂林电子科技大学，桂林 541004；2. 广西壮族自治区法制办公室，南宁 500012）

根据国家“十二五”规划中的主体功能区战略和 2009 年《国务院关于进一步促进广西经济社会发展的若干意见》，广西桂林成为我国首个获得国务院层面确定建设的旅游综合改革试验区，它也是我国首个以城市为单位建设的国家旅游综合改革试验区。美丽的漓江不仅是广西旅游发展的资本，也是国家确定的重要生态保护区域，如何保护漓江并促进该区域经济社会生态等方面协调发展，引起了人们的思考。为解决这一问题，2011 年 11 月 24 日，广西壮族自治区第十一届人大常委会第二十五次会议表决通过了《广西壮族自治区漓江流域生态环境保护条例》（以下简称《漓江条例》），该条例于 2012 年 1 月 1 日起施行。《漓江条例》从制度入手，抓准可持续发展的切入点，有效地平衡环境保护与发展的关系，切合实际地制定了一些具体措施，在民主立法、科学立法方面做了有益的探索，为此，特将其实施后成功的经验和不足之处进行评析。

一、立法背景

在水流域生态管理方面，由于国家以前主要是针对某一方面分别进行立法，形成了比较分散的部门管理体制，没有一部整体性的水流域管理法律。在既有的法律体系框架下，如何通过地方立法，形成一种协调性的综合管理体制，始终是地方立法难以突破的瓶颈。在《漓江条例》制定以前，由于涉及多个部门对漓江“齐抓共管”，国家法律对环境管理责任承担又不明确，环境管理难以协调，漓江污染源治理也就难以根绝。例如，漓江的船舶污染，属于海事部门管辖，但也归环保部门管。漓江沿岸开河口、挖沙等行为，除了归水利部门管，矿产部门也“有份”……“多头管理”导致难执法。又如，按照法律规定，设区的市要进行规划环境影响评价，可在企业没有进行环境影响评价的时候，就出现卫生、工商就已发证，银行也早已放贷的情况。

制度的缺失导致漓江经常存在季节性枯水、水质污染、水土流失等环境问题。2000 年广西申请了世界银行贷款项目——“桂林漓江环境综合整治”，按照世界银行贷款要求，政府应通过水质和水量综合治理措施，保护和改善漓江流域生态环境质量。该项目 2007 年竣工后，漓江生态环境保护有了很大改善，但还缺乏维持漓江可持续发展的长效机制。2007 年中华律师协会与广西律师协会针对漓江环境问题进行了为时一周的调查，并撰写了《桂林市环境行政执法状况调查》和《漓江调查报告》。2007 年 11 月 18 日，中华全国律师协会环境与资源法专业委员会和广西律师协会环境与资源法专业委员会联袂在桂林通过并发布了《漓江宣言》，向社会呼吁通过立法保护漓江，这是全国第一个以宣言的形式来呼吁保护专条河流，此举在社会上引起了强烈反响。2008 年 2 月，中华全国律师协会向自治区人大常委呈交了《关于保护漓江实现可持续发展立法建议》，认为有必要通过立法来保护漓江，实现漓江的全面可持续发展，提议受到广西壮族自治区人大常委及政府的高度重视。2007 年年底，广西壮族自治区法制办公室就根据桂林市政府的申请，将漓江保护立法项目立项并于 2008 年列入自治区立法规划。2009 年，桂林市政府作为起草单位，经过一年的努力，于 2010 年完成了条例草案初稿的起草。广西壮族自治区法制办于 2010 年 10 月和 2011 年 5 月分别进行了网上公开征求意见，并针对这些意见对条例内容进行补充和修改。在如此不断完善的基础上，最终于 2011 年 11 月经广西壮族自治区第十一届人大常委会第二十五次会议审议并表决通过。

回眸漓江生态环境保护路程，《漓江条例》的出台把漓江保护问题上升到法律层面，带来了强势约束力。从《漓江条例》立项、起草、审核、表决到通过，经过了无数行政管理者、专家、学者以及普通广西人民多年的不懈努力。因此，对其经验进行总结评估，对改善地方立法具有重大的理论价值和实践意义。

二、立法过程中的民主性和科学性

（一）各部门协同决策，汇聚集体智慧

2009 年《漓江条例》确定为广西壮族自治区人民政府立法工作计划调研项目后，桂林市人民政府作为《漓江条例》的起草单位，成立了《漓江条例》起草领导小组，由市法制办牵头，组织了 7 个部门和单位开始了艰苦的考察调研和起草工作。经过一年多的努力，桂林市人民政府完成了《漓江条例》草案初稿的起草，并经市政府第七十七次常务会议和市委常委第一百一十二次会议研究通过，于 2010 年年初报送自治区法制办进行审查。自治区法制办接审后，加强与自治区人大各专委、桂林市人民政府沟通，多次前往桂林与起草小组成员进行实地交流。2010 年 5 月底以来，自治区人大常委会法制委员会、环境与资源保护委员会、农业与农村委员会、常委会法制工作委员会提前介入《漓江条例》起草工作，与自治区法制办反复研讨《漓江条例》立法指导思想、结构框架和主要内容，争取形成共识，缩小认识差距，提高立法效率。2010 年 11 月 23 日，自治区法制办通过主任办公会议集体讨论，形成《条例（草案审查稿）》，以桂法制报〔2010〕46 号文上报自治区人民政府。2011 年 1 月 30 日，经广西壮族自治区第十一届人民政府第七十七次常务会议第一次审议后，对条例做出了进一步的修改和完善。2011 年 7 月 19 日，自治区第十一届人民政府第八十七次常务会议第二次审议并原则通过了条例草案。2011 年 9 月 22 日，自治区第十一届人大常委会召开第二十三次会议，常委会组成人员对条例草案提出了 64 条意见和建议。经过多次讨论和反复修改，2011 年 11 月 24 日，漓江流域生态环境保护条例草案终于通过自治区人大常委会审议。

（二）建立委托专家立法制度，尊重科学立法

漓江生态区作为山水结合的旅游胜地，保护的区域包括猫儿山国家级自然保护区、青狮潭自治区级自然保护区、海洋山自治区级自然保护区、会仙喀斯特国家湿地公园等生态保护区域。为了使条例制定得更加科学，各级领导以及相关的专家学者先后对桂林市区、兴安、阳朔等地进行实地调研 100 多次，并多次召开

生态学专家、法学专家等座谈会、论证会，就《漓江条例（草案）》中的相关科学问题进行研究讨论，广泛听取专家们的各种建议和意见。除此之外，广西壮族自治区法制办在《漓江条例（草案）》起草过程中，对科学立法有了一些新的突破，例如，2008 年 6 月 27 日，广西壮族自治区法制办正式向广西律师协会递交委托函，委托广西律师协会对《漓江条例》起草专家建议稿，这是广西壮族自治区建立委托专家立法制度首次的尝试。又如，2011 年 11 月 18 日，自治区人大在二审《漓江条例》草案时运用 “论辩会”的方式听取专家学者的意见和建议。论辩会由广西大学法学院、广西壮族自治区政法管理干部学院等有关单位的学者构成，分正反两方对条例中的部分条款进行激烈的论辩，并组织专家进行评析。这种通过论辩会起草法规的形式，不仅新颖活泼，而且具有社会影响力。

（三）吸收公众参与立法，重视信息反馈

由于漓江流域的生态保护涉及周边 300 万居民的相关权益，因此，立法的民主性对立法能否取得成功影响深远。在公众参与立法的路径和方式方面，《漓江条例》的制定也取得了一些重要突破。广西壮族自治区法制办通过网络、报纸等新闻媒体的宣传，在公众参与立法的普及度方面得到了很大提高。例如，2010 年 10 月广西壮族自治区法制办将《漓江条例（草案征求意见稿）》公布在广西壮族自治区政府法制网上，公开向社会各界征求意见，市民可登录广西壮族自治区政府法制网查看意见稿全文，并可通过信函或发送电子邮件的方式提出自己的意见和建议。根据公众反馈信息，自治区法制办将《漓江条例（草案）》修改后，又于 2011 年 5 月公开在自治区人民政府门户网站及广西壮族自治区政府法制网面向社会进行第二次公开征求意见。为了提高《漓江条例（草案征求意见稿）》的说服力，第二次征求意见稿在保留了第一次征求意见稿原有架构的基础上，做了几方面的调整补充，不仅公布了全文，而且通过附图形式将漓江生态环境保护范围区域介绍给公众。这些举措让人一目了然，提高了公众的可接受性和易参与性。

三、立法效果之评估

由于我国目前还没有立法后评估制度，有关政府机构对于立法后评估结果也没有公示、公开，学者们零碎的调查研究所获得的数据没有系统性。鉴于新闻媒

体在立法信息反馈方面的相对权威性和真实性，下面以《广西日报》等媒体公布的数据对《漓江条例》实施后效果进行一下简要评析。

漓江流域流经一市五县，是一条开放的河流。过去，漓江的管理长期实行属地管理、各部门分级负责的体制，多头管理造成职责权属不清，部门之间逐利推责，协调配合难。《漓江条例》颁布实施后，由于条例授予了漓江流域管委会等相关职能部门相对集中的行政许可权和行政处罚权，这使漓江流域综合整治工作有了很大改善。同时，《漓江条例》还建立了目标责任管理制度，将环保责任纳入相关部门的绩效考核中，实行一票否决的行政问责机制。这些举措极大地提高了《漓江条例》的权威性和约束力，促进了法规的有效实施。

漓江全长437千米，涉及人口数百万。《漓江条例》颁布后，对沿江百姓的生产生活都会造成不同程度的影响。例如，竹筏漂流是沿江百姓利用漓江发财致富的一大产业，经济效益十分可观。然而在《漓江条例》出台之前，由于没有对竹筏漂流的统一管理，“飞钩挂船”“尾随兜售”等不良行为经常发生。筏工之间抢客、斗殴、宰客等不良现象严重影响了漓江旅游的声誉。据2012年2月17日《广西日报》报道：《漓江条例》出台前，江面上有1 000多位村民自制的竹筏，又没有救生衣，游船来时也不避让，还引发过游客落水事故。《漓江条例》出台后，漓江流域管委会成立了阳朔漓江景区管理公司，通过公司对竹筏实行统一管理。公司通过完善竹筏上的救生设备，对竹筏进行统一编号，实行统一售票等措施，促进了竹筏漂流的有序发展。现在，漓江江面上每天保有竹筏180个左右，竹筏漂流秩序井然。公司还组织筏工进行培训，只有获得筏工证和运营证后方能上筏载客。公司把门票收入的一部分返还给筏工，他们每次运载有100多元的收入，并不比以前低，游客投诉明显减少。

当然，《漓江条例》实施过程中一些不足之处也得以显现，现在群众反映比较大的是生态补偿制度的不完善。根据《漓江条例》规定，两岸不能架桥，不能开山修路；漓江两岸两重山以内禁养、禁牧、禁伐。这样一来，漓江沿岸百万群众的生产生活方式将因《漓江条例》实施而改变，有些矛盾和纠纷必然会产生。2011年12月8日《广西日报》记者以兴安县为例报道称，自2001年实施国家级生态公益林补偿工程以来，全县6.98万公顷的国家级生态公益林实行禁伐，群众因此每年直接减少经济收入3 000万元以上。漓江源头——兴安县华江瑶族乡一直以来承担着保护漓江源头的重任，为保护水源林付出了很多，但许多群众至今生活仍比较贫困。全乡 7 个村委有 4 个是自治区级贫困村，两个是国家级贫困村。而全乡 1 万多人，半数人口世代在江边居住，有的村只能靠撑竹筏出行。为了保护漓江，漓江流域居民做出了极大的牺牲。虽然《漓江条例》中明确规定，漓江流域居民可享受生态补偿，但相应的生态补偿办法没有出台或实现，政府应拨付的专项资金和帮扶政策还不配套。因此，为让《漓江条例》最大限度地造福于民，应尽快出台漓江流域生态环境保护补偿机制具体办法等相关配套文件，让漓江两岸的居民在漓江流域保护中受益，使漓江流域生态环境切实得到永久的保护。